当代西方学术经典译丛

Les Sophistes

论智者

[法] 吉尔伯特·罗梅耶-德尔贝 著

李成季 译

高宣扬 校

人民出版社

目 录

Contents

中文版序言

　　智者们同苏格拉底一样,在其同时代人看来都与先前的文化产生了断裂:毫无疑问,他们也曾经是"现代人"。今天我们认为,作为柏拉图的对立面,他们构成了西方思想精神源头的一部分,简言之,将他们看做古人。古代的"现代人"也可以颠倒为"现代的"古代人,因为在很多希腊智者那里可以找到现代性的特征,这些现代性的特征使得他们同我们及我们的世界更加贴近。他们创造了学者和教师的形象,同我们熟知的学者和教师形象一样,传授知识收取报酬;作为四处流浪者,他们在价值及符号权力方面是严格意义上的相对主义者。他们都特别关注政治问题,在这一点上苏格拉底同他们非常相像。

　　但是这种现代性无疑并不是主要的。因为,如果我们只关心与我们相像的人,那又有什么意思呢?只有自恋狂才会喜欢到处遇到自己,但显然自恋狂并无求知欲。求知就像吸取营养,是要进入到不同于自己的现实中,去面对人们所谓的认知论的异域情调。那么,对于中国读者来说,还有什么比阅读古希腊思想家更异域的呢?这些思想家无论时间还是地域都很遥远,而且开启一条通向不同于自己传统文明的道路。因此,毫无疑问这本小书向中国读者发出的是一份旅行邀请。

还有一点要强调。智者们本身的著作几乎都遗失了，只剩下一些残篇，幸运的是还能找到相当一些残篇。因此要从这些残篇出发，准确加以理解和整理，从而重构出这些残篇所见证的整体思想体系。这种重构的意图是不是太过武断了呢？是不是只有主观性的解释呢？我们认为不是。事实上，哲学史家考察哲学著作的残篇可以用一门科学来比喻，这就是古生物学。居维叶（Georges Cuvier）这样的学者也在思考从化石（骸骨、牙齿等）出发复原动物的可能性。但是居维叶强有力地指出了他所谓的"有机体在形式上的相关性"，这种相关性就是比较解剖学的原则。从这种原则可以得出动物的整体可以"通过局部的碎片来重新认识"，因为居维叶还指出：

> "所有的有机体都构成一个整体、一个独立封闭的系统，这个整体的各个部分是相互对应的。（……）所以，每个单独获得的部分都指明并给出了其他所有部分。"（*Discours sur les révolutions de la surface du globe*, Paris, 1825, p. 95）

除了古生物学外我们还可以做另外一种比喻，这就是想要揭穿一群坏人的审讯者：如果他抓住了一个，他就会尽力让他开口说话，就是让他来"供出"所有逃脱调查的同谋。同样，阐释者考察某个文本的残篇，也让它开口说话，即试图填补它与其他残篇之间的空白。这些缺乏推理、缺乏思想连贯性的点，可以通过阐释者的"理性"填补起来，阐释者关注的是展现在其眼前的哲学的整体结构。

就像黑格尔指出的那样,思想,即便不能说比生物体更有组织的话,至少也是同其一样有组织,所有的哲学史发现都应该视为与自然史发现同样可信,只要在这部哲学史中还有哲学存在。因此本书试图对于每个被研究的智者的理论都得出某种整体上的意义,其中每个残篇都会与其他残篇携起手来。当然为了避免弄错,我们仅限于收集作者本人的残篇,最终附以深入的研究,但这种偷懒并不是哲学的本意。黑格尔告诉我们,在哲学上,"害怕犯错就是害怕真理"。

最后还要指出一下本书的整体意图。本书希望能够摆脱智者们强大的对手对他们的论战式评价,特别是柏拉图和亚里士多德,但是也不能为此沦落为一种崇拜式的圣徒传记,用"智者派"(一个空名,没有实际内容)去反对"哲学",把桂冠戴到智者派头上去。每个智者都有自己的理论,不同于其他智者的理论,如果说他们有共同的主题的话,这是因为他们都属于同一个历史时代。就像我们在时间长河中所看到的那样,他们是与其他哲学家对立的哲学家,是哲学家的一部分。当然,如果人们要在哲学中划分等级的话,他们的著作当然没有柏拉图的著作和亚里士多德的著作那么有分量。但是这两个作为西方思想创立者的哲学家却充分地理解了智者们,并严肃地与他们战斗。

吉尔伯特·罗梅耶-德尔贝

2010 年 1 月 16 日

译者导言

这本《论智者》终于翻译完成并即将与中文读者见面了。作为译者，我认为完全有必要添加这样一个译者导言，对翻译过程中的一些问题的处理加以说明，从而弥补翻译技术上所带来的缺陷，以便于读者理解。

这本《论智者》属于法国大学出版社（PUF）系列丛书"我知道什么？"（*Que sais-je?*）中哲学系列中的一本。"我知道什么？"系列丛书，虽然部头都不大（一般都在 150 页左右），看似是面向大众的普及型读物，但实质上都是由相关领域的重量级学者执笔，用简明清晰的方式阐明重要问题的系列丛书。

本书的作者，吉尔伯特·罗梅耶-德尔贝先生（生于 1934），为巴黎四大的哲学教授，因年事已高，处于退休状态（法国政府规定的退休年龄为 68 岁），但是被巴黎四大授予终身荣誉教授称号，仍然积极地活跃于课堂和学术界。他长期从事古典哲学方面研究，著述丰富。

这本《论智者》的第一版始于 1985 年，我们现在看到的是 2009 年新出的第六版。历经二十余年，随着不断的再版,作者不断地加以修改充实,目前该书已经成为研究智者哲学不可或缺的参考书。该书已经被翻译成葡萄牙文、日文和意大利文。

鉴于本书篇幅不大,经作者同意,中文版添加了六篇附录。这些附录也都是作者罗梅耶-德尔贝先生的发表过的文章或著作中的章节。其中附录一"文特施蒂纳《论智者》法文版序言"要特别说明一下,是罗梅耶-德尔贝先生为意大利著名文献学家马里奥·文特施蒂纳的重要著作《论智者》(其法文版标题同样为 Les sophistes,所以我也同样将其翻译为"论智者",Untersteiner, M., *Les Sophistes*, trad. franç., de la seconde éd., par Alonso Tordesillas, avec une préface de G. Romeyer Dherbey, Paris, Ed. Vrin, 1993; 2 vol.)的法文版所作的序言。关于文特施蒂纳及其著作的重要性,作者在导言中已经提到,这里不再赘述。附录二、三、四分别论述智者同柏拉图、亚里士多德和黑格尔之间的关系。当然并不是非常详尽,而是有选择性的,选择具有代表性的人物和问题所进行的探讨。附录五是对安提丰政治学的补充。附录六是就 kaïros 这个重要概念的扩展,涉及的人物是品达(Pindar)。虽然附录六与智者没有直接关系,但是 kaïros 这个概念在智者们那里非常重要,甚至是理解所有智者哲学及整个古希腊哲学的关键,所以特此附在此处,供读者参考。

下面要说明一下翻译上的一些技术问题。

首先是关于题目的翻译。本书的法文标题为 Les Sophistes。乍看起来应该翻译成"智者派",但是只要读了作者的导言之后就会立即明白,他正是反对这种将所有智者看成为一个派别的这种做法。用他自己的话来说，"智者们在性格和理论上存在着很大的差异"，"使这些互不相同的个人联系在一起的相似性毋宁是相同的历史时期和相同的社会地位"。因此他要求我们不能把智者作为一个派别来看，而只能是分别来阐述每个智者的独特思想。为了迎合这样一个主题，将本书的题目翻译成"智者派"无论如何都是不合适的，所以我将其翻译成《论智者》。但是这个题目并不完美，因为中文中"论智者"没有办法表达出来法文原文中"les sophistes"中所带有的复数性。但是，要是硬要翻译成"论智者们"或者"智者们"，都不符合汉语的表达习惯。所以只有勉强用"论智者"了。因此在这里要提醒读者的就是，本书的题目本身已经从一开始就暗示了，智者不是一个哲学派别，智者只是一群社会地位和境况相似的人，他们的哲学思想有交叉，有分歧，有对立。智者乃是一个复数，他们的思想更是复数。

后来一位朋友向我建议，可以翻译成"智者哲学"。一定程度上这个标题是适用的，而且作者本人也认为今天我们应该把智者看成是"西方思想精神源头的一部分"。我并不倾向于采用这个标题，因为我们大家都知道 sophiste 同 philo-sophie 之间的著名对立。后者更多程度上用来专门指称柏拉图—亚里士多德哲学。二者之间无疑存在着深刻的对立。虽然我们今天试图去了解智者们及其思想，但是，正如作者本人在"中文版序言"中所指出的那样，"但是也不能为此沦落为一种崇拜式的圣徒传记，用'智者派'（一个空名，没有实际内容）去反对'哲学'，把桂冠戴到智者派头上去"。总而言之，拒绝"智者哲学"这个标题就是为了强调智者思想同柏拉图—亚里士多德哲学之间的差异和冲突。

其次是关于书中所涉及的人名和地名的翻译问题。对于大家耳熟能详的人物和地点自不用说。问题就在于那些相对生疏的人名和地名。并没有按照法语发音来音译。一方面，本文中涉及的大多数都是希腊的人物和地名，所以法文音译也不具有太多的合理性。另一方面，尽管相对生疏，但是毕竟之前已经有前人翻译介绍过，所以在翻译过程中理当尽量与前人保持一致（当然，如果前人明显误译另当别论，但是这种情况并不常见），这样做是为了尽量减少混乱，方便相关内容的查阅和比较。虽然并没有采用法语音译，但是因为原文本为法文，所以统一采用括号方式将其法文标注出来，但依据惯例，仅仅是在首次出现的时候进行了标注，重复出现时则不再标注。书后附录了人名翻译对照表，以便读者查阅。

再次是关于注释和参考文献中的体例问题。对于脚注中的应用文献以及书后的参考文献，均保留了原有的外文形式。之所以这样做是因为考虑到其中大部分文献都还没有中文译本，如果将其翻译成中文而不注明外文的话，反而不利于读者查阅。如果采用中文和外文并行的方式，就会出现另外一个弊端：该书的注释本就非常多，如果采用双语，就会使整个注解看起来更加庞大，甚至是过于庞大了。因此，翻译过程中，这些著作都保留了原有的外文形式，而仅仅是将注释中的说明性文字进行了处理。

最后是关于文中转引内容的翻译问题。书中出现了一些对于经典作家的引用。对于这些引用的处理方式为，联系其上下文背景,依据法文原文或者是法文译文来译出,没有参照其相应著作的中译本内容,故而可能会同这些译本有些出入。特别说明此点,以供有需要的读者进行比较性的参考研究。还有一些词,在原文中本是同一个词,但是翻译成汉语时却不得不依据具体环境选用不同的译法,例如:

Rhétorique 这个词,既可以翻译成修辞学,也可以翻译成辩论术,因此在本书中必须用同一个概念去理解修辞学和辩论术。

Discours 这个词,今天我们更倾向于将其翻译为"论述",但是我们要知道,这个词也有"演说"的意思,而这种意思在智者身上无疑体现的更加明显,因为智者们关注语言时更大程度上关注的是"讲话"而不是"文字"。但是我们文中并没有将其翻译为"演说"。虽然翻译成"演说"可以很好地体现这一层意思,但是无疑有可能会掩盖这个概念同其后来演变之间的关联。所以本书中"论述"和"演说"也要看成同等的概念。

Illusion 这个词,表示幻象和错觉。幻象和错觉在汉语中看来是两个并非直接相关的词,但是在古希腊无疑是两个直接相关的概念,或者可以说是等同的概念。所以本书中依据情景,为了译文的顺畅有时翻译成"幻象"有时翻译成"错觉"。当然还有其他词也翻译成了错觉,例如"trompe-l'œil",但是也都是同等意义上的概念,所以文中未加区分。如果有兴趣深入研究,请参看原文细致比较。

Logos 这个词,现在哲学界通常采用音译"逻各斯",但是单一的处理显然会对译文造成生涩,所以文中有些地方也译为"言说",但是译为言说的地方那个都用括号加注,表明与其他同义词汇的差别。

关于文中的希腊文原文注释也要说明一下。本人并不太懂得希腊文，所有希腊文注解都是按照原作者的希腊文注释原样依葫芦画瓢地注上去的，所有的汉译都是依据原文中的法文译出。虽然本人不太懂希腊文，但是可以看出作者注明希腊文的地方，都是很关键的地方，所以均予以保留，希望对懂希腊文的研究者能够有更大的帮助。

导　言

高尔吉亚写过《海伦颂》(*ÉEloge d'Hélène*) 和《为帕拉默德斯辩护》(*Plaidoyer pour Palamède*)。他想要以此推翻那些附在他们名声之上的不利观点：海伦被控通奸罪；帕拉默德斯被控叛国罪。如果不去考虑修辞学的"巨大成就"，而仅仅是在历史地、科学地描述事实的基础上，能否为智者派称颂，或者至少是为智者辩护？ 由于智者的著作几乎全部遗失了，我们只能通过那些批驳他们的哲学家来加以了解，即柏拉图和亚里士多德。作为西方形而上学的基本框架，"柏拉图—亚里士多德"思想的历史地位压制了那些有利于智者的证据。既然有被诅咒的诗人，就会有被诅咒的思想家，这就是智者。

"智者"这个词的本意乃是"有智慧的人"，现在已经偏离了最初的意义，成为了虚假智慧拥有者的代名词，这种虚假智慧只是力图欺骗，在欺骗中大量使用谬误推理。亚里士多德，继承了其老师柏拉图的评判，将智者称为"拥有表面智慧、而无实质智慧的人"①，"智慧之学"(sophisme) 也成

---

① *Réfutations Sophistiques*，I，165 *a* 21；同时参阅 *Topiques*，I，100 *b* 21。

为了虚假推理的代名词。

不仅"智者"这个名字本身已经名誉扫地了,而且人们通常只是依据柏拉图哲学的驳论去阐述智者的主要论题,因此智者派的形象乃是通过论战而歪曲地呈现在我们面前的,在这种歪曲下,智者永远代表要被批驳的对象,他们之所以出现就是因为他们犯了错。

我们将会看到,智者们在性格和理论上存在着很大的差异。那么使他们获得智者这个整体称号的共同特征是什么呢?可能是一些论题,例如对语言问题的兴趣、对自然和法律之间关系的质疑。但是这些不是最重要的。使这些互不相同的个人联系在一起的相似性毋宁是相同的历史时期和相同的社会地位。

在智者之前,希腊的教育工作者乃是诗人。当智者诞生之后,背诵荷马就不再是希腊的唯一精神食粮;正如文特施蒂纳所指出的,这个时间恰巧又是贵族文明危机发生的时间①。"民主制促成了辩论术的飞速发展",而且对于民主制而言,辩论术在某种程度上来说是不可或缺的:要获得权力就必须熟练驾驭语言和辩论;不仅仅是发号施令,还需要去说服和解释。正如耶格尔(Jaeger)所指出的,这就是为什么智者都"出身于中产阶级"②,并且他们似乎都赞成民主制。当然,他们最出色的学生都是贵族,但这是因为民主政治通常都从贵族中选择领袖,并且那些经常同智者交往的年轻贵族都愿意服从民主制原则,而其他的年轻贵族则无心于政治。

---

① *I Sofisti*,Ⅱ,p. 240.

② *Paidéia*,trad,franc.,Ⅰ,p. 368.

　　另一方面来讲，智者都是"知识专家"；他们最早将科学和教育作为职业和谋生的手段；在这种意义上，他们开创了现代知识分子的社会地位。他们似乎对所有知识学科都感兴趣，从语法到数学，但是这些"饱学之士"并不想传播系统知识——他们的目标是对杰出的公民进行政治教育。

　　他们其实都是"流浪思想家"，不过雅典是他们最成功的舞台。他们到各个地方教学，从这种流浪中获得了一种极端的相对主义，最早触及了批判思想。他们这种些许国际性的身份，使得他们脱离了城邦的约束范围，也让他们发现了个人主义。他们客观上促进了观念的交流，可能正是这种促进交流的工作使得柏拉图将他们的职业看做是追求商业和金钱。热尔内（L.Gernet①）明确地指出，《智者篇》里柏拉图定义的智者中，"其中有三人，即半数人②，与商业活动有关"③。

　　这些相似之处都是外在性的，这要求我们接下来分别阐述每一位智者的思想，但是只能依据那些流传至今的少量传统残篇，而这些残篇有时候实在是微不足征④。

　　在接受智者派时，后世人大都遵循柏拉图对它的严格批判。第一个修正这种不利判断的人无疑是黑格尔，通过其著名的《哲学史讲演录》；然而尽管黑格尔哲学取得了极大的成功，这种平反活动在黑格尔时代仍然很罕见。相反英国历史学家格劳特（Grote）为智者的辩护却更有影响，在盎格鲁-撒

---

　　① 著名汉学家谢和耐的父亲。——译注

　　② 柏拉图在《智者篇》中提到六位智者，三人与商业活动有关，这占到了总数的一半。——译注

　　③ *Anthropologie de la Grèce antique*，Flammarion，coll.《Champs》，1982，p. 237.

　　④ 除明确标明译者的引文以外，其他引文均为作者自己所译。

克逊国家得到普遍接受,但是,就像弗雷(A.Fouillée)在其关于苏格拉底的著作中所指出的那样①,在法国却没有得到任何赞同的回应;相反,在德国尼采在其巴塞尔的课堂上饱含赞扬地引用这位英国学者的作品②。关于智者哲学,大多数的批判慢慢地不再局限于重复柏拉图哲学的否定判断——杜普雷埃尔(Dupréel)写作了一部关于柏拉图所引用的四位著名智者的公正著作,但其中关于希庇亚斯的内容有些部分十分有待商榷。本世纪中叶③,意大利的马里奥·文特施蒂纳(Mario Untersteiner)出版了一部关于智者的丰富概论,其中既包括了原创性的哲学分析,也有充满智慧的直觉论述。在这部综合性兼理论重构性的作品之后,又增订再版了智者的《残篇》。尽管我们认为不能遵循他的全部解释,但还是应该感谢马里奥·文特施蒂纳的工作。

---

① *La philosophie de Socrate*,Paris,Baillière,1874,2 vol.;t.II,p. 323 sq.

② 参阅 Dodds,*Plato*,*Gorgias*,a revised text,p. 388。

③ 20 世纪——译注

第一章　普罗泰戈拉

一、生平及著作

普罗泰戈拉生于阿布德拉(Abdère)，目前人们认为他是出生在公元前 492 年[①]；他是梅昂德里奥斯(Méandrios)的儿子。

很多证据表明他是德谟克利特的学生；他们之间的师承关系是通过人们推定的德谟克利特的生活年表来推断的——阿波罗多鲁斯(Apollodore)认为德谟克利特生于公元前 460 年，狄奥多罗(Diodore)认为德谟克利特生于公元前 494 年。现在人们似乎更愿意接受阿波罗多鲁斯的时间，这样就反过来是普罗泰戈拉影响德谟克利特，是后者批评前者[②]。

菲洛斯特拉托斯(Philostrate)倾向于认为普罗泰戈拉接受了波斯占星家的密术。他的父亲梅昂德里奥斯非常富有，能够在自己家中接待国王薛西斯(Xerxès)，作为回报，国王命令占星家给予年少的普罗泰戈拉通常仅限于波斯臣民的教

[①]　并非通常所接受的公元前 486—前 485 年；参阅 Untersteiner, *I Sof.*, II, 15 和 TF, I, 14 注解。

[②]　参阅 Dupréel, *Les Soph.*, p. 28 sq。

育。这一教育的内容可以解释普罗泰戈拉的不可知论:因为这位占星家将自己的信仰保密。——这段历史将一些不太可靠的事情编织在一起;这段历史乃是想要用外来宗教的影响来为普罗泰戈拉的宗教怀疑主义辩护。人们为普罗泰戈拉捏造了一个非常富有的父亲以用来解释国王本人的介入,而很多其他证据却表明了普罗泰戈拉出身的低微,普罗泰戈拉本人起初从事手工业①,当成为智者之后他也是"收费回答问题的首创者"②。诚然智者都是赚取报酬的教师,但事实上不是出于无限的贪婪,并不像柏拉图之后人们所认为的那样,而仅仅是出于他们的生存需要,如同现代教育一样。关于普罗泰戈拉的第一份职业,我们有一个非常确切的出处,出现在亚里士多德年轻时的一本著作中,题目是《论教育》。在这本著作中,亚里士多德告诉我们,普罗泰戈拉"最早发明了人们称为 tulè 的东西,人们用这个东西来搬运沉重的物品"③。tulè 通常指床垫、席垫或软靠垫,依据伊壁鸠鲁(Epicure)的残篇和格力乌斯(Aulu-Gelle)的残篇,雅尼·博尔吉埃(Janine Bertier)认为普罗泰戈拉的发明事实上是一种编织方法,枝条相互编织在一起,不需要外加任何绳索捆绑。因此他认为"普罗泰戈拉的发明比手工艺包含更多几何学的内容,总之要比手工制作更为精密"④。对 tulè 的真实面目的这种微妙

---

① Fr.A 1,A 3.

② Fr.A 2,§ 4.

③ Fr.A 1,§ 53.

④ 参阅 Aristote, *Fragments et témoignages*, *par divers*, publié sous la direction de P.-M.Schuhl, PUF, 1968, p. 146. 但是这种论断却似乎同普罗泰戈拉对数学表现出的怀疑有所冲突,参阅文特施蒂纳所提供的 Fr.B 7 和 Fr.B 7 α:TF, I, 84, 这是辛普里丘(Simplicius)的文本,其中普罗泰戈拉同爱利亚的芝诺(Zénon d'Élée)对质。

解释存在着一个问题,这就是把 tulè 称为靠垫的狄奥尼·拉尔修本人也懂得如何编织枝条——他告诉我们,正是看到了普罗泰戈拉编织的熟练性,德谟克利特才发现了他的才能①。因此普罗泰戈拉的发明不是一个,而是两个:tulè 及其编织方法,而 tulè 一词在狄奥尼·拉尔修的表述中保留了其本意。因此在我们看来普罗泰戈拉在发明 tulè 中更多的是技巧而非数学,这同他的知识概念是一致的,更多的是实用而非思辨,我们在他的学生伊索克拉底(Isocrate)的教育理念中也能找到这种知识概念(Fr.A 3)。

　　我们刚才所探讨的普罗泰戈拉的社会出身,或许可以解释他对于民主制的政治偏好②。我们知道事实上他是雅典民主制的伟大领袖伯里克利的朋友,他同伯里克利非常熟悉,熟悉到伯里克利会陪他讨论一整天司法职责问题(Fr.A 10)。此外特别是公元前 444 年伯里克利和雅典民主政权选择了普罗泰戈拉来制定图里乌姆宪法(la Constitution de Thurium)③。图里乌姆是希腊城邦的一块殖民地,由雅典推动建立,用于取代被克鲁同(Crotone)所摧毁的叙巴里(Sybaris)。文特施蒂纳认为,由于负责建立这块殖民地的泛希腊主义精神的存在,这部宪法所体现的并非确切的民主精神④。但是我们可以忽

---

①　Fr.A 1, § 53.

②　这一点上我们同巴亚纳斯(A.Bayonas)意见一致。A.Bayonas, L'art politique d'après Protagoras, dans *Revue philosophique*, 157(1967), p.43。

③　Fr.A 1, § 50.

④　TF, I, 15 note。事实上文特施蒂纳不想削弱他在其著作附录中提出的"智者派的社会起源"问题:*I Sofisti*, t.II, pp.233-283,他认为智者运动本质上是同贵族政治的意识形态联系在一起的。他主要是依据罗斯达尼(A.Rostagni(p.257))和考尔巴托(C.Corbato(p.273, n.24))的分析,其中罗斯达尼认为毕达哥拉派和智者派之间存在紧密联系。

视这一推断,因为就像西西里的迪约多尔(Diodore de Sicile)所告诉我们的那样,斯巴达拒绝参加创建该殖民地①。因此那些共同出征的城邦都是希腊的附属城邦,而图里乌姆宪法也只能是一部民主类型的宪法②。

普罗泰戈拉对民主制的赞同还表现在因为不信神而在雅典被起诉。普罗泰戈拉事实上讲授的是不可知论,他的《论诸神》(Sur les dieux)就是如此展开的:

"关于诸神,我什么也不知道,不知道他们存在或是不存在,不知诸神的启示是什么。因为很多障碍使我们无法认识诸神:他们的神秘性以及人生的短促。"③

起诉普罗泰戈拉的是一个叫皮托多里斯(Pythodore)的人,"寡头集团"的成员④,是寡头政治的拥护者;因此不可知论不过是个借口。普罗泰戈拉被赶出雅典,他的著作也在公共广场上被焚毁⑤。普罗泰戈拉是智者运动的发起人。因为他开创了收费的公共课程,并将其收费标准系统化(A 6)。他推行教育的目的乃是为了培育未来的公民,从这一点上来讲,智者这个称号他是当之无愧的(A 5)。他还是一位巡回讲学的教师,多次到过雅典,并在雅典他经常与欧里庇得斯(Euripide)交往⑥,他最远到过西西里(A 9)。普罗泰戈拉从事了长达40年的教育活动,卒于公元前422年左右,终年70岁(A 8)。他对随后的整个希腊文化都产生了深刻的影响,

---

① 参阅 Guthrie, *Les Soph.*, trad, franc., p. 270。
② 同理,参阅 Bayonas, *op.cit.*, p. 46, n. 9。
③ Fr.B 4.
④ Fr.A 1, § 54.亚里士多德证实该诉讼确实发生过。
⑤ Fr.A 1, § 52;A 3;A 4.
⑥ Fr.A 1, § 54.

同样也对现代哲学产生了深刻影响。尼采颠覆了对于哲学和智者派的传统看法，关于普罗泰戈拉他这样写道："要特别指出：这些大哲学家意味着希腊一切固有价值的没落（……）。有个时期很特别：智者们触及到了最基本的'道德批判'，触及到了最基本的道德'透视'。"①

关于普罗泰戈拉的著作，狄奥尼·拉尔修给我们留下了部分著作清单②，但是其中他遗漏了三部重要的：《论诸神》（*Sur les dieux*）、《真理》（*La Vérité*）和《论存在》（*De l'Être*）。文特施蒂纳据此推断狄奥尼·拉尔修所提供的著作清单应该是普罗泰戈拉两部主要著作各个部分标题：一部是《论对立命题》（*Les Antilogies*），另一部是《真理与命题换项》[*La Vérité, ou les Renversements（Kataballontés）*]；其中后者后来也被称为《大论著》[*Le Grand Traité（Mégas Logos）*]③。

用什么样的结构来阐述普罗泰戈拉理论，这特别重要，因为这将决定其理论的意图和意义。人们通常将他的理论阐述为怀疑的相对主义④，忽略了去指出其建构性，原因在于"人是万物尺度"这一论断没有被正确地放在其思想进程中去理解。普罗泰戈拉的思想至少分三个阶段，其前后承继关系非常重要，首先是对"对立命题"（antilogies）的阐明，然后是"人

---

①　Fragments posthumes, t. XIV des *Œuvres philosophiques complètes*, trad, franc., Gallimard, 1977, p. 83. 参阅随后 84 页的详细论述，其中尼采补充道："知识和道德的所有进步都是在'重复'智者……如今的思想世界，充其量讲不过是赫拉克利特式的、德谟克利特式的、普罗泰戈拉式的……"

②　Fr. A 1, § 55.

③　*I Sof.*, I, pp. 30–37.

④　胡塞尔在《第一哲学》中仍然这样讲。Husserl, *Philosophie première*, PUF, coll.《Epiméthée》, trad. L. Kelkel, 1970, t. I, p. 82 sq.

是万物尺度"(l'homme-mesure)这一发现,最后是阐明"强论述"(discours fort)。其中第一阶段是负面的,而随后两个阶段则是建构性的。

二、《论对立命题》

狄奥尼·拉尔修证实普罗泰戈拉说过"对任何事情都可以有两种对立的论证"[1]。这种双重论证就是《论对立命题》的基本主题,由此普罗泰戈拉表达了一种根植于希腊文化深处的观念。这种观念与希腊民族的本性(nature)和多神论宗教不无关系;多神论自身的原则就是对神性的分散,存在诸多能力上相互对抗和制衡的神。每个神都完全个性化,揭示了宇宙各种力量的分化;这种将世界看做是多重及多中心的精神,会主动要求分裂和破碎。因此时间不会被视为一种均匀等分的轨迹;将时间分割成均匀并可通约的片段的机械钟表尚未诞生;相反时间是一种具有倾向性的时机轨迹(καιρός)[2],它以不规则的节奏出现和消失,时而益于此、时而益于彼,因而并非是利于所有人的。时间的摇摆,使得占据时机者与不得时机者之间相互冲突,加剧了各种轨迹之间的分散性。同均匀的时间一样,均匀的空间也不存在;希腊的政治世界乃是由无数的城邦构成的,城邦是独立权力的最小单位,之间经常冲突和对抗。流浪的智者游走于各个城邦之间,

---

① Fr.B 6 α.

② 这个论题对普罗泰戈拉非常重要(Fr.A 1;D.L.,IX,52),在品达处也可以看到;关于这个主题,请参阅拙著:*La parole archaïque*,PUF,1999,pp. 5–13。

永远体验着没有中心的感觉；不然游唱诗人的叙述怎么可以如此不连贯？另外，文特施蒂纳特别强调普罗泰戈拉关于"对立命题"的概念同埃斯库罗斯（Eschyle）悲剧的背景之间存在的关系。悲剧的情节乃是从主角经历磨难的环境内部发展出来的，在这种环境中不可能偏袒某一方，因为他所选择那些特有的行动既是被注定的同时又是被禁止的。因此，在《女祭司》（Choéphores，又译《奠酒人》）中，奥莱斯特斯（Oreste）为了满足神的意愿，同时既要杀死母亲又不能杀死母亲；在这种巨大的悲剧压力之下，他大声疾呼："这是阿瑞斯对阿瑞斯的战斗，狄克对狄克的战斗！"①。普罗泰戈拉所有的论述都受到这种矛盾观念的影响，在普罗泰戈拉的思想中这种矛盾观念在雅典民主实践的影响下变得更强烈。事实上政治决策总是在民众集会上进行讨论；政治决策一向被看做是可以讨论的，亦即可以修改的；这种朝三暮四正是阿里斯多芬（Aristophane）对德莫斯（Démos）的主要谴责。人数众多的集会上很少能达成一致意见；通常会形成几派意见，民主政体的本性中就允许反对派的存在，即承认反对掌权者的言论的合法性。民众在政治辩论中听取两个对立派别的对立论述，这种政治辩论本身就足以表明"对任何事情都可以有两种对立的论述"。普罗泰戈拉说存在"两个"对立的推论而没有说多个可能推论，这是以这种划分方式进行论战和争执最早起源。因为所有的战争全都是两方对垒：bellum ＝ duellum（战争＝决战）。此外这种论战的特征也表现在希腊的司法制

---

① 阿瑞斯是战神，狄克是正义女神，v. 461，转引自 M. Untersteiner, *I Sofisti*, I, 51。

度上:司法领域既是公共参与的领域也是两派对立辩护交锋相对的地方;诉讼(procès,ἀγών)这个词本身也含有争斗的意味。

普罗泰戈拉关于对立命题的观点还可以通过事实得到说明,这一事实就是,它乃是在赫拉克利特(Héraclite)的基础上发展起来的。同赫拉克利特一样,普罗泰戈拉也是伊奥尼亚人;将现实看做是包含矛盾的并承认矛盾双方的相互内在性,这显然更是赫拉克利特思想的核心,而非通常被人们简化的了流动性。因此,在赫拉克利特的思想中,宇宙的基础本身就是存在矛盾的:"争斗乃是万物之父,统治一切。"①柏拉图在《泰阿泰德篇》(Théétète)及亚里士多德在《形而上学》(Métaphysique)第四卷中都强调指出了赫拉克利特学说同普罗泰戈拉学说之间的联系。但是在他们的阐述方式上有所不同:赫拉克利特取消动词"是"(être),在这种弃绝中展现存在于所有事实中的内在矛盾②;普罗泰戈拉的修辞术,并没有直接指出矛盾的存在,而是将其作为对立命题展现出来,亦即在两个推理中,每个推理自身都是严密的,但是二者互不相容。同时他认为,所有现实都必须划分为两种推理,让语言自身对立起来,在相反的论题之间形成无法克服的对立。这种语言上的分裂根本不同于巴门尼德在语言和意见、语言与真理之间建立起来的分裂;普罗泰戈拉的这种区分,将意见之路也给予了真理,事实上完全消除了思维语言上的分裂。普罗泰戈

---

① Fr.B 53 DK.

② Fr.B 8 DK,B 60,B 62,B 67("神、昼-夜、冬-夏、战争-和平、饥饱");关于这一点请参阅拙论:《Héraclite avant l'Être》,dans *Aristote théologien et autres études de philosophie grecque*,Paris,Les Belles Lettres,coll.《Encre marine》,2009,pp. 25-48。

拉不满巴门尼德的本体论,因为这种本体论牺牲了"多",陷入了"普遍性"的灾难中;本体论论述就成了毫无内容的论述,因此普罗泰戈拉也拒绝承认在意见和真理之间作出的一切区分;他重新树立了"意见"(doxa),其中所包含的永恒对立就是生命的法则,就是活生生的真理的各个方面。柏拉图提到过普罗泰戈拉关于"善"的问题的这一结论,普罗泰戈拉宣布:"'善'乃是某种杂糅的(bigarré, ποικίλον)东西。"①普罗泰戈拉将矛盾引入了巴门尼德的"存在"(l'Etre),对此黑格尔大加赞赏②。

我们可以通过柏拉图《智者篇》中的部分内容来大致了解《论对立命题》的提纲,《智者篇》中,柏拉图将"智者"基本上定义为运用"矛盾"(contradiction, ἀντιλογικον)的人③。普罗泰戈拉训练他的学生在一些领域发现矛盾(232 b)并加以阐述,他邀请泰阿泰德(Théétète)来研究这些领域,泰阿泰德意识到了普罗泰戈拉的文字背后所有暗示的东西(232 d)。首先是在不可见的领域,然后是在可见的领域。在不可见的领域中,是"神"的问题(232 c)。在可见的领域中,是宇宙论问题(普罗泰戈拉探讨了大地和天空)、本体论问题(他探讨了"变化"(le devenir)和"存在"(l'être))、政治问题(他探讨了各种立法)、最后是技艺(technè)和艺术问题。依据这一框架我们就能很好地组织我们所知道那些普罗泰戈拉的残篇和题目。

---

① Prot., 334 b. 在同样的意义上参阅 Dupréel, *Les sophistes*, pp. 38-41。

② *Leçons sur l'Histoire de la Philosophie*, trad. Garniron, Vrin, II, p. 272:"智者将辩证法看作是客观的……他们都是深刻的思想家。"

③ 232 b. DK(Fr.B 8)但并没有完整提供该文本,文特施蒂纳进行了补全:Untersteiner, TF, I, 85 sq.

1.不可见的

　　《论对立命题》的开篇第一卷是《论诸神》,我们在序言中引用了其中的内容①。普罗泰戈拉的不可知论可能是一种合力作用的结果,关于"神"的问题,两种相反的论述互相矛盾,即信仰和不信仰。如果说这两种推理会相互抵消、而不是一者战胜另一者的话,这是因为其关涉的乃是一个不可见的、隐秘的领域;普罗泰戈拉保留了他的答案、或者是对此并不关心,因为没有能够对神性作出现象学分析、或者是不想去创作神秘的神学。无论如何,这种不可知论为普罗泰戈拉随后的思想作出了铺垫,即断言人是万物的尺度:既然不能断定诸神是否存在,那就只剩下人了。对此的证明就是,柏拉图在《法律篇》中用格言"神是万物的尺度"②代替了普罗泰戈拉的L'anthrôpos métron(人是万物的尺度)这一格言。因此,普罗泰戈拉通过否定追求绝对(l'absolu)的所有途径而提出了一种极端的人道主义。从普罗泰戈拉对神性问题的回答可以推测他对死后生活问题的回答,他对此有一章论述,题为"论冥界之事"(Sur ce qui se passe dans l'Hadès)。普罗泰戈拉并没有完全否定灵魂不死的可能性,而是尽力强调我们根本没有能力去确切地知道人在冥界会遭遇什么。因此神的在场守护不会出现在人的视野中,其出生之前如此,其死后亦是如此。人在这个倾斜的世界上是孤独的。

---

① Fr.B 4.同时参阅 Fr.A 3,A 12。
② 716 *c.*

2.可见的

A）普罗泰戈拉关于宇宙论的思想已经遗失了；只剩下尤斯达希斯（Eustathios）对此的一点模糊暗示①。

B）普罗泰戈拉的本体论是在一个题为"论存在"（De l'Etre）的章节阐述出来，主要是围绕爱利亚学派（Eléates）的本体论展开。按照波菲利（Porphyre）的说法，柏拉图非常熟悉这段文章，因为柏拉图完全重复了普罗泰戈拉对巴门尼德论题的反驳，即"存在是一"的论题②。很显然，对爱利亚学派本体论的这种反驳，乃是矛盾地看待世界的必要条件，对于这种观点，现实乃是双边的，话语乃是可逆的。本体论必然会陷入它所竭力驱逐的矛盾之中，关于真理的论述，本体论不得不容忍意见论述存在，容忍意见的出现，就像人们在巴门尼德诗歌中所看到的那样；本体论无法实现真理的完满一元论。

C）当时的政治和法规为这种矛盾地看待事物提供了便利。人类学领域一直充满了模糊性，正是在《论对立命题》的这一章节出现了普鲁塔克（Plutarque）所提出的关于法萨卢的艾庇底米斯（Epitime de Pharsale）之死的讨论："由于在五项运动比赛中法萨卢的艾庇底米斯被人无意中用标枪击中并死亡，根据最确切的证据，伯利克里用了一整天来讨论在标枪、投掷标枪者和运动会主办方中究竟谁要为这一惨剧负责。"③

这一讨论并不是要在责任层次上建立某种等级秩序（在古代法律中，物品也是可以被判有罪的），依据兰希（G.Rensi）

---

① Fr.A 11.
② Fr.B 2.
③ Fr.A 10.

的解释①,此乃是为了指出,除非是任意武断,否则根本就无法确定究竟是谁的责任。导致艾庇底米斯死亡的原因可以由三个方面,而其合法性取决于所处的立场:在医生看来,是标枪导致了死亡;在法官看来,是投掷标枪的人;在政治当局看来,是运动会主办方②。因此这一部分提出的乃是一种"透视主义"③(perspectivisme),依据这种"透视主义"根本不存在允许人们在具体的司法案件中合理并确切地解决问题的自在的绝对正义。

D)如果说有不符合"透视主义"的学科存在的话,这就是数学;在普罗泰戈拉看来,数学乃是一门技艺(art,technè)。他同样试图表明数学同其他所有技艺一样是违反逻辑、自相矛盾的。由于几何学告诉我们,与圆相切的直线与该圆只有一点相交,但是如果我们画出可感的圆和直线,我们会发觉所画的直线总是与所画的圆多点相交,我们永远也得不到符合数学定义的图形。然而为了进行推理,几何学不能不考虑图形,尽管图形否认了数学家对它们所作出的推理:"事实上,圆与其切线不止交于一点,就像普罗泰戈拉反驳几何学家时所说的那样。"④如果数学是自相矛盾的,更不用说其他的技艺了。因此在《论对立命题》的结尾随即提出了真理问题。

---

① 文特施蒂纳重复了这一解释:Untersteiner, *I Sofisti*, I, p. 59。

② Ibid., p. 60.

③ 我原本将这个词翻译成"立场论",后来修改为"透视主义",之所以这样改,也是为了同主流翻译接洽吧。这样做当然有好处,但是也有坏处,就是普通读者相对不易理解。——译注

④ Fr.B 7(Aristote, *Mét.*, B 2, 998 *a* 3)。文特施蒂纳在他所编辑的残篇中加入了 B 7 α,DK 没有收录该残篇。该残篇为普罗泰戈拉与芝诺关于无穷小问题的讨论,预示着后来莱布尼茨对于各种细微知觉问题的讨论。

三、人是万物的尺度

普罗泰戈拉思想的另外两个阶段表现在普罗泰戈拉另一部伟大的著作《真理》中;这是两个构建性的阶段。

《论对立命题》给我们描绘了一个变动不居、难以辩明、总是玩弄双重游戏的自然界;然而有一个尺度可以终止这种跷跷板游戏,确定含义并断言表象。这个尺度就是人。这就是为什么《真理》一书的写作以这句著名的箴言开头:

　　　　"人是万物的尺度,既为'是其所是'的尺度,亦为'非其所非'的尺度。"①

这个箴言很简短,总是让人很困惑。我们首先要注意到,普罗泰戈拉在表示人作为其尺度的"事物"时,没有使用 πρᾶγμα(pragma)一词,而是使用了 χρῆμα(chrêma)一词,这个词通常用来特指人们使用的东西,有用的东西。当然,chrêma 有时可以作为 pragma 的同义词来使用,例如在阿那克萨戈拉(Anaxagore)那里即是如此,但是在普罗泰戈拉使用中,这个词被赋予了非常重要的角色(柏拉图:《泰阿泰德篇》,167 c),并且 chrêma 与 chrèsis(使用某物的行为、使用、利用)被赋予了同源关系,因此可以想到,这个词所蕴含的微妙差别必然具有非常意义。μέτρον(métron)一词习惯上翻译成"尺度"(mesure),自恩披里柯(Sextus Empiricus)以后,人们赋予了这个词"标准"(critère)的含义。文特施蒂纳抛弃了

_____

① 　Fr.B 1.

这种含义,而将 *est la mesure*(作为尺度)翻译成 *domine*(统治)①。在他看来,métron 一词确实有"对某物的掌控"的含义,并且是主要含义,特别是跟随在所有格之后;为了表明这一点,他引证了索福克勒斯(Sophocle)、品达、色诺芬(Xénophon)及赫拉克利特,他们作品中 métron 出现了这一含义的范例②。事实上,赫拉克利特所说的"永恒的活火",原话是 qu'il soit ardent,mesure,qu'il soit éteint,mesure(不论燃烧还是熄灭,它都统治一切)③。因此这里的 mesure 乃是支配世界的准则,乃是"发挥其 métron 的法则,即对未来的掌控"④。métron 一词的这种含义能够得到词源学上的证明,métron 乃是从动词 μέδω 派生而来,μέδω 的含义是"照料、庇护、统治"⑤。

然而如此翻译 métron 似乎有些牵强,尽管 métron 所实施的统治总是具有 mesure,是 mesuré,亦即避免"僭妄"(hybris),在"僭妄"中所有统治都会趋于失败。Métron 只是用于预防而并非将一切都纳入到其管理之下;普罗泰戈拉认为人要"立制"(règle)而非"统治"(règne);他的研究完全拒斥了暴力问题。正因如此在我们看来传统翻译比文特施蒂纳的翻译更温和,解释更为合理。

再有就是"人"(homme,anthrôpos)这个术语的外延问题,这个问题似乎最早是由黑格尔提出来的⑥。自柏拉图之后,

---

① *I Sofisti*,1,p. 77.

② Ibid.,p. 132.

③ Fr.B 30 DK.

④ Untersteiner,ibid.

⑤ Id.,ibid.

⑥ *Leçons sur l'Histoire de la Philosophie*,trad. P. Garniron,Vrin,t. II,p. 262.

古希腊和古罗马人都将"人"这个词理解为个体的人,具有自身特殊性的个体①。但是人们可以扩大"人"这个术语的外延,将其理解为不是指偶然的个体性,而是普遍的,是人性(humanité),人性的本质乃是人所共有的。因此"人"指"人的本性"(la nature humaine);19世纪就是这样来理解的。但是在区分了普罗泰戈拉箴言的两种可能意义之后,黑格尔推测普罗泰戈拉还没有对其意义作出这样的区分,普罗泰戈拉将两种含义混在一起,没有使其相互独立开来。因为黑格尔这样写道:"在他们(智者)那里,处于个体性中的主体还没有同处于实体理性中的主体作出区分。"②

因此现在我们面前有三种可能的解释。以柏拉图为代表的第一种解释直接将其视为怀疑的相对主义,视为一种将所有表现都看做是等同的、从而抵消了自身的理论:因为普罗泰戈拉应该承认他"并不比别人更聪明,甚至不比蝌蚪更聪明"③。"如果普罗泰戈拉的真理是真的"④,教育就是没有用的,因为老师的观点并不比学生的观点更高明。依据这第一种解释,普罗泰戈拉早在皮兰德娄(Pirandello)之前就以某种方式表达了"人人皆为真理"。——这种解读方式,没有注意到柏拉图在随后的《泰阿泰德篇》⑤中的更正,又恰巧与人们对于智者的糟糕印象巧合;智者习惯上仅仅被看做是简单的陪衬人物。

第二种解读比较可取,并且能够在现象学中为科学的客

---

① *Théétète*,152 *a* sq.
② *Leçons...*,II,262.
③ *Théétète*,161 d,trad.A.Diès.
④ *Théét.*,162 *a*.
⑤ 参阅166 *d* sq。

观性保留位置;在显现(l'apparaître)中各种判断是可以会聚在一起,然后区分出对错的。由此人们将普罗泰戈拉的思想看做是一种个人主义和怀疑主义,但是因为普罗泰戈拉的思想正是要超越个人主义和怀疑主义,所以几百年来人们都误解了他的意图。

——但是对于普罗泰戈拉的箴言的解读,无疑应该选择第三种,只需要对黑格尔的解读略加修改就可以了。事实上,对于黑格尔来说,如果说"人"这一术语的外延在这句著名的箴言中还没有被规定的话,这是因为智者对这一概念的两个阶段"还没有作出区分"①;普罗泰戈拉的古语必然将其混淆。然而文特施蒂纳认为(这一次他是有道理的),如果"人"这一术语双重外延在普罗泰戈拉的箴言中还没有得到很好的表述的话,这并非一种无意的混淆,而是故意的混淆。事实上这种双重外延赋予了这句箴言一种可塑性,这使得它在各种水平上都能起到概括的作用,将个体的独特性和普遍的整体性叠加在一起。文特施蒂纳写道,个体的人和普遍的人是"辩证过程的两个阶段"②;真理就在于从第一种意义向第二种意义的过渡:个人观点通过与他人的观点相切合而"证实"自身。个人观点通过他人同自己相同的观点来巩固自身;它们的相遇就构成了真理。如果个人观点得不到其他任何人的赞同,或者是所得赞同太少,它就会衰弱,就会不认为是真的,至少就会边缘化。人这个概念,因为其外延是可以变化的,它就同

---

① *Leçons...*,II,262,这是我个人的见解,参阅拙论:《*Protagoras, sa réception hégélienne*》,dans *Aristote théologien...*,pp. 49-60。(译注:即附录四,请参阅)

② *I Sofisti*,I,p. 78.

自身形成一种张力：当个人意见不一致的时候它就会自相矛盾，而当个人意见取得一致的时候恢复自身的统一性。个体性阶段，尽管是真实的，却是一个否定性的阶段，会走向自相矛盾；普遍化阶段是肯定性的阶段，构成了普罗泰戈拉所谓的强论述的基础。因此下面我们要来研究普罗泰戈拉的第三个论题。

四、强论述

诚然每个人都是万物的尺度，但是如果他的意见是孤立的，这个尺度就毫无力量。不能共享的论述就是"弱论述"（hèttôn logos）；论述不仅仅是说，而是交流，所有的交流都意味着某些共同的东西。相反当个人论述得到其他个人论术的支持，这种通过其他论述而强大起来的论述就是"强论述"（kreittôn logos），就构成了真理。因此这里真理就类似于构成公共世界的赫拉克利特的"觉醒"（l'éveil），因此每个领域都是囚牢，里面关着那些沉睡的人①。亚里士多德认为②，关于"弱论述"和"强论述"的理论并没有促成辩论术的诞生，而只不过是按照那些巧舌如簧的鼓吹者的需要、按照利益需要、按照门派利益在进行兜售，传统偏见就是这样来看的。事实上，这种理论似乎与某种特定的政治实践有着紧密的关系，具体来说就是雅典的民主制。首先，一些迹象引导我们作出这样的解释。我们看到，柏拉图强调，按照普罗泰戈拉的观点，

---

① Fr.B 89 DK.

② Fr.A 21.

"善"（le Bien）不可能是单一和单纯的"自在之善"；普罗泰戈拉所构想的只能是多面的、凌乱的、混杂的"善"，简言之就是"杂色的善"①（Bien bigarré, ποικίλον）。因此柏拉图在《理想国》中使用 poïkilon 这个词来描述民主制的特征：民主宪法"就像一件杂色的大衣"②。还有其他迹象。在柏拉图的《普罗泰戈拉篇》中，普罗泰戈拉指出，所有人都必须遵守城邦法律，"统治者和被统治者都需要遵守法律"③。因此 ἄρχειν καὶ ἄρχεσθαι（统治和自治）这一词组被亚里士多德用来描述民主的特点。这种政体希望通过轮流执政来保证公民的自由：因为公民"既是被管理者又是管理者"（ἐν μέρει ἄρχεσθαι καὶ ἄρχειν）④。轮流执政是民主制的特征，城邦的法律正是通过轮流执政来切实地保证法律面前人人平等，统治着和被统治者都要遵守法律。下面要说的是第三个，不仅仅是迹象，而是根据。在关于厄庇米修斯（Epiméthée）和普罗米修斯（Prométhée）的神话中，普罗泰戈拉将整治艺术同其他所有艺术作出了明确的区分；其他所有艺术都需要有专长的人来从事，但是赫尔墨斯（Hermès）在宙斯的命令下给每一个人都分配了政治道德，其两个构成部分就是公正（justice）和尊敬（respect, αἰδώς）。"宙斯说人人都要有份；因为，如果像其他所有艺术那样，仅仅是少数人拥有政治道德的话，城邦就无法扩大。"⑤正因如此，普罗泰戈拉认为，雅典人以及其他民

① *Prot.*, 334 *c*.

② VIII, 557 *c*: ὥσπερ ἱμάτιον ποικίλον, 仅仅几行文字，这个词被重复了三遍：πεποικιλμένον, πεποικιλμένη, τὰ ποικίλα.

③ 326 *d*, trad. A. Croiset, Belles-Lettres.

④ *Politique*, VI, 2, 1317 6 2.

⑤ *Prot.*, 322 *d*.

主城邦都对技术问题和政治问题作出了区分：首先，他们只听从专业的意见，其次，他们认为所有人都有资格表达自己的意见。如果政治道德不是人人都有，城邦就不能存在①。肯定人人都有政治能力，这是民主政体的特征；我们要注意，柏拉图否认了这一点，他将政治艺术同其他所有艺术并列起来，看成是需要有专长的人来从事的。

因此，如果每个人都能够拥有政治道德，这意味着在城邦中能够形成统一的论述，至少是大多数，这就是"强论述"，而个别的、少数的论述就是"弱论述"。因此"强论述"概念的形成有着深刻的政治经验，并且这种政治经验，既非专制的亦非独裁的，而是民主的；论述的力量来源乃是论述所激发的"普遍同意"（consensus）。那些被剥夺了权利的人，公民就是他们的真理，并且在民主制的平等中，对于各种意见，不是权衡重量，而是计算数量。因此，"强论述"本质上是集体的事情，至少在早期是如此；每个人都重视自己身上同别人相同的东西、能够普遍化的东西。因此教育是共同教育；如果政治道德乃是所有人的事情，因为它来自于所有人，普罗泰戈拉为说服苏格拉底，做了一个很有启发的比较：

> "所有人都在尽力去教授道德，你却会发现无人可教；同样，如果你要找出教会我们讲希腊语的老师，你也找不到。"②

因此政治道德在城邦中是平均分配的东西；专制论述是

---

①　Ibid., 322 *d*-323 *a*.
②　Ibid., 327 *e*-328 *a*.

一种暴力论述,但不是一种"强论述";"政治"的本真维度不会出现在奴役中。

我们看到"人"这个概念本质上就是公民,同权力相比较而言,公民本质上就是分党派的,从这一点来讲普罗泰戈拉无疑是大众文化的创造者。劳动分工导致无法形成"强论述",因为劳动分工破坏了所有的交流空间;这样我们就能理解为什么普罗泰戈拉反对各种技术(techniques, technai),他将各种技术放在了政治的对立面①。政治道德可能性的条件是全体公民之间都相互了解,这才能使得他们能够在同一平台上或者是分享论述的有效场所中相遇。我们知道普罗泰戈拉将其一生都用于公民教育,在他看来,所有的教育都应该是政治教育。因此教育(païdéia)的作用是消除个人的异常行为,建立一种持续的文化模式,这种持续的文化模式不仅将每个人卷入同一地理空间,也将每个人卷入同一历史时间。文化是一种"强论述",因为历史用所有此前各代人的一致性使它巩固。从这一观点来看,普罗泰戈拉,就像亚里士多德告诉我们的那样,非常关心语法,这就是很正常的②。因为语法支配语言以使其成为所有人的语言;语法规则将符号的使用普遍化。因此语法是话语的力量源泉,故而叫喊是完全个人的,是"弱论述"。

然而,如果"强论述"就是从其所吸引的选票的数量上来汲取力量的话,这并不表明普罗泰戈拉主张所有观点都完全平等、所有人的智慧都完全一致③。因为最出色的人懂得如

① *Prot.*, 318 *e*–319 *a.*

② Fr. A 27–29.

③ 巴亚纳斯在他的文章中特别强调了这一点:A. Bayonas, L'art politique d'après Protagoras, *Revue philosophique*, n° 157(1967), p. 49.

何提出能够吸引别人加入的论述;个人论述通过其内在的普遍化能力而变成"强论述"。明智就在于懂得通过说服和论证而放弃不稳固的部分论述,而采用整体的全面论述。高级精神懂得放弃影响有限的贫乏的表现,而采用丰富的表现,即是指能够取得普遍的同意,构筑一个精神的共和国。因此教育乃是可能并且合法的,只要这种教育是由高级精神来进行的,高级精神懂得有价值的意见与无价值的意见之间的分别,懂得分享有价值的意见并抛弃无价值的意见,就像医生一样,通过自己的药剂,使健康的症状取代疾病的症状①。同样,在政治中存在明智的政府和非明智的政府;最明智的政府就是通过其论述使其同胞接受(亦即普遍化)那些对于共同体最有用的措施的政府。政治领袖,在将所有的投票都吸引到自己的名下时,既然他的自由分享的论述成为了公共论述,也就创造了城邦的"强论述",并以此赋予了这种论述以真理性和正义性②。这种论述,即使它沉默却也更加雄辩,包括简单的暗示姿态、富有感染力的示范行为;这似乎就是普罗泰戈拉所引述的一个残篇的含义,其中普罗泰戈拉提及了伯利克里在其两个儿子帕拉洛斯(Paralos)和桑希普斯(Xanthippos)死后的态度,他们前后八天相继死去,而他们的父亲却只把这种痛苦隐藏在自己的内心:

"事实上,所有看到他坚强地忍住自己的悲哀的人,都会认为他比自己更崇高、更勇敢、也更坚强,会认识到自己在这种境地中将会是多么崩溃。"③

---

① *Théét.*, 167 *a*.
② Ibid., 167 *c*.
③ Fr.B 9.

因此,虽然为了衡量"强论述"人们需要计数那些不重要的声音,只有那些能够赢得其周围声音赞同的、亦即最终得到普遍确认和判定的、因而比其他声音更具分量的声音才能保留下来。普罗泰戈拉的"强论述"理论,看来似乎是在表达一种特定的政治激励,但这种激励不是马基雅维利式的,而是民主的,是雅典在伯利克里这一辉煌时代的民主。

五、真理的本性

现在我们退一步,以便从整体上提取普罗泰戈拉哲学的意义。我们已经看到,他的真理概念,加以正确地理解的话,并不包含任何形式的怀疑主义;那么要怎么样来描述它呢?

1.黑格尔的解释

如果说事物的真相取决于人而非事物本身的话,在黑格尔看来,这种断言表明了对"主体性"(la subjectivité)的力量的发现。普罗泰戈拉通过"人是万物尺度"实现了"非常重要的转换,所有的内容、所有的客观因素都只与意识相关,因此'思考'(le penser)被看做是所有'真'(vrai)的本质阶段;由此'绝对'(l'absolu)实现了'思考着的主体性'(la subjectivité pensante)这种形式"。① 因此普罗泰戈拉哲学的根本原则就是断言了客体存在(l'être de l'objet)的现象性

---

① Hegel, *Leçons sur l'Histoire de la Philosophie*, trad. P. Gamiron, Vrin, t. II, p. 262. 同时参阅 p. 267:"因为普罗泰戈拉肯定了相对性,或者说是一切存在物的非自在存在,那么一切存在物都只能是相对的,只能是相对于意识的。"

（phénoménalité），并且所有的现象都是由感知和思考现象的意识决定的。因此存在物（l'étant）不是自在（en soi）的，而是通过思想的感知而存在的，在思想中，只是某些东西以某种方式出现。思考着的存在（l'être pensant），亦即人，将自身的尺度赋予事物，因为人自身的存在乃是由某种显现所构成的，并且作为主体的人是这种显现的源泉。正因如此在普罗泰戈拉的思想中以及前苏格拉底哲学中，灵魂用人身上能够表明所有显现力量的东西来规定自身——感觉（le sentir），或者说是知觉（le percevoir），他说："除了知觉之外，灵魂别无他物。"①将真理引向主体性和意识，黑格尔认为这一运动乃是观念论的特征，或者至少是"现代的蹩脚观念论"②，普罗泰戈拉就是其始作俑者。柏拉图和亚里士多德对普罗泰戈拉的批评就表明这两位思想家对于主观观念论的拒斥，当然程度有所不同，柏拉图拒斥的是这种主观原则，而亚里士多德拒斥的是观念论本身。

　　然而黑格尔的解释遗漏了普罗泰戈拉思想的一个主题，即显现的价值取决于其实用程度。因此《泰阿泰德篇》指出，这一主题对普罗泰戈拉非常重要：就如同医生用药剂使健康体征取代疾病体征，如同农民用肥料使植物从赢弱转变的茂盛③，学者也会使用论述（discours，logoi）让好的东西取代无

---

　　①　Fr.A 1, § 51.毫无疑问，正是基于这种原因普罗泰戈拉认为灵魂位于胸部。参阅 Fr.A 18；Unterst., TF, I, p. 48 et p. 17, note。

　　②　*Op.cit.*, p. 240.在 p. 239 黑格尔还写道："主体性反思的时代就这样开始了，'绝对'以主体的身份出场。现代的原则在这个时代就开始了。"

　　③　167 *a–b*.

价值、无用处的东西,"好的"(beltion)就是指可供人们使用
(chrèstos)①。这种有用性的大小决定了事物的真实程度。

2.尼采的解释

尼采所阐述的现代实用主义似乎在普罗泰戈拉的思想中
找到了其根源。上等人(l'homme supérieur)的成就恰恰在于
创造了尼采所谓的"价值","价值"的存在并非是天然的能
力;然而人生活在一个价值的世界中,因此上等人是人所生活
的这个世界的创造者。因此尼采在说"'超人'(le surhomme)
是万物的尺度"的时候并没有超越普罗泰戈拉的思想,因为
在普罗泰戈拉的思想中也是最有智慧的人能够阐述能被其他
人接受的"强论述"。同样,"超人"——对尼采而言亦即沉思
的人,让人类分享自己所创造的价值世界:

"我们思考,我们感受,事实上我们创造了并将继续创造
从前不存在的东西:世界有越来越多的价值、色彩、重量、角
度、等级、肯定、否定。……当今世界上,所有东西,无论其所
拥有的价值是多么少,都并非天然地拥有这种价值——自然
从来都没有价值;这种价值是被赋予自然的,作为馈赠和礼物
赋予自然的,而我们就是这个馈赠者。是我们创造了人的
世界。"②

因此真理就是"超人"为其他人所创造的各种价值。但
是这种创造并非专断的:这种创造将符合人类利益和需要的
东西、满足人类现实需要的东西称为"真"。因此出现了格拉

---

① 167 *c*,此处,这个词柏拉图重复了三遍。
② *Le gai savoir*, § 301;trad. A. Vialatte, Gallimard, 1950, p. 245.

尼埃(Jean Granier)称为实用真理(la vérité-utile)的东西①,这种东西正是生命的表达。而我们已经看到,这种关于实用的主题正是普罗泰戈拉思想的核心;实用性乃是用以将各种显现等级化的标准,使一种显现优于另一种。将尼采和普罗泰戈拉进行对照并非武断之举,因为这正是尼采本人的建议;事实上他将思想定义为确定价值,而价值作为实用性的表达,同时他将人描述为典型地进行估价(mesurer)的存在:"我们知道'人'这个词意指能够进行估价;他想用最伟大的发现来命名自己。"②

如此说来,在尼采和普罗泰戈拉之间始终存在一个非常重要的区别;事实上,尼采将这种"实用真理"(vérité-utile)看做是"实用错误"(erreur-utile),同实际的真理相对立,而普罗泰戈拉似乎确实是用人所提供的实用性来命名真理。真理和实用性这两个主题并非不可兼容,只要不将真理构想成必须是绝对的。普罗泰戈拉不否认真理,他否认绝对的真理;他构想一种非绝对的"真",或者说是一种其绝对性是不可实现的"真"。事实上,"强论述"理论提醒我们普遍性并非现成的,而是需要创造的,需要有人来创造的。绝对的真理是无法实现的,除非某种普遍的人类论述切实地建立起来;即使这种论述挺住了时间的考验,也要考虑与 kaïros 相关的实用性的可能性。普罗泰戈拉的非绝对真理或者也可以称作批判的(cri-

---

① *Le problème de la Vérité dans la philosophie de Nietzsche*, Seuil, 1966, p. 487.参阅 p. 470 中一条来自《权力意志》的引证:"如果说范畴乃是'实事',这仅仅是在范畴对于我们而言乃是生命的必然性这一意义上来讲的。"(t.I, liv.I, § 193)

② *Le voyageur et son ombre*, § 21;cité par J.Granier, *op.cit.*, p. 480.

tique）真理。事实上我们看到，他将"真"解释为价值；因此真正的批判问题就是价值问题。事实上不彻底探究这种见解的真实基础，不追问价值的价值，就无法确定价值。事实上，价值不能通过其存在这一事实本身得到合法化；相反，其存在这一事实本身成为问题，并直接拷问自身的合法性范围。

第二章 高尔吉亚

一、生平及著作

高尔吉亚于公元前 485—前 480 年之间出生在西西里
(Sicile) 的利昂提尼 (Léontium)。他的弟弟赫劳底格斯
(Hérodicos) 是医生,而他是阿格里昂的恩培多克勒
(Empédocle) 的学生,他本人也是医生①。公元前 427 年,他
受其家乡城市的派遣来到雅典,请求雅典的军事援助;利昂提
尼当时受到叙拉古 (Syracuse) 的威胁。高尔吉亚在人民议会
上为自己的家乡辩护,凭借其雄辩的口才获得了巨大的成功。
他的风格十分具有个人特色以至于希腊人创造了 gorgianiser
一词用来指"用高尔吉亚的风格讲话",而且 gorgianiser 成为
了一种时尚。很多雅典上层人物都受过高尔吉亚的教育,例
如克里底亚 (Critias)、阿尔西比亚德 (Alcibiade)、修昔底德
(Thucydide)②;随后高尔吉亚周游希腊,从不固定在某个地

---

① Fr.A 2,A 3.
② Fr.A 1.

方。他在塞萨利亚（Thessalie）教学的时候，他的学生有迈农（Ménon）、亚里斯提布（Aristippe）①以及伊索克拉底，伊索克拉底在雅典建立了可以和"学园"（l'Académie）相媲美的学校②。然后他到彼俄提亚（Béotie）教学，普罗塞纳（Proxène）是他的学生③。高尔吉亚的演说天赋使他被希腊议会推选来执行德尔菲祝词（Discours pythique）；在奥林匹亚（Olympie），他劝告希腊人停止内部纷争并一致对抗蛮族④；他在爱利亚（Elée）发表了题为《爱利亚人颂》（Éloge des Éléens）⑤的演说，在雅典发表了纪念战死的英雄们的《葬礼演说》（*Oraison funèbre*）⑥。高尔吉亚生命的最后阶段似乎是在塞萨莉亚度过的，他死的时候已经一百多岁了。按照克利尔库斯（Cléarque）的说法，他认为自己长寿的秘诀是"从不追求享乐"（de n'avoir jamais rien fait en vue du plaisir），但是按照拜占斯的德密特里（Démétrius de Byzance）的说法，他应该是说"从不讨好他人"（de n'avoir jamais rien fait en vue de faire plaisir à un autre）⑦。高尔吉亚应该是终生未婚⑧。

在希腊高尔吉亚受欢迎程度和声望非常之大，依据高尔吉亚姐姐的后代欧莫普（Eumolpe）的说法，在奥林匹亚，人们

---

① Fr.A 19.

② Fr.A 32.

③ Fr.A 5.

④ Fr.A 1.

⑤ Fr.B 10.

⑥ Fr.A 1.

⑦ Fr.A 11.这里我们采用了里特尔（C.Ritter）的文本和解释，文特施蒂纳也采用了他的文本和解释：Untersteiner, *Sofisti*, TF, II, pp. 19-20.

⑧ Fr.A 18.伊苏格拉底的这条见证却遭到了普罗塔克（Plutarque）的驳斥，参阅 Fr.B 8 *a*，但是伊苏格拉底作为高尔吉亚的嫡传弟子，似乎更具可信度。

献给他一座实心的金像①。柏拉图在他的对话中塑造了高尔吉亚,这篇对话就被命名为《高尔吉亚篇》。如果我们在这件事上相信阿特纳奥斯(Athénée)的说法,高尔吉亚是看过《高尔吉亚篇》的,但是他并不认同柏拉图所描绘的形象,他认为这个形象是以漫画般的手法加以歪曲了的:"据说高尔吉亚在自己的亲戚家中读到了这篇用自己名字命名的对话,并且说:这个柏拉图可真能开玩笑!"②赫耳弥珀(Hermippe)也强调了高尔吉亚和柏拉图之间的论战关系,他讲述了下面这个故事。看到高尔吉亚走过来,为了讽刺他的金像,柏拉图高喊道:"那个漂亮的金子做的高尔吉亚向我们走来了!"而高尔吉亚回答道:"当然漂亮了,而且是全新的,你这个雅典人捧出来的亚基罗古斯(Archiloque)③!"但这句话还有另外一层意思,是个无法翻译出来的文字游戏:"只有雅典人才能够忍受的!"④无疑正是因为他的巨大声望,保存至今的高尔吉亚残篇要比其他智者更多更完整。我们甚至还有一些著作的全文,例如《海伦颂》和《为帕拉默德斯辩护》,这在智者中是绝

---

① Fr.A 7.有其他证据显示金像是被安置在德尔菲。

② Fr.A 15 a.阿特纳奥斯特别指出是"亲自阅读",因为在高尔吉亚时代,通常不是亲自阅读某个文本,而是由佣人来朗读。亲自阅读这件事情乃是一个极端的特例;柏拉图将亚里士多德称为"阅读者"也是在这种意义上使用的。

③ 古希腊的著名抒情诗人。他的父亲是个贵族,而他的母亲却是个奴隶。他起初很富有,但是后来破产。他以好斗和睚眦必报而著称。他谴责等级社会,主张婚姻自由。——译注

④ Fr.A 15 a.因为ἐνηνόχασιν乃是动词φέρω的完成时,表示"已经产生",但是这个动词还有另外一层意思,"成功地忍受了"。这个讽刺尖刻的话还可以翻译成:"只有雅典人才喜欢。"DK 中并没有给出完整的残篇,完整的残篇需要参阅 Untersteiner, Sofisti, TF, II, 22.亚基罗古斯是个讽刺诗人。

无仅有的。

高尔吉亚的著作可以分成三类。第一组文本的内容主要是哲学内容,第二组文本特别关注雄辩术,第三组是修辞学。

第一组的包括如下:

1)《论非存在,或论自然》(*Sur le non-être, ou sur la nature*)。关于这部作品我们有两个概述:第一个是恩披里柯提供的①;第二个是伪亚里士多德,其三部专著分别为《麦里梭》(*Mélissos*)、《色诺芬》(*Xénophane*)和《高尔吉亚》(*Gorgias*)②。这两个阐述有些地方不一致,可以相互补充。

2)《海伦颂》(*Éloge d'Hélène*)。高尔吉亚试图通过一种充满魅力和典型的高尔吉亚风格的方式来证明特洛伊的海伦是清白的,并为这个通奸者作出不合常理的颂扬。

3)《为帕拉默德斯辩护》(*Plaidoyer pour Palamède*)。与前面的《海伦颂》相似,其中高尔吉亚试图证明无法判决这位叛国的将军。此处对判决问题的处理比《海伦颂》中还要清晰。

在第二组中包括:

1)《葬礼演说》(*Oraison funèbre*)。这篇向战争中的烈士致敬的演说,我们不知道它是演说类型的阐述还是在特定场合的讲演。现在后一种理论更为推崇,而且人们认为这要么

① Fr.B 3.

② DK 中没有给出这三个文本,但是文特施蒂纳在他的版本中进行了补充:Untersteiner, *Sofisti*, TF, II, 57–74。还可以参考这三个文本的批判性版本,由巴尔巴拉·伽森翻译并注释:Barbara Cassin, *Si Parménide*, Presses Universitaires de Lille, 1980。其中第429—565页我们可以找到关于高而吉亚的论述。我们要指出,文特施蒂纳认为,这三个文本并非三个并列的独立论文,而应该是一个统一的文本,是麦加拉学园(l'école mégarique)的成果,参阅 *I Sofisti*, I, pp. 159–160 et 166–167, n. 95。

是纪念伯罗奔尼撒战争(la guerre du Péloponnèse)中的牺牲者,要么是纪念科林斯战争(la guerre de Corinthe)中的牺牲者。

2)《奥林匹克演说》(*Discours olympique*)。文特施蒂纳认为这个在奥林匹亚发表的演说应该是在公元前 392 年①。其中高尔吉亚劝告希腊人要采取泛希腊主义态度,这才能使他们团结力量对抗蛮族②。这条政治路线,与希庇亚斯(Hippias)和安提丰(Antiphon)的世界主义完全不同,后来由伊索克拉底所继承。

3)《德尔菲祝词》(*Discours pythique*)。该演说失传了;我们只知道确实有过此次演讲③。

4)《爱利亚人颂》(*Éloge des Eléens*)。对于这篇演说,我们只知道开篇的三个词,亚里士多德引用了它们,作为例子来阐述强化主语的修辞效果:"爱利亚! 幸福之都……"④

5)《阿喀琉斯颂》(*Eloge d'Achille*)。人们根据亚里士多德的证词⑤猜想有这样一个演说存在,但是如果说其存在,证词却非常不确定,而我们也没有发现该演说的任何残篇。

高尔吉亚的第三组著作包括:

1)《演说术》(*L'Art oratoire*)。该著作或者是对演说技巧的反思,就像亚里士多德的《修辞学》一样,或者是演说范本的汇编,更或者是二者结合;高尔吉亚应该指出了某种方法并

---

① *I Sofisti*,1,p. 157.
② Fr.A 1.
③ Fr.A 1.
④ Fr.B 10.
⑤ Fr.B 17.

提供了他的范例①。

2)《专名学》(*Onomastique*)。确切来说这并不是一部辞典,而是一部按主题进行分类或者说是按内容分类的汇编②。

二、本体论的自我消解

《论非存在》试图颠覆爱利亚的本体论,批判巴门尼德(Parménide)在其诗歌中的基本阐述:"'存在'存在而'非存在'不存在"(l'être est et le non-être n'est pas),和"'思考'和'存在'是一回事"(c'est la même chose penser et être)。高尔吉亚批判的特点在于不是从外部提出质疑,而是从本体论的内部展开,将其自身的原则运用在其自身上,从词语的层面上来把握它。巴尔巴拉·伽森(Barbara Cassin),在其所注释的伪亚里士多德著作《麦里梭、色诺芬、高尔吉亚》中,已经阐明了这一点:"高尔吉亚用以反驳巴门尼德的正是忠实性。"③必须要强调高尔吉亚所从事的活动的批判性,这会使我们明白他的批判并非像人们通常所认为的那样是完全的虚无主义。高尔吉亚不是要证明无物存在;而是要指出巴门尼德的"存在"的虚无性,并且本体论在事实中被摧毁了,本体论崩溃了,因为当其发挥到自身极致的时候它就自我毁灭了。高尔吉亚仅仅是草拟了纯粹本体论的二律背反表。或者是,在否

① Fr.B 12,13,14.

② 参阅 Fr.B 14 *a*,文特施蒂纳对 DK 进行了补充: Untersteiner, *Sofisti*,TF,II.

③ *Si Parménide*,PUL,1980,p. 57.同样参阅 pp. 452–454.这个观点解释了该书的题目:如果有巴门尼德,那么就会有高尔吉亚(Si Parménide, alors Gorgias.)。

定一种否定自身的本体论的同时,高尔吉亚作出了一种对否定的否定,从而找到一种肯定。

《论非存在》包含了三个论题,按照巴尔巴拉·伽森的话说,这三个论题是按照"让步的结构"①组织在一起的:无物存在;即使有物存在,也无法认识;即使可以认识,这种对存在的认识也无法同他人交流。

现在我们来考察这三个论题的连续证明。

第一个论题。如果将肯定"'存在'存在"的"同一性"(identité)原则应用在"非存在"上,人们必须说"'非存在'是'非存在'",如此"非存在"就同"存在"完全一样,反言之"存在"是"非存在"。"因此事物就是其所不是的。"②高尔吉亚随后着重指出,即使"存在"存在,它既不能是被生成的,也不能不是被生成的(979 b 20),既不是"一"也不是"多"(979 b 35),也不动(980 a 1)。因此没有任何东西能够符合本体论所定义的这种"存在"。

第二个论题。即使这样的"存在"存在,"事物也是无法认识的,至少我们是无法认识的。"(980 a 18)事实上,事物之所以能为我们看到听到是因为它们被表象的(φρονεῖται)。然而,人们可以表象不存在的东西,例如在海面上的战车;因此,对存在的表象不能给我们带来存在,认识就是不可能的。

如果把这个关于认识不可能性的论题同高尔吉亚所阐述并由柏拉图转述给我们的知觉理论相联系的话,该论题似乎阐述的很清晰。继恩培多克勒之后,高尔吉亚认为从每个事

---

① *Op.cit.*, p. 46.
② *MXG*, 979 a 27. 我们转述了伽森编辑的文本。

物中都发散出所谓的"流射"（effluves, ἀπορροάς）；每种感官都具有特定尺寸的细孔，这些细孔选择同自己尺寸相符的"流射"①。这种机制用以解释同一物体在各种感官上所产生的不同感觉信息。因此灵魂通过感官所感受的东西乃是事物中发出的"流射"而非真正的事物，而且仅仅是事物的一部分"流射"，灵魂无法用完整的方式认识事物。知觉成了错觉，此处高尔吉亚的主观主义依赖于对知觉的特殊解释。当亚里士多德肯定在认识中"灵魂某种程度上就是全部存在"②的时候，其所反对的正是这种见解。

第三个论题。即使存在是可以认识的，也无法同他人交流这种认识。事实上人们是通过知觉来获得对存在的认识的，而人们用语言来交流它。感觉和语言是异质性的，显现又是无法完全说出来的，并且语句与语句之间并没有真正的过渡。"说"并不是"看"："因为所看到的东西怎么用语言来表达呢？"③语言诉诸于听觉，而听觉是不能感知颜色的，颜色乃是视觉的特权；同样，构成事物的东西，除了声音之外，都是无法用听觉来把握的，因而不能用语言来表达："说话者讲话，但是既不能［提供］颜色也不能［提供］事物"④；因为"说话者说的不是颜色，而是某个论述"⑤。对瞎子讲述颜色不能教会他任何东西；因此语言不能通过传达经验来传达现实事物；因

---

① Fr.B 4；Platon, *Ménon*, 76 *a* sq.
② *De Anima*, Ⅲ, 8, 431 *b* 21. 本人分析过这个格言：*La parole archaïque*, PUF, 1999, pp. 253–269.
③ *Op.cit.*, 980 *a* 20.
④ 980 *b* 3.
⑤ 980 *b* 7.

此严格来说现实事物是不可交流的，"因为事物不是论述"①。人们可以反驳说语言的使命是唤起说话者的同等经验，由此来保证现实的交流。对此高尔吉亚的回答是既然是两个不同的主体就不会有两个完全等同的经验；不然的话就会只有一个主体了。《为帕拉穆德斯辩护》与《论非存在》有着内在联系，因为它在阐明公正地评判案件的困难性："如果通过语言能够将事实的真相完全彻底地传达给听众的话，审判就没有任何麻烦了……"②

三、幻象之诗（ἀπάτη）

从本体论的这种毁灭中，高尔吉亚既不想得出虚无主义也不想得出怀疑主义，而是一种非本体论的或是非形而上学的思想，这种思想某种程度上预示着尼采的思想。

批判巴门尼德的第一个结果是重新树立起"表象"，并肯定实际与表现的同一性。对柏拉图的"不可见世界"（l'arrière-monde）的批评在"残篇26"中就已经明确表达出来了："存在如果不成为显现就会消失，显现不成为存在就会殆尽。"③如果显现是变化的，存在也将是变化的；这也并非什么丑事，既然现实就是矛盾的，既然"同一性"原则只会从自相矛盾的本体论中产生。构成现实的矛盾无法超越自己；矛盾

---

①　980 *b* 18.

②　§ 35.关于高尔吉亚的反现实主义，可以参阅的杜普雷埃尔的精彩分析：*op.cit.*, pp. 72–73。

③　普罗克鲁斯的见证：τὸ μὲν εἶναι ἀφανὲς μὴ τυχὸν τοῦ δοκεῖν, τὸ δεδοκεῖν ἀσθενὲς μὴ τυχὸν τοῦ εἶναι。

双方永远不能在辩证的综合中和解,只会在永无休止的斗争中对抗。因此高尔吉亚对于现实性的理解不是逻辑的,而是悲剧的,并且正因如此它在哲学上才是合法的;事实上谢林在《世界的时代》中指出,"指责哲学家从矛盾开始哲学,就如同在阅读了悲剧诗人的整部作品之后对其说,这样的开始必然带来可怕的结局……"①矛盾双方从不平息,而它们的中和也是不可能的;因此只能通过语言上的甜美说服力来使人相信其中一者,在矛盾双方中选取一者。由此我们理解高尔吉亚无论如何都对确定知识抱有迟疑的态度②:doxa(意见)就是精神被矛盾双方撕裂的状态;知识就是精神停止在被论述赋予合法性的某一现实方面上。论述事实上是表象的主人,通过选择现实的那一方面应该展现出来,论述创造了表象、表象构成了人类的事实。"语言是位伟大的君主,它的身体细小而无法知觉,却实现了最伟大的事业。它能消除恐惧,抹去悲伤③,制造快乐,唤起怜悯。"④——高尔吉亚如此歌颂语言的创世力量并不过分。高尔吉亚强烈地感觉到,语言只能唤起某种表象,但是这种表象却是合法的。我们以《海伦颂》为例。海伦是有罪还是无罪? 至少可以说海伦的案情是模棱两可的,而她的名字本身就是其案情的象征⑤。高尔吉亚的选

---

① Trad.S.Jankélévitch,Aubier,p. 161.

② *Palamède*,§ 22;*Hélène*,§ 11.

③ 此处高尔吉亚使用了 λύπή 一词,后来安提丰在其"驱除悲伤的艺术"(technè alupias,art d'ôter le chagrin)使用的也使这个词,所采用的也是语言的途径。因此在这一点上安提丰是在重复高尔吉亚所开创的主题和实践。

④ *Éloge d'Hélène*,§ 8.

⑤ Hélène(Ἑλένη)应该是从 εἶλον 派生而来,αἱρέω 的不定过去时,从词源上来看,兼具"迷人的、主动诱惑的"(ravissante)和"沉迷的、被抢走的"(ravie)两种意思。

择是消除模棱两可性、直接劈开。高尔吉亚的论述表明海伦像雪一样洁白。这种论述某种程度上展现出了停止双重分割现实的勇气。语言是医治灵魂分裂的医生；生活就像埃斯库罗斯的悲剧向我们所指出的那样"到处都是阿瑞斯"①。懂得修辞艺术的人为这些生活中的病态灵魂带来了使人平静的论述作为治疗手段，这种论述的强大逻辑结构只接纳事物好的方面，拒绝坏的方面："语言力量对于灵魂的作用就如同药物对于身体的治疗。"②因此作为医生的语言乃是医治者和拯救者。语言并不消除矛盾，因为矛盾乃是无法超越的实在，但是语言通过驱逐矛盾的一方并将其排斥在自身之外，从而在自身的语法层面上获得和解。实在已经被矛盾撕裂，人类世界却只要求占据其一，所以这个人类世界是有待创造的，高尔吉亚依据词源学将这种创造诉诸于诗学。占据矛盾双方中的一者不是暴力行为③，而是通过广义的诗学来取得和解，广义的诗学就是我们今天所说的艺术。事实上高尔吉亚曾以画家为例，认为画家也可以通过削减多元性来抑制矛盾双方的冲突："画家使用多种颜色和多个部分构成完美的单一整体、单一形象来满足视觉的需求。"④

　　艺术给我们带来的快乐就是取得和谐，和谐能创造适合

---

　　①　参阅 Fr.B 24：μεστον Ἄρεως εἰναι。

　　②　*Éloge d'Hélène*，§ 14.

　　③　可以用高尔吉亚在《海伦颂》中第六节（le § 6）的内容来反对这种观点，其中高尔吉亚将神的力量凌驾于人的力量之上。但是就像文特施蒂纳所指出的那样，这段文字的意义主要在宗教方面："因此这里不能用严格的政治上的意义来理解，应该看到的不是强者统治弱者这样的法律意图。"（*I Sofisti*，I，176；voir aussi *Sofisti*，TF，II，96.）

　　④　*Éloge d'Hélène*，§ 18.

人类居住的世界——从这种意义上来讲,高尔吉亚熟练驾驭的逻辑推理①虽不能表达现实,但是却成为诗学和艺术的一部分:逻辑推理巩固了灵魂于其中获得平静的单边视野。因此诗歌作品乃是对于幻象($\dot{\alpha}\pi\dot{\alpha}\tau\eta$)的创造,之所以说是幻象乃是因为这种作品与现实不符,但却是合乎愿望的好的幻象,因为它创造了一种精神上的和谐,高尔吉亚称之为"正义"(justice)和"智慧"(sagesse)。埃斯库罗斯的悲剧是艺术作品,从这种意义上来讲也是一种幻象,但是悲剧这种幻象、这种创造(poétisation)使我们能够承受悲惨的经历,亦即接受并理解这种悲惨的经历。事实上,悲剧创造

> "幻象,以至于一方面制造幻象者要比不制造幻象者更加正义,另一方面接受诱惑的要比不肯上当的更加智慧。制造幻想者更加正义是因为它践其所诺;接受诱惑者更加智慧,因为有感觉的人都愿意享受词语的乐趣"②。

因此智者(亦即有智慧之人)的艺术对于高尔吉亚就相当于悲剧诗对于埃斯库罗斯,乃是"正当幻象"(illusion justifiée,$\dot{\alpha}\pi\dot{\alpha}\tau\eta$ $\delta\iota\kappa\alpha\dot{\iota}\alpha$)③。智者的论述,尽管需要用散文来表达,然而却是诗的一部分,高尔吉亚表明,"诗,就整体而言,我将其判断和定义为具有节奏的话语。"④由论述之诗所

---

① 特别是在《为帕拉默德斯辩护》中。

② Fr.B 23.Fr.B 23 a 中也表达了同样的观点,文特施蒂纳将其补充到 DK 中:Untersteiner, *Sof*, , TF, II, p. 142。

③ 《埃斯库罗斯残篇》,转引自文特施蒂纳:Untersteiner, *I Sof.*, I, p. 183。

④ ...λόγον ἔχοντα μέτρον: *Éloge d'Hélène*, § 9.

创造的"正当幻象"就如同被众多听众所接受的幻象同样正当：它的目的是要阐述人类的文化世界。但是有人可能会说，高尔吉亚不是证明了可认识的东西的不可交流性了么？诚然如此，但是只有语言炫耀自己用词语表达事物的时候这种不可交流性才成立；然而，作为幻象的创造者，诗所表达的东西，恰恰不是事物，而是事物所引起的或者是智者想要引起的"情感"（l'émotion）：

> "诗歌的听众从对那恐惧的战栗、催人泪下虔诚及懊恼的悔恨都感同身受。面对外物与他人造成的兴衰，幸有论述，灵魂方得属于自身的感受。"[1]

因此主体间性对于高尔吉亚是完全可能的：即使语言不能充分传达对事物的认知，相反却能很好地传送情感。人与人之间的交流之所以可能，乃是通过语言共享情感，在这种意义上或许可以将高尔吉亚的情感风格同塞林（Louis-Ferdinand Céline）的风格加以比较。语言不是要表明其面前正在消失的现实，而是要触及灵魂；正因如此高尔吉亚喜欢将那些凶狠贪婪的人称为"活死人"（tombeaux vivants）[2]。那么，如果人们只是同语言打交道，就不能过于简短，高尔吉亚自豪地认为"论述从不曾让其失望"[3]。

因此"正当幻象"本质上是诗性语言的产物，用暗示的方式来影响听众。因此语言能力的核心问题将会导向研究灵魂的感受性，研究沉浸于词语的和谐乐章中的人的心理。这种

---

[1]　*Hélène*, § 9.
[2]　Fr.B 5 *a.*
[3]　Fr.B 17.

研究,古希腊人称为"心理教育"(psychagogie),通过说服来引导灵魂的艺术。我们下面将要讲述它。

四、心理教育

首先要着重指出,对于高尔吉亚所讲的心理教育而言,灵魂本质上是被动的,完全顺从于从外部接受的东西。这种被动性的第一种形式就是感性知觉,我们已经看到高尔吉亚将其理解为将灵魂所经受的事物的印记或形象传输给灵魂的过程:"事实上,我们看到的事物所拥有的本性,并非我们想要的本性,而是偶然降临在它们身上的特殊本性。因此灵魂也是通过视觉途径来接收符合自身趋势的印记。"①形象如此呈现给灵魂,其必然结果是知觉成为容易引起幻觉的并带来歪曲的反应。由于人们习惯于过多地将主动和被动相对立,以至于被动性的实际对立面不是主动性而是无动于衷,主动性的实际对立面不是被动性而是沉睡。灵魂的激情使灵魂活动、使灵魂感动,高尔吉亚以"视觉带来的恐惧"②为例加以阐述。如果人们让灵魂亲眼看到战争的场面,那么视觉"就会变得慌乱并扰乱灵魂"③;尽管没有任何实际的危险威胁到他们,那些看到这些战争器械的人还是感受到了恐慌,"因为视觉在他们的精神中描绘出了那些他们感知到事物的形象(images,εικόνας)"④。

---

① *Hélène*, § 15.

② Ibid., § 16.

③ Ibid.

④ Ibid., § 17.

灵魂的被动性的第二种形式是灵魂对语言的开放。对语言的激情似乎没有感性激情那么强烈，要想运用语言需要预先将灵魂置于易于接受的状态，来诱惑它。这种通过话语途径实现的诱惑，构成了高尔吉亚思想以及智者思想的主要概念之一，其名称为 πειθώ(peithô)，亦即"说服"(persuasion)。

如果没有"说服"的补充，"论述"自身什么也做不到；"说服"不仅能够对意义产生影响，例如当荷马说"听从黑夜召唤"①的时候就是如此；还能够对灵魂产生影响，而这正是高尔吉亚所关心的："'说服'，当其同'论述'联结在一起的时候，就用它的方式重塑了灵魂。"②"说服"(persuader)在于创造一种适合于吸引加入的情感环境；这种情感环境通过实现听众心理上的接受而增加论据的分量："高尔吉亚认为应该用讽刺摧毁对手的严肃，用严肃摧毁对手的讽刺。"③就像休谟所指出的，推理可能经受不起任何驳论也不能带来任何信念；"说服"抛弃了所有的限制，使人接受推理的必然性。

这种"说服"仅仅是赋予论述尖锐性，那么其深层本质是什么？高尔吉亚认为诗就是具有节奏的话语；那么我们需要考虑这种话语同音乐的关系。高尔吉亚所创造的各种修辞格④使其为所有注重表达节律、反复推敲表达方式的人们所关注，并且我们还要知道古代的诗是被唱出来的。更确切地说，高尔吉亚生活在大希腊地区(Grande-Grèce)，受到了毕达哥拉斯的影响，我们知道这个学派探讨音乐的效用：每一种类

---

① πειθώμεθα νυκτὶ μελαίνη (*Iliade*, VIII, 502).

② *Hélène* T § 13.

③ Fr. B 12.

④ Fr. A 1, A 2 et A 4.

型的音乐都会对灵魂产生一种特定的影响,并由此获得某种特定的道德内涵。除了音乐之外,高尔吉亚用以描述说服性话语行为的词汇本身要求我们关注巫术活动,他的老师恩培多克勒已经开始这样做了①。依据高尔吉亚,亚克丽琳娜·德·罗米莉(Jacqueline de Romilly)强调诗歌力量的巫术方面,这是有道理的②。论述通过咒术来实现"说服";它是用咒语仪式和巫术诱发的形式来朗诵的;这位智者是个巫师,他所掌握的正义一词,过去用来驱动石头,现在用来打开那些内心,慑服他们,治愈他们。因此高尔吉亚的借助语言进行的论述,就像借助巫术一样:"事实上,那些借助于语言的朝圣咒语带来了快乐,驱走了悲伤。因为,在加注了灵魂的意见之后,咒语的力量通过施展魔法将其慑服、将其说服、将其完全转变。"③在高尔吉亚的时代,医学同巫术相距不远,所以这种语言上的巫术对他来说没有任何邪恶:"说服"对于论述就如同药剂对于医生。在他看来,智者就是灵魂的医生。

但是人们能够满足于这种安慰性的幻象么?似乎不能。因为人们通过 Peithô 分享的"正当幻象",人们借助它从永恒的双重性的现实矛盾中选择一者,从而从意见过渡到知识。因此高尔吉亚认为,被 Peithô 赶走的模棱两可性就在 Peithô 自身的内,就像药剂也可能成为毒药,有时救人有时杀人:

"因为就如同一种特定的药清除体内一种特定的体液,另一种特定的药清除体内的另一种体液,一些能够驱

① Fr.A 3.

② Gorgias et le pouvoir de la poésie, *The Journal of Hellenic Studies*, Vol.XCIII(1973),pp. 155–162.

③ *Hélène*, § 10.

除疾病,另一些却剥夺生命,论述也是如此:一些能使人悲伤,另一些能使人快乐,一些让听众害怕而另一些让听众重拾信心,另一些最终通过'坏的说服'(persuasion mauvaise,πειθοῖ τινι κακῆι)腐蚀和迷惑灵魂。"①

显然并不是"说服"本身坏:它的好坏取决于使用它的人,就如同药剂的好坏取决于吸收的剂量。此处高尔吉亚早在柏拉图的《斐多篇》(Phèdre)之前就开始玩弄φάρμακον(pharmakon)一词的双关含义,这个词同时兼具"药剂"和"毒药"的意思。人们在 Peithô 中重新发现了 pharmakon 的可怕模棱两可性;这难道不是将我们重新拖回到其本该将我们从中拖离出来的现实矛盾中么? 现实性的双重性反应在 logos 中。正是对于高尔吉亚的这一部分论述,柏拉图设法否认修辞学中的所有追求明智和正义的企图②:修辞学也是双刃的。但是高尔吉亚通过他的时间概念已经走出了这一埋伏,他的时间概念不是"持存"(durée),而是 kaïros,是"时机"。

五、作为时机的时间(καιρός)

认为时间是并非是其中一个时刻与另一个时刻完全等同的、同质且均匀的介质,而是对各种相关活动有机遇偏好的,这种观点在高尔吉亚之前的希腊文化中就已经很明晰了;例如在特奥格尼斯(Théognis)、巴库里德斯(Bacchylide)和品达

---

① Ibid., § 14.
② *Gorgias*, 455 *a*.

作品中。但是我们得知①，高尔吉亚是第一个就 kaïros 写作并形成理论的人。

关于世界的逻辑概念和排中律原则，都依赖于时间延续这一公设，持续存在的时间通过其持续的绵延使得人们可以将一些时刻同另外一些时刻进行比较并指责它们的非线性。真正存在的应该是存在于线性的时间中，亦即在时间的绵延中应该同自身同一。柏拉图的形而上学从中为了"存在"的充分存在而汲取了永恒存在的必然性；"存在"并不偏好于这样或那样的时机，它永远是"自在"的。

就如同其拒绝巴门尼德的"存在"一样，高尔吉亚拒绝这种赋予时间真理以永恒性和永恒王权的概念。他设想了一种本质上非连续的时间，由随机和偶然构成，无法预测；继而某种内容的价值无法用其持续性来衡量：最好的东西可能仅仅是转瞬即逝的东西！这种时间观念使得我们前文阐述的"正当错觉"理论成为合法的。现实乃是矛盾的，幻象之诗通过选择矛盾的一方、单边地占据一侧而使人避免撕裂的痛苦；然而选择矛盾双方中的一者并非独断无据的：乃是根据 kaïros 来作出选择。这要求非常敏锐地精神、极其细腻的方法和极大的灵活性；有什么比时间更难以支配呢？有什么比时机更难以捕捉呢？就像季洛杜（Giraudoux）的《埃佩洛》（*Elpénor*）中所吟唱的那样：

> "机会无非一根细纱，/抑或一根发丝。"

要想恰当地选择环境所要求的合理（juste）一面并摒弃

---

① Fr.B 13.

另一面,这需要真正的明智;因此,除了明智之外,kaïros 还意味着"正义"(la justice):合理的(juste)乃是因为来的正合时宜(juste à point)。"正义"乃是"恰当"(justesse),按照高尔吉亚的华丽表达来说,正是依靠"恰当"人们才能抓住"富有生机和活力的事物"①。不能说高尔吉亚喜欢见风使舵,他只是相时而动。

因此,高尔吉亚是第一个提出时间性本质上为实用性的思想家,并且认为自己有资格教导那些政治家和未来的掌权者。就像后来巴尔扎克在《路易·朗贝尔》(*Louis Lambert*)所写到的:"政治这门科学没有固定原则、也不可能固定;政治乃是时机的守护神,永远依据当下的必要性实施暴力。拥有两百年远见的人也会带着人民的诅咒被当众处死。"②虽然 kaïros 是辩论上的,但是只要辩论作为雅典民主制下的权力工具,那它也就具有政治价值。军事领袖的教育中也需要 kaïros 的加入:卡尔·冯·克劳塞维茨(Carl von Clausewitz)后来将其称为"眼光"(coup d'œil)并将其视为军人资质的一部分。但是主要还是要在道德生活中认识 kaïros。如果不在特定的美德和确定的环境中去研究那些真实的美德,亦即各种"典型事例",那么人们只能尝试从整体上为美德定义某种普遍的单一的本质,结果就会发现无法将其应用于具体生活;在给定的环境下,所有可用于分析的局部特征都被普遍、广泛和永恒有效的本质定义给抹消了。依据 kaïros 来定义美德,亦即依据各种随着道德主体不同状况而变化的典型事例来定

①　Fr. B 16: Χλωρὰ καὶ ἔναιμα τὰ πράγματα(确切的忠告是 ἔναιμα,参阅 Untersteiner, *Sof*. TF, II, p. 138, note)。

②　Ed. du Club français du Livre, I, p. 98,这是我个人的见解。

义:孩子的美德,老人的美德,公民的美德,非公民的美德,人在战争时期的美德,人在和平时期的美德,等等。值得注意的是,相对于柏拉图的美德(vertu,arétè)概念,亚里士多德更赞赏高尔吉亚的美德概念;因此他的现实主义似乎不能同机会主义混同起来:

> "事实上,那些从总体上加以谈论的人,当他们说美德是灵魂的良好状态、正确的行动或者其他诸如此类的东西,这是在自欺欺人;事实上,那些列举美德的人,例如高尔吉亚,他们对美德的谈论要远远好于那些这样来定义美德的人。"①

因此错误仅仅在于用 kaïros 艺术来作为牟利的手段;相反其本意乃是要使道德生活可行的,亚里士多德在他的伦理学②中提到了这一点。但是其意义乃是更加广泛的:kaïros 所指的不仅是现实生活中的时机、获取时机的艺术或者是掌握即兴发言的修辞,它表明了时间的本性,将时间设想成点状。这排斥了绵延价值,从更长的角度来讲,排斥了永恒性,永恒性价值与高尔吉亚所反对的本体论乃是紧密相关的。

高尔吉亚思想的严密性使我们无法相信高尔吉亚会单纯地专注于各种辩论活动,除了展示其演讲口才之外毫无其他目的,这根本不是思想家所为。当然,他将《海论颂》称为"游戏"③,但是柏拉图本人不也将他的《巴门尼德篇》称为"小孩

---

①　Fr.B 18(由文特施蒂纳补充);Aristote,*Politique*,I,13,1260 *a* 27。

②　关于这一点可以参考 *Les choses mêmes. La pensée du réel chez Aristote*,L'Age d'Homme,1983,p. 48 sq。

③　§ 21:παίγνιον.

子的游戏"么？但是，如果人们很好地理解了游戏在希腊文化中的意义和价值的话，这就不能完全否认其严肃性。高尔吉亚，无法抗拒的逻辑学家，令人眼花缭乱的艺术家，深刻的思想家，就像其残篇的数量所表明的那样，为后来者带来了巨大的影响。但是他的最大荣耀可能就在于柏拉图认为高尔吉亚是完全称职的辩论对手。

第三章　吕科弗隆

除了他在公元前 364 年或是公元前 360 年频繁出入小迪奥尼索斯(Denys le Jeune)①的宫廷之外，我们对于吕科弗隆的生平和著作一无所知。一般认为他应该是高尔吉亚的学生。吕科弗隆流传至今的仅有六个简短的残篇和证词，都来自于亚里士多德。亚里士多德的证词可以让我们了解吕科弗隆思想的两个方面，尽管非常不全面：他的认识论和他的政治理论。

一、认识论

在赫拉克利特之后，智者都意识到语法不是中性的，因为说话的方式关联着思考的方式。哲学叙述的结构是依据传统形而上学种种预设来表达的，而这种约定的结点就在于动词"是"(être)，它联结着逻辑(语言理论)和本体论("存在"理论)。这种约定已经被巴门尼德的思想所超越了；然而爱利

---

① Platon, *Lettre* II, 314 *d*.

亚学说成了高尔吉亚批评嘲笑的对象,高尔吉亚在《论非存在》想要搞乱巴门尼德的逻辑并指出其虚幻无用。高尔吉亚挑战巴门尼德本体论的命题"'非存在'是'非存在'",正是依据了系动词"是":因此"非存在""存在"(est),继而"存在""不存在"(n'est pas)。不能指责高尔吉亚混淆了逻辑和本体论,因为此二者的混合恰恰是巴门尼德思想的特征。因而,如前文所述,作为高尔吉亚的学生,吕科弗隆很清楚本体论逻辑的各种困境,而他想要试图超越这些困境。他采用的是极端的办法:取消本体论,取消动词"是"。同时,通过系动词来连接主语和谓词这种语句的命题结构在大前提上的不一致性也一同得以规避。如果我说"人是白的",我就用"人"的"存在"占据了"白色"的"存在",我会发现其他命题也可以成立,这样我就使本来为"一"的东西变成了"多"。在命题逻辑及其本体论中,主语进入了谓词,由此变成了多,变得同其所有的谓词一样多。这就是为什么吕科弗隆"取消了'是'"①,这可能同阿耳斯达玛斯(Alcidamas)有些相近。

　　此处我们不能同意德米修斯(Thémistius)的评注②,该评注认为,当动词"是"仅仅用于断言某个实体的存在时(如"苏格拉底存在(est)"),吕科弗隆应该是承认动词"是"的使用的,他否定的是动词"是"仅仅作为系词来使用(如"苏格拉底是白皙的")。这种态度事实上意味着接受吕科弗隆所明确反对的形而上学:将实体与偶性区分开来,将实体的"存在"(est)与系词"是"(est)区分开来,亦即将本体论与逻辑区分

---

① Fr. 2: τὸ ἐστι ἀφεῖλον.

② 6,28, citée par Untersteiner, *Sofisti*, TF, fasc. II, p. 151, note.

开来。但是严格来说,如果这些区分得到接受,那么高尔吉亚给巴门尼德提出的问题就解决了。人们不能让吕科弗隆接受亚里士多德形而上学的那些概念,首先他不知道它们,其次即使他知道了也会加以反对的。我们认为应该在赫拉克利特的语境中来理解吕科弗隆对于动词"是"的取消。赫拉克利特肯定矛盾双方的相互内在性,这导致他预先否定了所有实体一类的观念,也尽可能地拒斥命题语言。正因如此,赫拉克利特的语言习惯于将矛盾双方并列,而将动词"是"短路掉①,因此也避免了使它们进入命题结构。如果说"不死者是有死的,有死者是不死的"是荒谬的,这乃是因为人们将赫拉克利特的"不死的有死者,有死的不死者"注入到了赫拉克利特所明确反对的逻辑和本体论的框架中。拒绝了这一点,荒谬性也就消失了②。

或许现在我们可以来考察为什么吕科弗隆使用(在亚里士多德看来是滥用)复合的表达方式,例如"天空多面"(ciel-aux-maints-visages, πολυπρόσωπον οὐρανὸν)、"大地至高"(terre-aux-hauts-sommets, μεγαλοκορύφου γῆς)③。这不是装饰主义亦非故作风雅,而是要创造一种省略动词"是"、谓语部分被拆解的修辞。由此吕科弗隆将逻辑区分成主词和谓词、本体论区分成实体和偶性的东西合并成一项。如此限定

---

① 好形象的比喻。原本句子需要有动词"是"来连接,现在直接连接,"短路"了。——译注

② 关于这一点,为了更为准确,可以参考拙论:《Le discours et le contraire》,dans *La parole archïque*,PUF,1999,pp. 169-199,同时参照另一篇更新的论文:Héraclité avant l'Être,dans *Aristote théologien et autres études de philosophie grecque*,Les Belles Lettres,2009,pp. 25-48。

③ Fr. 5.

词不再是限定的;现实就是如此涌现,所有的品质都是内在的而非后天获得。吕科弗隆的论述所反对的,乃是将一些抽象同另一些抽象相结合;他想要的乃是一蹴而就地呈现事物的全部。

对于吕科弗隆而言,拒斥逻辑论述并不意味着认知的不可能性;拒斥乃是为了获得对于知识的某种直观观念。因为吕科弗隆认为"科学乃是知识与灵魂的交融(communion)"①。"communion"(sunousia)这个词指的乃是"灵魂-知识"这一整体的直接性,没有命题的中介。"sunousia"乃是直接的显现,而逻辑是证明,但是证明乃是回到事物一边,因为人们乃是用"多"来证明"一",亦即用别的事物来证明事物自身。

二、政治学

吕科弗隆也加入了 nomos 和 physis,即法律和自然之间关系的大讨论中。同安提丰(Antiphon)和希庇亚斯一样,且因为他很不赞同 polis 的狭义概念,所以他剥夺了法律的所有神圣特征和伦理价值。法律乃是纯粹的人类产物,乃是一种约定(convention,συνθήκη);因此法律没有任何自然基础。法律的合法性仅仅在公民从中所获得的单纯实用性,法律乃是公民之间"相互权利的保证"②。为了更恰当地来说明他的思想,吕科弗隆作了一个比喻,他说政治的团体性(koinônia)

---

① Fr. 1.
② Fr. 3.

就像某种联盟：就像各个城邦联合起来必要的时候在军事上相互支援，就像每个公民都同其他的公民联合起来，以便相互帮助和尊敬①。我们看到这种观念将社会关系看做是纯粹实用性。

这种理论的合理性在什么地方？卡尔·波普尔（Karl Popper）将其解释为一种"保护主义"（protectionnisme），依据这种观念，国家的作用就是保护弱者不受强者的侵犯。社会契约论在吕科弗隆那里还没有表现为某种历史主义的形式②。然而在吕科弗隆那里已有关于团体的契约理论，而且这种团体不是自然形成的（naturelle），其根源乃是在于某种联盟性的约定（loi conventionnelle）。该理论的前提乃是对个人自由的肯定，作为智者，肯定个人自由这并不奇怪。这种契约形成的必要条件是特定时间下的某个联盟，及每个人都遵守联盟的条约。这种解释说明，法律并非根植于人们无力改变的深奥自然中："自然不能给予公民善和正义。"③因此政治无法满足柏拉图对其寄予的希望——通过道德携起手来，统一的政权颁布好的法律，好的法律保证统一的政权。然而法律在道德上的无效性并不妨碍政治问题的解决：只要开化的公民觉得他们想要尊重法律，至少表面上如此，就足矣。我们可以想到后来康德所说的，政治问题即使在恶魔营里也能够得到解决，只要他们意见一致就可以了。

因此自然所创造的不仅仅是公民，也是独立个体。这些自然的个体都是完全平等的，因此高贵（将其称为"出身"并

---

① Ibid.

② *The Open Society and its Enemies*, pp. 114–115.

③ Fr. 3.

不恰当）不过是社会的结果，如前文所述，不过是一种单纯的约定。如果社会契约用功利主义来证明的话，高贵也将如此，因此只不过是一个"完全空洞的概念"，因为"事实上贵族和非贵族之间没有任何差别"①。吕科弗隆的著作《论贵族》（*De la noblesse*）遗失了，亚里士多德从中做了直接引用，使我们可以准确看到吕科弗隆的写作风格："贵族之美无形，其威严在话语！"②由此可以确定吕科弗隆的政治立场：他是民主制的拥护者，至少是寡头政治的反对者。如此看来他完全可以归于诸智者行列。

　　透过这些简短而又稀少的残篇，可以推测这位令人尊敬的思想家的形象，这位思想家为我们从本质上阐述了被遗忘了的非正义。

---

　　①　Fr. 4.参阅雅克·布伦什维格（Jacques Brunschwig）对亚里士多德《论高贵》的研究，见于 *Aristote. Cinq œuvres perdues*，publ. sous la direction de P.-M. Schuhl，PUF，1968。

　　②　Fr. 4：εὐγενείας μὲν οὖν ἀφανὲς τὸ κάλλος, ἐν λόγωι δὲ τὸ σεμνόν.我们认为在对这段文字进行翻译的时候，不能在其中加入被省略的动词"是"，相反，我们在这里看到的乃是一种反本体论的写作模式，亚里士多德在 Fr. 2 中谈到了这一点，而我们也已经指出了其重要性。

第四章　普罗迪科

一、生平及著作

普罗迪科(Prodicos)出生在科厄斯岛(Céos)的伊乌利斯(Ioulis)，基克拉迪群岛(l'archipel des Cyclades)的一部分。普罗迪科生年不详；一般认可的推测是介于公元前470—前460年之间。普罗迪科知识渊博且口才颇佳，被他的家乡派往雅典做使者，在雅典他得到了人民议会的赏识(Fr.A 1 a，A 3)。他在雅典进行教学并组织研讨，名声响亮，阿里斯多芬在其喜剧中提到过他的名字(Fr.A 5)；他也进行巡回教学，到过希腊的多个城邦(Fr.A 4)。

柏拉图对于普罗迪科的描述明显是漫画式的；因此我们无法知道《普罗泰戈拉篇》呈献给我们的普罗迪科的性格特征到底到什么程度。普罗迪科很可能是普罗泰戈拉的学生(Fr.A 1)，同时又是塞拉门尼斯(Théramène，Fr.A 6)、伊索克拉底(A 7)、欧里庇得斯(A 8)和修昔底德(A 9)的老师。依据《克拉底鲁篇》(Cratyle，A 11)中的证明，他的学生中还应该加上苏格拉底，但是这段文字的讽刺风格让人觉得这只是个玩笑;因为苏格拉底声明在对名称的研究这一问题上感到很困惑,原因是只参加了普罗迪科收费一个德拉克马(drach-me①)的课程,而没有参加收费五十德拉克马的课程。——不知道老师思想的滑稽学生! 严格来说,即使苏格拉底不是普罗迪科的学生,他也似乎非常清楚普罗迪科的伦理思想并受到其启发,就像杜普雷埃尔所指出的那样②。另外还要指出,柏拉图在谈论智者的时候,对他"是最谨慎的"③。

关于普罗迪科的著作,我们怀疑那些古老的证词所留给我们的那些标题究竟是不同的著作,抑或是同一著作的不同组成部分④,当然还应该加上那些标题已经遗失了的祝颂演说。我们认为现在文特施蒂纳强烈主张第二种假说。因此除了他的《辩证集》(*Epideixeis*)之外,普罗迪科应该创作了一部巨著《论时节》(*Les saisons*, *Hôrai*),其中一部分题为《论自然》(*De la nature*, Fr.B 3),下面又分成两个部分,其中一个是《论人之本性》(*De la nature de l'homme*, Fr.B 4)。剩下的文本是关于赫拉克力斯(Héraclès⑤)的选择,其内容色诺芬有所阐述;按照文特施蒂纳的解释,这些文本应该是《论时段》最后一部分的某些内容⑥。事实上色诺芬似乎认为关于赫拉克力斯的寓言应该是一次公开演说⑦,但是被阿里斯多芬的评注

---

① 古希腊货币单位——译注
② *Les Sophistes*, Neuchâtel, Le Griffon, 1948, p. 121 sq.
③ Ibid., p. 117.
④ 此处我们认可文特施蒂纳的假说:Untersteiner, *I Sof.*, II, pp. 8–9.
⑤ 古希腊神话中的英雄、大力神——译注
⑥ *Op.cit.*, II, 24.
⑦ 关于这个问题可以参阅 Guthrie, *Les Sophistes*, trad, franc., p. 285, n. 1,他同文特施蒂纳持相反意见。

家否定,他明确将关于赫拉克力斯的寓言同《论时节》归在一起①。普罗迪科著作的标题本身就是一个谜;人们可以将 *Hôrai* 翻译成 *Les heures*(在科厄斯这是掌管自然繁衍的女神),或者翻译成 *Les saisons*;遵照杜蒙(J.-P.Dumont)的见解,我们选择第二种译法②。普罗迪科精于近义词的研究,现在一般认为这种研究并非某种独立的活动,而应该是普罗迪科哲学分析过程的展开。

二、自然神学

普罗迪科巨著的开篇似乎是文明起源的列举,被他同对自然及诸神的活动的某种反思紧密地联系起来,其中按照多神论的精神,神总是不断地干预人间之事。这种人类史是一种自然史:普罗迪科认为文明的发展无论是在哪里都主要依赖于土地和农业。出于这种对于土地的信仰,普罗迪科将崇拜(culte)和文化(culture)紧密地联系在一起;他没有将 nomos 同 physis 对立起来,而是肯定二者的连续性,从自然中推导出法律。

文特施蒂纳在迪埃尔和克兰茨(Diels-Kranz)的文集中补充了一条来自伊皮法纽(Epiphanius)的证词,表明"普罗迪科将诸神称为同太阳和月亮并列的四种自然要素。因为他认为

---

① Fr.B 1.文特施蒂纳明确强调,将关于赫拉克力斯的寓言归属到《论时节》,这只是一种可能性(*op.cit.*,Ⅱ,9 et 24),而对于这种可能性,他是依据于阿尔拜斯(Alpers)的分析(p. 10,n. 24)。

② 参阅原文注解 4:*Les Sophistes*,TF,PUF,p.121.

这些都是为了生命原则而出现的"①。亚里士多德将会提到这一点，太阳应该是万物生长的原因，就像俗语所说"人孕育了人，太阳也孕育了人"。至于月亮，路易·梅纳尔(Louis Ménard)提醒我们，在古代的多神教中"总是认为月亮对于植物、生命和死亡都有影响。(……)我们知道埃斯库罗斯认为阿尔忒弥斯(Artémis②)乃是德墨忒尔(Demeter③)的女儿"④。不仅作为天体的太阳和月亮这"两种外在力量"被看做是神，自然整体也表现为多种形式："河流、湖泊、草原、作物。"⑤因此，按照普罗迪科此处所关心的多神论宗教情感的反映和心理，神可能会更朴实、更切近，并且通常是成为生命的物质：面包、酒、水、火都是神，分别为德墨忒尔、迪奥尼索斯(Dionysos)、波塞冬(Poséidon)和赫斐斯托斯(Héphaïstos)⑥。这些神的共同点乃是他们与人类生存的密切关系，他们都能为人所用⑦。这里普罗迪科置身于古希腊宗教的脉络中，在古希腊宗教中神总是同自然现象紧密地联为一体，或者说是自然现象的一部分：例如阿尔希斯说"宙斯行雨"。这种自然情感对于现代人来说比较陌生，现代人认为客观世界与超验的神乃是完全不同的。今天梅纳尔写道，"世界已经不再是神圣生命的大本营，而无非是一团没有生气的物质，尽管很美，却远逊于感

---

① Fr.B 5；Unt.，TF，II，p. 194.

② 古希腊神话中的月神——译注

③ 古希腊神话中的农神——译注

④ *Du polythéisme hellénique*，2ᵉ éd.，Paris，Charpentier，1863，p. 286.

⑤ Fr.B 5，Sextus Empiricus.

⑥ Ibid.

⑦ Fr.B 5；Cicéron，*De nat.deor.*，I，37，118.

受它的人类精神。"①相反,古希腊的异教极力证明"活生生的神,那些可见的神,诸神显现在世界的美丽之中,通过感官展现在精神中,通过每一个毛孔进入到人的体内"②。

但是诸神并不甘愿作为自然并通过自然来维持人类的生存;他们还要向人揭示在这个自然中什么是对人最有用的。因此普罗迪科谈及"粮食、住房及其他艺术的发现者,例如德墨忒尔、迪奥尼索斯"③。"发现"可能指的是将小麦磨成面粉,将葡萄酿成美酒;"艺术"可能指使用火来烹煮食物④。还有一条证据表明"普罗迪科认为,诸神中备受爱戴的是那些为人类在实用方面作出贡献的神,在他们的旅途中,收割粮食是最新的发现"⑤。

我们刚刚引用的这些残篇所提出的问题乃是这些"发现者"的鉴别。这需要知道斐洛德摩(Philodème)、西塞罗(Cicéron)和恩披里柯的证据,这些证据很好地提炼了普罗迪科从尤赫莫鲁斯主义(évhémérisme)角度论述宗教情感论文;但是我们认为这乃是从他们的角度进行回想的时候的一种错觉,通过尤赫莫鲁斯来解读普罗迪科的结果,尤赫莫鲁斯是晚于普罗迪科的。尤赫莫鲁斯主义乃是一种无神论,认为人们所谓的神其源头无非是被大众信仰所神化了的人。我们不认为普罗迪科是无神论的;他没有受到过任何不信宗教的指控,而普罗泰戈拉仅仅是因为讲授不可知论其著作就被在当众焚

① *Op.cit.*, p. 349.

② Ibid., p. 350.

③ Fr.B 5;*Philodème*.残篇被删节。

④ Fr.B 10.

⑤ Fr.B 5;Minucius Felix.对于这段棘手的文字,我们认为文特施蒂纳的解释最为合理(TF,II,192–193.)

毁。另外,《赫拉克力斯的抉择》中对诸神的颂扬,没人能说其不符合正统①。普罗迪科提出将宗教情感同实用性主题结合起来,但他可能从一开始就被引用他的人误解了,他们可能都是根据同一个原始材料而来。相反,普罗迪科的理论同那些秘传宗教的关系似乎很紧密,特别是同埃勒西纳(Eleusis②)神秘宗教关系紧密,这些神秘宗教特别崇拜农神德墨忒尔,"种植劳动的源头"③。因此普罗迪科所谈论的这些发现者不是指那些发明了以前不曾存在过的东西并继而被其同类神圣化的人;而毋宁是指"指明自然中那些东西可以为人类所用的人"④。米努修斯·菲利克斯(Minucius Felix)⑤文本中所提到的旅行同样也反映了德墨忒尔四处流浪寻找女儿柯莱(Korè⑥)⑦。德墨忒尔的形象正是普罗迪科

---

① Fr.B 2;§ 27.

② 希腊地名,位于阿提卡(Attique)半岛;同时也是希腊神话中英雄的名字,赫尔墨斯之子。——译注

③ Louis Ménard, *op. cit.*, p. 287.

④ Untersteiner, *I Sofisti*, II, p. 17. 奈斯特勒(Nestle)和龚贝茨(H. Gomperz)也持有同样的见解,但是古瑟里认为文特施蒂纳存在一个矛盾:一方面文特施纳宣称普罗迪科为"非尤赫莫鲁斯主义",另一方面在 *I Sofisti*, II,16 的很多话中,作者却在谈论那些"被接纳为神"(furono accolti fra gli dèi)的发明者们。但是古瑟里没有注意到,这些话表达的并不是文特施蒂纳的观点,而是米努修斯·菲利克斯的观点,在这些话前面文特施蒂纳刚刚引述了米努修斯·菲利克斯的一段残篇。古瑟里还如实地翻译了米努修斯·菲利克斯的证实的开头部分,文特施蒂纳在第 16 页并没有引用这段文字,但是我们可以在 TF,II 的第 192—193 页找到:adsumptos in deos = «che sono statï accolti fra gli dèi» = «qui ont été reçus parmi les dieux»。(我们所给出的页码与古瑟里所给出的页码并不一样,因为古瑟里参照的是文特施蒂纳作品的英文译本,由弗里曼(K.Freeman)所翻译。)

⑤ Fr.B 5;Unterst., TF,II,192.

⑥ 古希腊神话中冥后贝瑟芬尼(Perséphone)的闺名。——译注

⑦ 在德米修斯的文本中提到了她:Fr.B 5,文特施蒂纳给出了其开头部分(TF,II,194),但是 DK 中却遗漏了。

这种观念的核心,"[普罗迪科]认为人类所从事的所有宗教献祭、所有的原始神话都是为了农业"①。这种将实用性同宗教问题联结起来的做法,用黑格尔的话来说,只有在"对神的意识普遍薄弱"背景下才具有宗教怀疑论的倾向②。在宗教背景下,神的实际用处毋宁叫做天意;在这一时期的希腊,无神论指的乃是极端情况,而认为诸神不干涉世间事务,例如塞拉西马柯(Thrasymaque),或者相反像普罗迪科这样认为诸神专心于世间事务,人们都不怎么反对。因此普罗迪科乃是书写神话哲学的第一人;从某种表达的意义上来讲,他阐述了一种自然神学。

三、英雄伦理观

我们不能赞同古瑟里(Guthrie)对于赫拉克力斯岔路口进行抉择这一则寓言的轻视,古瑟里认为其中只不过是"基本道德的陈词滥调"③。在这种个人冒险的道德寓言中,普罗迪科恰当地掌握了口吻,绝无半点黑格尔所谓的"乏味的教导"。色诺芬转述了该则寓言,并非原文,但是内容没有变化(Fr.B 2)。

在赫拉克力斯刚刚成长为少年的时候,他躲在一个僻静

---

① Fr.B 5;Thémistius.这种宗教和农业的关系还可以通过梅纳德(L. Ménard)对占卜术的评论得到说明:"对于希腊最早的神谕"多多纳神谕"(l'oracle de Dodone),我们所知道一切的都表明,这种占卜术,其源头上乃是一种直觉气象学(……),一门直接与农业利害相关的科学,继而影响人类的生活"(op.cit., p. 251-252)。还可以联想宗教祭品同饮食之间的关系(Ibid., p. 236)。

② *Phénoménologie de l'Esprit*, Préface, trad.J.Hyppolite, Aubier, I, p. 11.

③ *Op.cit.*, p. 283 de la trad, franç.

的地方思考应该给自己的未来制定怎样的方向。突然出现了
两位女神,分别向他讲述各自所代表的生活方式:一个是要追
求享受,另一个是要追求美德。第一条路充满诱惑且容易实
现;第二条路却要求无时无刻的努力奋斗,但是却会给走上这
条路的人带来荣誉和赞颂。在这个世界上,对美德的回报乃
是获得真实且持久的善;而善能让人达到幸福的顶点。因此
两条路的目标都是幸福,一条路通过眼前的感官享受,另一条
通过懂得避免僭越和堕落的理性快乐。这就是该则寓言的基
本框架,其中将古希腊关于明智的一些论题联结在了一起。
我们将仅对该文本的个别之处加以评论。

　　"美德女神"(Excellence, Arétè)同"恶德女神"
(Mauvaiseté, Kakia)之间的这种戏剧化的冲突,乃是处在岔路
口上青年人的犹豫:这种选择问题的存在,亦即个人决定的存
在,表明这一时期"个体性"(l'individualité)觉醒了。人不再
盲目地遵从那些原始的规范和禁忌,人衡量各种价值并通过
自由的意志作出抉择。这就是敖颂(Ausone)在《怎样抉择生
命之路》(*Quod iter sectabor vitae / what path shall I take in
life?*)中所概括的人道主义的成就之一,后来笛卡尔也提及了
这一点。赫拉克力斯的第二个主题就是英雄的唯意志论。美
德并不容易获取,需要辛勤和努力来灌溉。在这条由赫西俄
德(Hésiode)①开创的线索上,普罗迪科是重要的一环,经由
安提斯泰尼(Antisthène)②,经由亚里士多德论述美德

---

　　①　Untersteiner, TF, II, 178 – 179, 以引用色诺芬开篇(Xénophon,
Mém., II, 1, au § 20),其中色诺芬引用了赫西俄德和厄皮卡玛斯(Epic-
harme)[古希腊诗人]。

　　②　D.L., VI, 2(Fr. 19 Caizzi);亦见于 Fr.III A, 111 B, 113.

（Arétè）①的诗篇，最终传到了斯多亚学派（stoïcisme）。不过应该指出，这种对于劳动和辛苦的赞颂绝非痛苦有益论：要实现美德所必需的重重考验为其带来了幸福，这种幸福中包含了至善②。就像后来在《尼各马可伦理学》中那样，生存的目的乃是在于幸福（l'eudémonie）。

赫拉克力斯的第三个重要主题就是单纯的"生活方式"的选择。这里没有出现理论上理想的生活，这表明普罗迪科所追求的首先是实际的生活。古希腊时期推崇男子气概，这乃是教育（παίδευσις）③的结果，因此关于赫拉克力斯的这则寓言后来成为男性的道德楷模，其重要性都表现在这里了。"恶德女神"向赫拉克力斯保证，他首先"不用为战争和公众事务"所烦忧④；由此我们立即联想到亚里士多德，他仍然认为"实践美德的培养乃是在政治领域和战争领域实现的"⑤。在柏拉图的对话中，苏格拉底在哲学理论上的那些对手对他

---

① 这里亚里士多德特意提到了赫拉克力斯："宙斯的儿子们：克拉克里斯及丽达（Léda）的两个孩子［指卡斯托尔（Castor）和波吕涅克斯（Pollux）］，他们在为你（美的女神）而进行着艰苦的努力，而他们通过这种艰苦努力就是要征服你"（D.L.，V，trad.P.Boyancé，*Le culte des muses chez les philosophes grecs*，Paris，De Boccard，1937，p. 301.）［附注：在古希腊神话中，丽达是埃托利亚（Etolie）国王的女儿，斯巴达国王延达柔斯（Tyndare）的王后。宙斯垂涎于她，变成天鹅引诱她并与她发生关系。随后丽达产下两枚蛋，一枚诞生了双胞胎姐妹克吕泰涅斯特（Clytemnestre）和海伦，另一枚诞生了双胞胎兄弟卡斯托尔和波吕涅克斯。这对双胞胎兄弟也被称为 Dioscures，意为"宙斯之子"。但是他们有时也会被称为"延达柔斯之子"。另外还有一种解释：其中卡斯托尔是延达柔斯的儿子，而波吕涅克斯则是宙斯的儿子。］

② § 33，1. 151（Unterst.，TF）.

③ Ibid.，1. 153.

④ § 24，1. 57：οὐπολέμων οὐδὲπραγμάτων.

⑤ *Eth.Nic.*，X，7，1177 *b* 6.

的最大指责正是不关心政治,因此不是真正成熟的人。

在赫拉克斯寓言的第 30 节,普罗迪科谴责了同性恋:美德痛斥"将男人当做女人来对待"①的行为。因此我们可以看到,认为在古希腊同性恋非常普遍,这是多么荒谬;同性恋原本是多利安贵族(l'aristocratie dorienne)所特有的,并且仅限于这个好战的集团②。因此我们能从这段文字推断出普罗迪科厌恶那些贵族的风俗和传统,因为"希腊各地所有的贵族都受到多利安贵族的影响"③。关于赫拉克斯抉择的文本的另一层政治含义也证实了普罗迪科的这种观点。在宣布"我比任何其他人都更加荣耀"④之后,"美德女神"描绘了她的活动领域;她是"工匠们所爱戴的朋友","仆人们的善良伙伴"⑤。承认工匠和仆人也拥有道德,亦即美德,这反映出了普罗迪科的人道主义的广泛性,也表明他的政治倾向是民主制,或者说至少也是寡头制。普罗迪科的教育中并不缺乏政治关怀,他将智者定义为"哲学家和政治家之间的斡旋者"⑥;因此他致力于教育公民,教育他们活跃地参与公众事业,而他的听众都应该是民主派,或者是愿意玩儿民主游戏并遵守民主规则的贵族。普罗迪科的理论领域很广,因为,如我们所见,他的理论至少涵盖了宗教问题和伦理问题。

---

①　L. 114;这是对恶德女神的论述的回答,见于 § 24,1.60,恶德女神允许赫拉克斯"同年轻的男孩子们交往"。

②　参阅耶格尔的精彩点评:Jaeger, *Paidéia*, I, 法译本 237 页,他指出"这种[同性恋]习惯,对于伊奥尼亚人和雅典人来说,始终是有些另类的"。

③　Jaeger, ibid.

④　§ 32,1. 132,Unterst.

⑤　L. 133~135.

⑥　Fr. B 6.

第五章　塞拉西马柯

一、生平及著作

　　塞拉西马柯出生于比提尼亚（Bithynie）的迦克墩（Chalcédoine）①。文特施蒂纳推测他应该出生在公元前459年之后②，也不认可塞拉西马柯自缢身亡的传言③。我们不知道塞拉西马柯卒于何时，但是他的《对拉里萨人的演讲》（*Discours pour les Larissiens*）应该是介于公元前413年与公元前399年之间。他应该于公元前427年之前就来到雅典从事律师行业，因为阿里斯多芬在其喜剧《会饮》（*Banqueteurs*）是这样告诉我们的④。塞拉西马柯非常愿意接受"智者"这个称号，其墓碑之上，在他的名字下面刻了这样一句话："求知乃是我的职业。"⑤因此，身在雅典，他了解伯罗奔尼撒战争，但是他只是作为两派斗争的旁观者；他似乎只是间接地参加了

---

① Fr.A 1.
② *Sof.*, II, 175.
③ Fr.A 7.
④ Δαιταλῆς, Fr.A 4.
⑤ Fr.A 8.

政治生活,他本人并非雅典公民①,不能在人民议会上发言,所以只是帮人撰写讲稿。但是柏拉图和亚里士多德认为他介入了司法审判活动,口才了得,善于煽情②。

一般认为他的著作包括《政论演说》(*Discours délibératifs*)③和《修辞学详解》(*Grand traité de rhétorique*)④,文特施蒂纳认为⑤其中《修辞学详解》的各个部分应该是"绪论"(*Exordes*)⑥、"呼告"(*Apitoiements*)、"获胜演说"(*Discours victorieux*)⑦、"演说素材"(*Ressources oratoires*)⑧、"祝颂演说"(*Discours d'apparat*)⑨,布莱斯(Blass)认为其中的"祝颂演说"同"煽动演说"(*Discours fantaisistes*)⑩应该是同一个。然而所有这些如今都所剩无几,主要包括一篇审议演说的开头部分⑪、《对拉里萨人的演讲》中的一句话⑫、此外还有一句无从判断出处的话⑬。在柏拉图的《理想国》中,有一个著名的场景,其中塞拉西马柯同苏格拉底对论⑭,但是其中最大的问题就在于,在这个论战的语境中,很难断定哪些是塞拉西马柯

---

① 参阅 Untersteiner, *Sof.*, TF, III, p. 24, note。
② Fr.B 6, B 5.
③ Fr.A 1.
④ Fr.B 3.
⑤ *I Sof.*, II, 176.
⑥ Fr.B 4.
⑦ Fr.B 7.
⑧ Fr.A 1.
⑨ Fr.A 13.
⑩ Fr.A 1.参阅 Untersteiner, TF.III, 3, note。
⑪ 《De la Constitution》, Fr.B 1.
⑫ Fr.B 2.
⑬ Fr.B 8.
⑭ Fr.A 10.文特施蒂纳在 TF 中大量地延长了 DK 中引文的长度: Untersteiner, TF, III, p. 8 sq.

的真实观点,哪些是柏拉图对其思想的歪曲。

这些残篇涉及两个问题:其中一个是个历史问题,即关于宪法的问题;另一个是个哲学问题,即关于正义的问题。

二、关于宪法的辩论

文特施蒂纳以老寡头(伪色诺芬)的《雅典宪法》作为参照背景来解读《论宪法》的残篇①。他从中发现了对于民主制少数服从多数这一体制的指责,指责这一体制将精力都耗费在相互辩论和内部斗争上,因而很快就会大祸临头。文特施蒂纳总结道:"塞拉西马柯提出的解决办法同寡头派的格言不谋而合,即复兴'先辈的宪法'(πάτριος πολιτεία)。"②

然而我们在这个文本中看不出任何党派之见,相反只看到塞拉西马柯试图超越于论战之上的努力。这位演说家首先表明自己很年轻,并非有意要参与公共事务③,但是城邦目前所遭受的不幸有其政治根源,因此"不得不发言"④。城邦的不幸来自两方面:对外的冲突(伯罗奔尼撒战争)和内部的不团结(寡头派和民主派之间的争斗)⑤。塞拉西马柯所提出的解决方案可以归结为一个词:homonoia,即"和谐"。这种"融洽"需要在两个层面上加以实现,即思想层面和行动层面。

①　*I Sof.*,II,195;同时参阅 p. 197,TF 中也持有同样的观点:TF,III, p. 24,note.文特施蒂纳推定该演讲的时间为公元前 411 年或者是公元前 403 年。

②　Ibid.,p.196.

③　Τῶν πραγμάτων(TF,III,24,1. 21).

④　Ibid.,1. 27.

⑤　塞拉西马柯将这些党派利益的守护者称为"喜好吵架的狭隘人群"(1. 44).

但是这种"融洽"建立容易维持难。因为对立的双方只"知道"①相互对抗,没有看到在实践领域他们的目标是一样的,在理论领域"各自的结论都包含了对方的结论"②。这句箴言包含了明显的辩证性,与那种专业的辩论大为不同,此处塞拉西马柯奠定了"和谐"真正的逻辑基础。因此塞拉西马柯反对普罗泰戈拉关于对立论述的论题:矛盾通过对立论述相互关联而得到消解,矛盾只不过是表面的矛盾。这种关于和谐的主题在安提丰的思想中特别活跃(Fr.B 44),其次就是希庇亚斯(Fr.C 1)。总而言之,将智者都看做是用理智操控暴力的高手是多么荒谬。

在塞拉西马柯的研究中,祖辈的宪法乃是各个派别的共同基础。各个派别都是围绕祖辈的宪法在争论不休,因而祖辈的宪法正是"所有公民的共有之善"③。塞拉西马柯的这种中立性还表现在他的权力理论上,这是一种普遍的理论,其论述既适合民主制,也适合僭主制,适合一切政体④。

三、正义与辩护

格劳特最早怀疑《理想国》第一卷中的那个塞拉西马柯并不是历史上真实的塞拉西马柯。其中的塞拉西马柯将暴力神圣化,并激烈地以之来反对苏格拉底的论题,但任何一个雅

---

① Ibid.,1.45.

② Ibid.,1.46-47.

③ L.49-50.参阅文特施蒂纳对 κοινοιάτη 这个词评论:Untersteiner, TF,III,29,与他的断言之间有点矛盾,依据他的断言,"先辈之法"乃是"寡头派的专有词"。

④ *Rép.*,338 *e.*

典听众都不会认可,同样,像他那样为僭主制大唱赞歌(344 *a* sq.),会严重冒犯雅典民主制的观念,是不可能得到容忍的①。我们还要补充一点,即使塞拉西马柯并不像卡里克里斯(Calliclès)那样绝对化,但是柏拉图对实际的智者及智者门徒的批判(无疑都是虚构的)都基于同一点:他们的正义观念都是在为"强力"(la force)进行辩护,这种辩护,不仅使道德意识为之蒙羞,也陷入了矛盾之中。《法律篇》预先就站在了智者派的对立面,用一种让人震惊的方式判断道:"智者派,实际上他们活着就是为了统治他人而不是去为他人服务,这同法律的要求是一样的。"(890 *a*)这种判断可以通过塞拉西马柯的好斗性加以证明,《理想国》中向我们描述,塞拉西马柯"像一头凶猛的野兽一样"(*hôsper thèrion*,336 *b*)冲向苏格拉底;此处柏拉图无疑是使用了赫劳底格斯式的文字游戏,塞拉西马柯这个名字意思就是"在战斗中十分勇猛"②。因此我们发现柏拉图在《高尔吉亚篇》和《理想国》第一卷这两个文本的分析中,乃是在系统地反对智者派,并非历史性的纪录。因此这些文本都是哲学上的论战,只是因为柏拉图的权威性,一些历史学家才花钱来买他的文本。

但是并不能完全抛弃《理想国》第一卷中见证,只是需要确定其中那些地方夹杂了柏拉图的歪曲。幸运的是,我们拥有塞拉西马柯关于正义概念的残篇,不是来自于《理想国》,而是来自他本人的一段论述,其中他这样说:"诸神并不理会人间的各种事务,因为他们只需要守护人间的至善——正义。

---

① George Grote, *A History of Greece*, London, J. Murray, 1869, nouv. éd., t. VIII, pp. 194–197.

② 将其拆分为 thrasus 和 machè: Fr. A 6 中亚里士多德的证词。

然而我们却看到，人们却并不实践正义。"①塞拉西马柯满怀悲伤地看到，这个世界将会被神抛弃，而在现实中正义并没有一直作为最高的权威。早在萨德（Sade②）之前，塞拉西马柯就看到了美德的不幸和邪恶横行，在《理想国》中我们可以看到一段反映他这种觉悟性的言辞的文字："天真的苏格拉底啊，你将会看到，在正义者的背后就是非正义。"③但是塞拉西马柯还不止于此，这才是让柏拉图非常震惊的地方。同安提丰、吕科弗隆和阿耳斯达玛斯一样，塞拉西马柯对 nomos（法律）进行了激烈的批判，对法律加以彻底的"去神秘化"，法律远不能像人们所想象的那样可以作为对抗非正义的壁垒，法律已经被非正义玷污了、已经腐败了，法律只是权力的工具，并非像法律自己所声称的那样是理性的表述。这就是为什么法律总是具有党派性的，而非中立性；非政治意义上的正义要求法律必须要具有中立性，这种非政治性的正义同立法上的正义概念是对立的，塞拉西马柯这样来定义它：

> "所有政府都是按照自身的利益来制订法律，民主制政府制订民主的法律，君主制政府制订君主制的法律，其他的政府制订相应的法律。通过制订这些法律，各个政府将自己的利益以正义之名强加给被统治者，谁侵犯了他们的利益，他们就以违背法律和违背正义之名惩罚谁。我善良的朋友啊，任何国家的正义都像我所断言的那样，只不过是当权政府的利益，或者说就是拥有强力的权力，由此可以得知，对于具有理性的人来说，无论在任

---

①　Fr.B 8.

②　法国作家。——译注

③　343 *d*；trad.Chambry，Belles-Lettres.

何地方,正义都是一样的,我称为强者的利益。"①

同样法律也可能成为非正义的表达,因为法律是施加在个人身上的暴力,是掌权者统治意志的工具,因此法律已经不再像从前那样是道德的保证。塞拉西马柯用这种痛苦意识激烈地抨击向来为当权整体进行辩护的道德意识,在这样一个充满深刻危机和动荡的时代,塞拉西马柯把发言权交给了时代精神。塞拉西马柯研究正义,而在他看来只有"辩护"(la justification)才是正义,亦即为某种现实力量进行事后合法化的努力,简言之就是将某种强力变成法律。现存的权力不仅对各种规范进行了加密,而且也对规范化的过程进行了加密,法规和法律机构将个别的利益装饰成普遍的利益。塞拉西马柯的批判性思想所要达到的正义形式就是"辩护"。

因此现在我们可以说,在《理想国》第一卷中的正义概念,乃是掺杂了柏拉图的歪曲的正义,就像哈里森(E.L.Harrison)所说的,是对塞拉西马柯的"操纵"②。塞拉西马柯事实上是在批判某种政体,因为字里行间表明他对此并不高兴,但是柏拉图故意认为他就是在试图这样做,是在捍卫强者的权利③,甚至是在为暴政辩护(344 a)。而我们没有任何塞拉西马柯为强力进行辩护的残篇,相反却有一个残篇以极大的轻蔑来论述马其顿的僭主阿克劳斯(Archélaos):"我们希腊人

---

① *Rép.*,338 e-339 a,ibid.

② Plato's manipulation of Thrasymachus, dans *Phoenix*, 1967, pp.27-39.

③ 苏格拉底推论:"如果将其发挥到一定程度,非正义就会比正义更强大、更受人尊敬、更庄严"(344 c),同样见于第 8 卷 348 e 及 545 a-b。

怎么能够听命于阿克劳斯那个野蛮人?"①柏拉图将塞拉西马柯看成是"辩护"的辩护者,而塞拉西马柯却正是"辩护"的揭露者。塞拉西马柯对政治彻底绝望,那么柏拉图的反对只能是另有图谋,因为他的全部作品就是一个信条,用以为雅典的危机寻求政治解决方案,《理想国》就是这种解决方案的蓝图。对柏拉图而言,正义必然能够在事实层面上取得胜利,并且表现的比非正义更具力量(351 *a*),正义乃是世界的必然性,非正义者也必须承认正义的实践有效性,就像苏格拉底的著名论断所表明的那样:"那些违反了正义法则的国家、军队、土匪、强盗、或者是其他任何为了某种邪恶目的而勾结在一起的恶人,你认为他们会成功?"②因此不能对法律绝望,法律可以是好的,因为它应该是理性的产物。柏拉图将伦理和政治等同起来,他想要创造一种伦理的政治和政治的伦理。相反,塞拉西马柯无疑是最早将伦理同政治对立起来、将二者区分开来的先驱者之一;这种对立和区分乃是塞拉西马柯痛苦的原因,也是其现代性的根源。塞拉西马柯是否同安提丰和希庇亚斯一样在自然中找到了超越古希腊各个城邦那种党派性的法律的普遍法律? 没有任何残篇能使我们将他归到这种名下③。塞拉西马柯是否找到了城邦之外而伦理又能维持的地方呢? 当政治领域完全被非道德性所占据的时候,正义还是保留了一块避难之所——个人的道德意识,这种道德意识可以定义为伦理的内在性并且构成被抛弃的价值的避难

---

① 　Fr.B 2.

② 　351 *c*, trad.Chambry.

③ 　西塞罗将一部《论自然》归在塞拉西马柯的名下(Fr.A 9),但是没有提供该著作的任何内容。

所。如果说智者就是个体及其权利的发现者，智者及塞拉西马柯是否都达到了定义伦理的内在性的地步？当然没有，因为，如果塞拉西马柯对政治法律的加以批判这个消极方法真的获得了积极的效果，那么柏拉图就不可能会如此解释他的思想了。无疑塞拉西马柯还处在摇摆于伦理和政治的阶段，关于内在性的思想还没有成熟，由此才产生了他的悲观主义以及他的绝望。

第六章　希庇亚斯

一、生平及著作

希庇亚斯出生在奥林匹亚附近的城邦伊利斯(Elis)。他的出生时间我们不是很清楚。文特施蒂纳推定为公元前 443 年；这个时间乃是依据于泰奥弗拉斯特(Théophraste)著作《论性格》(Caractères)的序言中对希庇亚斯的记载,泰奥弗拉斯特记载他当时 99 岁①；因而完全有理由认为希庇亚斯卒于公元前 343 年。我们对文特施蒂纳的这一观点表示怀疑,因为,即使该序言是出自古希腊时期而非拜占庭时期,其对希庇亚斯记载的根据也过于单薄。另一方面,也是非常重要的一点,很难断定希庇亚斯卒于百岁,原因如下所述。德尔图良(Tertullien)告诉我们,希庇亚斯是被处死的,因为他在其城邦,亦即伊利斯②,密谋造反;这可能让我们想起,公元前 343 年,在

---

① Unterst.,B 19 *a*, § 2;TF,III,p. 94.
② 参阅 Fr.A 15,这一点后文还会再谈及。

伊利斯①,法鲁古斯(Phaleucos)领导被流放民主派对掌权的寡头发动战争。因此,人们不太相信希庇亚斯以百岁高龄卷入政治阴谋并参加武装政变(如果参加了,那他也太强壮了);因此他的出生时间应该比文特施蒂纳推算的时间晚②。但是上面的探讨却告诉我们,希庇亚斯作为民主派活跃于政治运动,而且我们下文将会看到,他阐述了他对于 nomos(法律)和 physis(自然)之间关系的观念。这也是为什么希庇亚斯并不鄙视从事手工业劳动,因此他能像高尔吉亚一样满足于修辞艺术;事实上柏拉图列举了很多希庇亚斯本人亲手制作的东西:首先是他手上的戒指,然后是他的靴子、披风和长袍③。精于织布和制鞋这些大众手艺,在柏拉图看来乃是不合时宜的,只会助长自吹自擂。

希庇亚斯所从事的活动具有双重性质,集政治和教育于一体。他的演说天分和技巧使他被其家乡选为使节;因此他是一个四处周游的人,曾数次奉命出使斯巴达;他也到过雅典(Fr.A 6)和西西里(A 7)。这些是我们有据可考的,但是希庇亚斯应该不仅遍游希腊及其殖民地,而且应该也访问过那些所谓的蛮族,他似乎还学会了其中一些蛮族的语言(B 6)。这乃是很少见的;因为在古希腊时代,外族人的语言似乎并非

① Fr.A 15.迪埃尔认为,这里涉及的应该不是智者希庇亚斯,而应该是庇斯特拉特斯的儿子希庇亚斯[另一个希庇亚斯];但是文特施蒂纳指出这是不可能的,因为在那种语境下德尔图良所说的必然都是哲学家(TF,Ⅲ,74)。

② 此外我们知道伊苏格拉底收养了希庇亚斯最小的儿子(Fr.A 3),如果说希庇亚斯真的死于百岁,可以想象,他的儿子还需要养父这一事实就无法解释。

③ 参阅 Fr.A 12.此处希庇亚斯这种理想的自给自足形象来自于 Fr. A 1.

独立的语言，而是某种方言，是某种比较难懂的混合语言。从词源学上讲，barbare（蛮族）这个词就是指"不会讲话的人"。亚里士多德及其学园在这一点上继承了希庇亚斯的宽广视野，编撰了一本《蛮语风俗制度》（*Nomima Barbarika*）。

关于希庇亚斯的生活，我们还知道他娶了一个名叫普拉达奈（Plathané）的女人为妻，他们有三个儿子。

希庇亚斯著述颇丰（Fr.A 1），可惜流传至今的甚少。他的著作可以分成三类：首先是华丽的演说，其次是博学的著作，最后是诗篇。在他的《辩证集》（*épideixeis*）中，我们知道其中有一篇《特洛伊对话录》，其中展现了两个人物，阿喀琉斯的两个儿子涅斯托尔（Nestor）和涅俄普托勒摩斯（Néoptolème）。在那些博学的著作中，其中有一本《姓氏大全》（*Noms des peuples*），这是最早的人种学著作之一；有一本《奥林匹亚运动会冠军大全》（*Liste des vainqueurs aux jeux d'Olympie*），专注于确定编年史顺序的历史著作①；还有一本《合集》（*Collection*），汇集了各种历史事实（Fr.B 4）以及宗教和哲学理论（B 6，B 7）②；尽管他采取兼收并蓄的原则，但是这本著作还是展现出一种新的概括方法（B 7）。希庇亚斯著有诗集《哀诗集》，例如他为梅塞纳（Messène③）那些死在大海中的孩子写了很多伤感的诗（B 1）；据柏拉图说，他还写过史诗、悲剧和抒情诗（A 12）。

在迪埃尔-克兰茨所整理的残篇中，文特施蒂纳增加了一

---

① Fr.B 3.这让我们想到，在其侄子的帮助下，亚里士多德同样建立了一份德尔斐运动会优胜者名单。

② 因此所有的证据都引自这本《合集》。

③ 古希腊地名，在今天希腊的南部。——译注

些他认为属于希庇亚斯的文本。首先是《杨布利柯引语录》
(*Anonyme de Jamblique*)①,确定是属于智者派的文献,但是文
特施蒂纳进一步把它归到希庇亚斯的名下;其次是在修昔底
德的著作中找到的一段文字(III,84),虽不能确定,但是同
《杨布利柯引语录》具有相同的脉络,其内容是对科基拉岛
(Corcyre②)事件的反思,很可能是巨著《姓氏大全》的一部
分。最后,我们应该通过《正反方辩词》(*Dissoi Logoi*③)来厘
清希庇亚斯的思想,该文献作者确定是西西里人,而希庇亚斯
在西西里有着压倒性的影响,这一点是当今评注家们普遍认
同的。关于泰奥弗拉斯特《论性格》的序言,文特施蒂纳认为
是出自希庇亚斯的手笔,但是我们表明要保留意见。

　　所有这些著作远远不能代表希庇亚斯的所有活动,因为
人们无法看到他的那些包含非常数学化的思辨内容的著作以
及美学著作;菲洛斯特拉托斯曾经很泛泛地谈到希庇亚斯的
著作《论辩》中的这些主题(A 2),但是这些标题没有出现在
其他任何证据或者说残篇中。

_____

　　①　杨布利柯关于新柏拉图主义的《劝学篇》[附注:Protreptique 是古
希腊的一种文体,主要见于斯多亚学派。主要特征是用口语化的方式概
述阅读过的文本,因此乃是一种类似于文献综述或者是哲学史梳理一类
的文本。这个词直译来讲就是"劝勉"的意思,但是这个翻译显然不能完
全表达其内涵,但是既然对亚里士多德的《劝学篇》题目的翻译已经约定
俗成,此处我们就继续沿用了这一译法。]是对此前文本的大杂烩。因此
人们能够根据杨布利柯的《劝学篇》里面的文字来重构亚里士多德的《劝
学篇》的大部分内容,此外在杨布利柯的《劝学篇》中发现了一部分具有智
者语调的内容,但是都被遗漏了,由此产生了"杨布利柯引语录"这一表达
方式。
　　②　古希腊地名,其殖民地之一。——译注
　　③　用英语直译即为 different words,在古希腊用来指论述某一问题两
面性的修辞方法,根据下文,在法文中作者将其翻译为 *Discours doub-
les*。——译注

二、自然与整体性

古希腊的"自然哲学家"(physiologue①)专注于对自然的研究,智者则开创了对人的研究,人们通常将他们看做是对立的。但事实上,智者经常依据自然哲学家,例如普罗泰戈拉依据克拉克利特,而且有些智者狂热地赞颂自然,反对代表传统和守旧的法律(nomos),安提丰和希庇亚斯就是代表②。

我们能够了解希庇亚斯关于自然的观念么?整体性概念在这种观念中具有根本性的作用;自然乃是"整体的本性"(nature du tout)③。但是自然的这种整体性在希庇亚斯看来并不是爱利亚派那样的僵化整体性;希庇亚斯认为自然乃是

---

① 这个词的翻译让人很头疼,因为这个词在今天用来特指"生理学",而现代生理学的外延已经变得相当狭窄,专门用来指医学和生物学中对于生命体的器官功能及其物理和化学过程的研究。此外,我们用来定义生理学概念的"生物学"(Biologie)概念同样存在问题。从词源学上讲,Biologie 专门是用来指"动物和植物生物学",但是我们汉语的对应翻译"生物学"现在却具有更广阔的外延,涵盖一切生命体。正如作者接下来立即书写到的那样,Physiologie 这个词在古希腊所指的就是对于自然的研究。而我们知道,在古希腊泛神论的影响下,整个自然都被看做是具有生命的,所以这个词虽然现在已经无法表现其在古希腊时的完整内涵,但是却仍然有着根深蒂固的内在联系。其实如果我们抛开现代医学和生物学对于 Physiologie 这个词所施加的定义,这个词的汉语翻译"生理学"却恰恰能很好地表达其原有的内涵。我此处将 physiologue 这个词翻译成"自然哲学家",但是,虽然此举能够更好地表达其本义,却又遮蔽了其词源上的一脉相承性。故而不得不长篇累牍地注释,以提醒读者注意这个词。——译注

② 参阅 Jaeger,*Paidéia*,I,p. 373:"自然现在成了一切神圣事物的总和"。

③ *Diss.Log.*,VIII,§ 1.

由特殊而有定性的(particularisés et qualifiés)①多样性存在而构成的,他将这样的存在称为 ta pragmata,即"事物"。这些事物不依赖于人对它们所获得的知识和人赋予它们的语言表达,希庇亚斯在这一点上反对普罗泰戈拉;真实的认知是可能的,是由那些描绘事物的词语构成的。这一主题多次出现在《两面性》中,其中断言"如果具有不同的名称,实物也必然不同"②。

认为自然是由独立的事物构成的,将自然看做一个整体,这必然要求人们特别注重统一这些事物的"连续性"(continuité)。希庇亚斯正是用连续性来反对苏格拉底的辩证法,他认为苏格拉底的辩证法不攻自破,因为它仅仅是分析性的。他首先批评苏格拉底视野狭窄,过于专注:"你没有从整体上把握事物。"③希庇亚斯这样来评价苏格拉底论述,他的观点零散导致其论述脱节;"那些无用和零碎的论述使整个论述沦为一盘散沙。"④然后他阐述了理想的认知:专注于普遍联系,能够抓住连续性;连续性使每个事物都成为一个个体(corps),赋予每个个体(corps)一种本性(nature);而希庇亚斯所经常提到的苏格拉底及其他人所掌握的无非是一种分割的辩证法,一种进行切割和分离的方法:"这就是为什么你们错过了'存在'(l'être)的各个自然整体,它们是多么的巨大

---

① Ibid.,V,§ 15.

② I,§ 11:διαφέρον ὥσπερ καὶ τὠνυμα,οὕτω καὶ τὸ πρᾶγμα.亦见于 III,§ 13 及 IV,§ 6.

③ Fr.C 2,Unterst.,TF;Hip.maj.,301 *b*:τὰ μὲν ὅλα τῶν πραγμάτων οὐ σκοπεῖς.

④ Fr.C 3,ibid.;Hip.maj.,304 α,trad.A.Croiset,Belles Lettres.

和连续。"①对于各种"存在"之间连续性，就像骨关节一样紧密；这种观点可以解释希庇亚斯对于泰勒斯（Thalès）的关注；泰勒斯认为人们错误地理解了无生命的"存在"，错误地认为它们是同拥有灵魂的存在，亦即生命体相对立；那些所谓的惰性的（inerte②）物体也都被饱含在普遍生命之中，亦即拥有灵魂，具有运动的内在原则，通过这种内在原则，它们同其他"存在"联系起来："亚里士多德和希庇亚斯认为，泰勒斯给无生命的东西也赋予了灵魂，证据是磁石和琥珀这样的东西。"③既然生命能够完全解释世界上各种元素之间的相互吸引，这种奠定了物理学基础的吸引，在人类学层面上来讲就是"友谊"（l'amitié，philia），是通过大家都是人这一简单的事实而将人与人联系起来的东西。

对自然的连续性的肯定，似乎也可以解释希庇亚斯对圆周计算的研究，亦即发明了割圆曲线（quadratrice）④。如果宇

---

① Fr.C 2,Unterst.；Hipp,maj.，301 *b*.参阅杜普雷埃尔对这段文字的精彩评述：Dupréel，*op.cit.*，p.317，在有一段距离的后文中，苏格拉底提到"希庇亚斯思相中可贵的内容在于连续性概念"，承认了希庇亚斯对他的指责（trad.A.Croiset，BL.）。

② 这个词在物理学中指"具有惯性的"，此外还表示"没有生气的"。——译注

③ Fr.B 8.

④ 该割圆曲线乃是一段运动曲线，其方法如下。设有以 A 点为圆心的四分之一圆弧 BD 以及正方形 ABCD。假设半径 AE 由 AB 向 AD 运动，同时线段 B′C′ 以同样的速度从 BC 向 AD 运动，半径和线段的焦点 F 的轨迹就构成该割圆曲线。该曲线交半径 AD 于 G 点。如图：

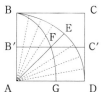

宙中不存在真空的话，那么现实就应该是连续的；为此，在球形的宇宙内部就应该能够容纳无数的立方体，这些立方体可以完全填满球体。这就意味着从立方体过渡到球体的可能性，而这个问题表现在平面几何上就是计算圆的面积。正因如此，亚里士多德认识到了如此计算圆的面积的不可能性（就像他在《物理学》卷一中批评安提丰时所指出的那样），他否认了相互独立而又不可分割的基本元素在现实中的存在；因此在论文《论天》(*Du Ciel*)中，他提出的反对理由如下："想要把某种形状赋予每一个物体的企图是不合理的，因为永远无法填满神的整体。"①

着眼于和谐的整体，这表明希庇亚斯拒斥任何形式的分离主义，特别是像"柏拉图的苏格拉底"在关于"美"的本性的讨论中所表述的那样，将"具体的存在"同"本质"相分离的做

帕普斯(Pappus d'Alexandrie)在其《数学集》(Collection mathématique, IV,30)提供了借助割圆曲线证明化圆为方的证明，但是他并没有把它归功于希庇亚斯。无论真实情况如何，其规律如下。通过前面的构造，可以推定出下面的关系：

$$\frac{\overset{\frown}{BED}}{BA} = \frac{BA}{AG}$$

弧 $\overset{\frown}{BED}$ 作为 BA 和 AG 的第三比例项，可以被归结为线段，因此以 BED 长度为宽以直径为长的矩形面积与以 AD 为半径的圆面积应该是相同的：

$$\frac{2\pi R}{4} \times 2R = \pi R^2$$

（$\frac{2\pi R}{4}$ 代表 BED 直线化，2R 代表圆的直径）

证明的最关键部分无疑是确定 AG 的长度，帕普斯用荒谬的推论方法来确定，认为 AG 既不能太长也不能太短。

这种证明的不确定性乃是因为割圆曲线乃是一条运动曲线。

① 306 *b*,trad.Tricot.

法。我们知道这个问题就是:什么是"美"? 希庇亚斯的回答
是:这是一个美丽的少女,而苏格拉底嘲笑这个回答,并反问
为什么不说一口美丽的铁锅。在柏拉图式的苏格拉底精神
中,"美"是应该独立于各种美的事物而存在;然而对于希庇
亚斯,"美"乃是一种内在的现实,而非抽象的;因此应该像杜
普雷埃尔所指出的那样来定义"美","美""并非自在自为的,
而是在于美与表现出美的各种东西之间的紧密联系中"①。
我们认为,应该把希庇亚斯所开创的著名的"回忆法"
(mnémotechnique)放在这种视野下来看待。因为这种记忆法
采用的是类比的途径,亦即利用抽象概念同其根源或是具
体实例之间的相似性来进行关联;以专有名词为例,这种相
似性可以通过词语之间的迂回游戏来获得:要想记住
Chrysippe 这个词,需要联想"金马"(cheval d'or, Χρυσός ἵ
ππος);要记住 Pyrilampe 这个词,联想"跳动的火焰"(feu
éclatant, πῦρ λάμπειν)②。

　　着眼于各种"存在"的连续性,这表明希庇亚斯吸收了恩
培多克勒关于相似性(la similitude, homoiôsis)的主要原则。
对该原则的诉求表现在一段具有人类学背景的文字中,但是
该原则,无论是在希庇亚斯还是在恩培多克勒那里,都具有宇
宙论的意义,柏拉图这样转述希庇亚斯:"事实上相似物之间
是通过相似的本性而相似的"③,其中所使用的 sungénés 一词
乃是对恩培多克勒的 sungénéia tou pragmatos 的重复④。相似

---

①　*Op.cit.*, p. 202;参阅 p. 203 的后续分析。
②　*Diss.Log.*, IX, § 4-5.
③　Fr.C 1; Unterst., 1. 4-5.
④　与事物的关联:DK,31 B 109.

性将各种"存在"联结在一起,将宇宙缝合为一个整体,而且
还要注意到,homoiôsis(相似性)也是认知的一个原则:无论是
理性认知还是感性认知,都是某种相遇,而正是因为宇宙是连
续的人们才能够认知。因此真正的知识,乃是对宇宙的类似
和相似,是一个整体;对于学者,包罗万象乃是必要的,并非卖
弄。博学的论述为精神编织了一张网,一张世界之网;因此这
种论述应该是整体性的论述,而这种整体性并不意味着单调
地重复现实,而是能够显示其复杂性,使其融合成一个整体而
又不失去其无穷的多样性,通过多样性现实总是显现为新事
物。在一篇论述的开篇处,希庇亚斯也向我们揭示了他的方
法,他说:

> "这些问题应该已经被触及到了,俄尔甫斯
> (Orphée①)谈过一些,缪斯(Musée②)谈过一些,赫西俄
> 德谈过一些,荷马谈过一些,各个不同时期的诗人谈过一
> 些,关于希腊及一些蛮族的历史著作中也谈过一些。我
> 将其中重要和同类的东西综合在一起,构成一个新的、多
> 面的论述。"③

在希庇亚斯看来,知识乃是巴洛克式的色彩,重新整理却
不重复,是累加却不断变化,在重复中更新,在解释中变得复
杂。希庇亚斯的兼收并蓄主义、连续性原则、对复杂性的见解
以及让"一"来反映"多"的艺术,所有这一切不都预示着莱布
尼茨么?此外,作为一位博学者和多面手,对于现代科学的跨

---

① 古希腊神话中的歌神。——译注
② 古希腊神话中的艺术和青春之神。——译注
③ Fr.B 6.

学科研究来说,希庇亚斯应该是知识分子的典范。

对希庇亚斯而言,认知乃是对事实的结构描摹。他很明确地反对普罗泰戈拉和高尔吉亚,试图重建一种本体论上的实在论,重建一种认识论上的乐观主义。人们通常不承认智者派的这一点,这是很不正确的。这种本体论上的实在论和认识论上的乐观主义认为:学者能够"认识事物的本性"①并继而能够"认识关于事物的真理"②,因为学者能够抓住"一切的本性。"③希庇亚斯为理性重新找到了基础;对此,杜普雷埃尔认为希庇亚斯乃是"亚里士多德哲学的先驱"④。

三、自然与法律

希庇亚斯的人类学是其自然学说的直接延伸。他将自然(la nature,physis)和法律(la loi,nomos)绝对对立起来;他偏爱自然,质疑现实的法律。

希庇亚斯认为 nomos 无法带来真正的正义,在他看来,这首先在观念层面上表明公元前 5 世纪末 4 世纪初希腊社会所发生的重大危机。埃德蒙·列维(Edmond Lévy⑤)已经细致地分析了希腊的这场"思想危机"(crise idéologique),它与公元前 404 年的战败有直接关联⑥。战争表明诸神并不保护正

---

① Fr.C 1,1.7,Unterst.:τὴν μέν φύσιν τῶν πραγμάτων εἰδέναι.
② Diss.Log.,VIII,§ 1:ἀλάθεια τῶν πραγμάτωνἐπιστασθαι.
③ Ibid.,同样的表达见于 § 2。
④ Op.cit.,p.213.在同一意义上参阅 p.211。
⑤ (1934—)法国历史学家。——译注
⑥ Athènes devant la défaite de 404.Histoire d'une crise idéologique,Paris,De Boccard,1976.

义方,因此正义方要同其他各方一样遭受打击,甚至是通常遭受更多的打击①;人们甚至怀疑关于"神意"的思想,欧里庇得斯创作的一些主人公就公开表达了此类观点。对"神意"信仰的瓦解带来了对传统价值观念信仰的瓦解,而传统价值观念中最基本的就是正义,对此列维写道:那些传统的价值观念"仅剩下一些美丽的说辞(onomata kala)"②。此外,民主派和寡头派在城邦内部进行政治斗争和对峙并轮流执政,清楚地表明他们所实施的法律,其背后不过是各自党派的利益。法律失去了神圣性,失去了正义的中立性③;法律成了权力的掩饰,遵守法律也不再是遵循正义。我们知道希庇亚斯是人种学的创始人之一;作为使节和巡游教师,他同很多实际的立法机构都有联系,见证了各种分歧和矛盾。他最能感受到不同的文化对于"公正"和"善"的定义的相对性。

正因如此,希庇亚斯取消了法律的地位,并将法律称为"人类的僭主"④。此处希庇亚斯使用的是 tyrannos(僭主)一词,用以区别于 basileus(roi,国王)⑤;因此他是在反对品达,品达将法律颂扬为王者(nomos basileus)⑥、正义的体现,而对于希庇亚斯而言,法律不过是违反自然的暴力的体现。如果法律是个僭主,那么它压迫的是谁呢? 希庇亚斯的回答是

---

① *Op. cit.*, p. 83; pp. 85—87.

② «Belles paroles», 这个用语来自修昔底德:Thucydide, V, 89(*op. cit.*, p. 96). Ed. 然而列维所引用的并不是希庇亚斯,而是安提丰。

③ 同样参阅列维(p. 95),他引证于老寡头(伪色诺芬)的《雅典共和制》。

④ Fr. C 1, Prot., 337 *c* 5:τύρασννος τῶν ἀνθρώπων.

⑤ Fr. B 9.

⑥ Fr. 169, Schroeder.

"自然"①。"自然"这个概念是模糊的,因此需要特别注意希庇亚斯赋予这个概念的特别内涵。《高尔吉亚篇》中卡里克里斯用"符合自然的正义"来指暴力的统治和纯粹的力量关系,希庇亚斯的"自然"不是这种含义,恰好相反,自然具有普遍道德标准的作用,超越于 nomos(法律)的本位主义。在《普罗泰戈拉篇》中,希庇亚斯作为普罗泰戈拉和苏格拉底的仲裁人;他首先诉诸于博爱,在他看来,博爱将所有在场的人联系在一起:"我认为,无论如何你们都出生在同一个地方、属于同一部族、乃是同胞,这乃是自然的结果,并非法律使然。"②因此人对待同类有一种本能的仁慈,可能正是因为想起了希庇亚斯,亚里士多德在《尼各马可伦理学》中指出,凡是旅行过的人都知道人对人是多么热情。在希庇亚斯看来,自然创造了一种"共生性"(sociabilité),而社会(société)却摧毁了这种共生性,后来卢梭也指出这种悖论。封闭的小社群被诽谤摧毁,而自然却教导相互友爱。法律的不足之处还体现在并不像惩罚偷窃者一样去惩罚诽谤者,事实上诽谤者"偷走了最弥足珍贵的友爱"③。在希庇亚斯看来,自然绝非教导野蛮的场所。出于同样的精神,希庇亚斯同样谴责了嫉妒,尽管他承认在嫉妒的两种形式中有一种是合法的(juste)④;如果从政治上来解释的话,这一点保留表达了民主精神,民主精神追求公民之间的绝对平等,不允许某个公民凌驾于其他公民之上太多。民主制符合相似性原则,因

---

① 　《Souvent elle fait violence à la nature》(C 1,1.6).

② 　Ibid.,1.3-4.

③ 　Fr.B 17.

④ 　Fr.B 16.

此建立在自然基础之上。在希庇亚斯的分析中，情感具有重要角色：情感乃是人类本性的显现，人类的本性能够建立好的社会。基于这一点，奥古斯特·比尔（Auguste Bill）将安提丰和希庇亚斯对立起来：对于前者，人类共同体的基础乃是需求的一致性；对于后者，这种基础应该在情感关系中寻找①。

但是正是在正义问题上，自然的规范作用充分地显示出来。在色诺芬的《回忆录》中，苏格拉底和希庇亚斯就这一问题就行了交谈；就像杜普雷埃尔所指出的那样，必须要注意到，尽管是苏格拉底来阐述，讨论的基础却是借用了希庇亚斯的理论②。对话从对现实法律的定义开始；希庇亚斯说现实法律是"由公民颁布，统一约定什么可以做，什么不可以做"③。正因如此法律顺从于情理，缺乏稳定性和普遍性；面对法律的不确定性，有谁会将其视为"是一件严肃的事情"？④但是这种态度却是灾难性的。因为不遵守法律，无论城邦还是家庭都不得和谐（concorde，homonoia）（§ 16），无论公共事务还是私人事务都会有危险⑤。然而现实的法律却并不是合法性的唯一表达。还有希腊人所谓的"不成文法"（agraphoi

---

① *La morale et la loi dans la philosophie antique*，Paris，1928，pp. 61-62；repris par Untersteiner，I Sofisti，II，p. 131.

② *Op.cit.*，p. 218.DK 中对色诺芬《回忆录》引用（Xénophon，Mémor.，IV，4，§ 5 sq；Fr.A 14）止于第七节（§ 7），但是对希庇亚斯理论的最为精彩阐述却在于随后的 8 至 25 节，文特施蒂纳恢复了这些内容（Untersteiner，TF，III，pp. 60-75），我们就转引自文特施蒂纳。

③ § 13，1. 226-227.

④ § 14，1. 236：σπουδαῖον πρᾶγμα εἶναι.

⑤ 从柏拉图的《大希庇亚斯篇》（281 *d*）中可以看出这种区分对希庇亚斯来说特别重要。

nomoi，§ 19），安提戈涅（Antigone①）正是以此来反对克利翁（Créon②），我们今天将其称为自然法权（le droit naturel）。在色诺芬的对话中，苏格拉底引导了这些，然后希庇亚斯将它们形成严格的定义，并极力称赞苏格拉底；这不过是将希庇亚斯关于正义已经说过的东西"再重新"（§6）说一遍而已③。不成文法在所有国家都存在；不成文法之所以能够摆脱其本位主义和相对性，乃是因为它们不是来自于人类。那么它们来自于何方？色诺芬笔下的苏格拉底说是来自诸神，但是可想而知希庇亚斯的回答毋宁是来自于自然。因为可以这样阐述这些不成文法，例如：乱伦禁忌，乃是出于避免退化结果（§20）；反对忘恩负义，因为忘恩负义者不会得到真正的朋友，而且会遭到其恩人的憎恶（§24）。这些不成文法的共同动力都源自于自然的惩罚；因此这正是一种内在的正义，将规范和效用调和在一起，因此"法律自身就包含了对违法者的惩罚"④。这就是不成文法优于成文法典的地方：违法者必会受到惩罚，因此不成文法无论何时何地都得到全体的遵守。

　　因此正义乃是自然法权的结果；这里的自然法权应该按照后来亚里士多德在其"自然法"（physikon dikaion）中阐述的意义来理解，而不是按照霍布斯和斯宾诺莎的意义来

---

　　①　古希腊神话中俄狄浦斯王的女儿。——译注

　　②　安提戈涅的舅父，俄狄浦斯母亲的弟弟，俄狄浦斯死后他继任成为底比斯王。——译注

　　③　关于这一点，除了上面引用的杜普雷埃尔外，还可以参考阿道尔夫·勒维（Adolfo Levi），文特施蒂纳转引了他的内容：Untersteiner，TF，III，p. 69，note.

　　④　§ 24，1. 338-340.

理解。希庇亚斯将自然和伦理调和在一起;他是从更大、更广也更严格的法律概念上来反对政治上的 nomos(法律)。诉诸于自然(还需要再讨论这个问题),并没有在某种程度上导致希庇亚斯认可非法性或是支持非法性:在文特施蒂纳归属到希庇亚斯名下的《杨布利柯引语录》中,就特别强调合法性的必要性。我们从中举出一例:自然法,使人与人之间相互依存,必然要求作为经济关系基础的合法性①。因此正义包含了遵守法律,而且是遵守自然的不成文法;如此 nomos(法律)被超越了,同时也超越了产生它的城邦所赋予它的狭隘框架。由此希庇亚斯的自然法理论导向了世界主义,这与希庇亚斯的兼收并蓄的主张是完全一致的。希庇亚斯将亚细亚和欧罗巴称为是"海的女儿"(B 8),以此指明两块大陆的同一性,古希腊人习惯上将这两块大陆对立起来,以用来显示蛮族同希腊之间的区别②。通过这种世界主义,希庇亚斯预先就同柏拉图的"非人道的民族主义"(nationalisme inhumain)(文特施蒂纳如此命名它)对立起来③;这预示着斯多亚学派的泛爱主义(la philanthropie),某种意义上也预示着基督教的"天主教教义"。事实上这让人想到了夏多布里昂(Chateaubriand)史诗中尤道尔(Eudore)对西莫多西(Cymodocée)的回答,当尤道尔将自己的大衣披

---

① Fr.A 7,§ 2.相反意见参看第 8 节(§ 8)。

② 从这种观点出发,可以将希庇亚斯同安提斯泰尼相对照,后者"指出痛苦也是一种善,例如在赫拉克力斯和居鲁士大帝(Cyrus)的价值观中就是如此,这一论据既涵盖了希腊也涵盖了蛮族"(D.L.,VI,2;trad.L. Paquet,Fr. 15 de son édition des Cyniques grecs,Ottawa,1975, p. 31 (Fr. 19 Caizzi))。

③ *I Sofisti*,II,p. 131.

在路边一个奴隶身上时，西莫多西对他说："你莫不是将这个奴隶看做是某个神了？"尤道尔回答："不，我将他看做是一个人。"①

如果说世界主义的核心思想是人群应该相互融合而不是相互排斥，那么就可以理解，从政治上讲，希庇亚斯是赞成民主政体的。然而他却不接受雅典模式的体制，他想成为民主制的改革者。事实上，他反对雅典的行政官体制，这种体制有时可能会将全力交给一些不胜任者，他认为这一程序乃是蛊惑人心②且又荒唐的：怎么能让竖琴手去吹长笛、让长笛手去弹竖琴呢③？但是希庇亚斯的这种批评同苏格拉底对于抽签式民主的批评有很大不同；希庇亚斯拒绝抽签，因为他说："我认为这根本不是民主。"④那些支持抽签的人乃是民主制的真正敌人，"因为在城邦内部存在仇视人民的人"，如果盲目的抽签使他们当选，"他们就会毁掉人民政权"⑤。希庇亚斯用理智主义为透明的民主制辩护，从而否定了苏格拉底和柏拉图对于人民政权的最大批评。作为一个精通各门技艺的人（A 12），希庇亚斯证明从事各种专门职业不会必然妨碍普遍的理性认知，也不会妨碍博学多识；因此他早就驳斥了柏拉图的论述，柏拉图认为手工业者专注于自身的技艺，无法恰当地判断城邦的事务，无法在政治这一更大的领域获得认识。

总而言之，我们看到希庇亚斯并不是像人们通常所认为

---

① *Les martyrs*, liv. I.
② *Diss. Log.*, VII, § 1.
③ Ibid., § 4.
④ Ibid., § 5.
⑤ Ibid.

的那样肤浅地泛泛而谈,本着广泛和系统的精神,构建起一套理论,可惜的是,透过留存至今的少量残篇,我们只能隐约瞥见其宏大的视角及其原创性。

第七章　安提丰

一、身份及著作

继研究古希腊和罗马的语言学家迪狄莫(Didyme)之后，很多智者派的评注家，特别是鲁利亚(Luria)、毕格农(Bignone)和文特施蒂纳，都指出要把两个安提丰区别开。一个是拉努特的安提丰(Antiphon de Rhamnunte)，演说家、散文家和政客；另一个是智者安提丰，他的残篇收集在迪埃尔和克兰茨①及文特施蒂纳②所编辑的文集中，剔除了属于演说家安提丰的演说和四幕剧本。残篇 B44 的存在要求必须将两个安提丰区分开来；因为该残篇表现出对平等性的拥护，认为人类共同体的基础乃是需求的一致性，然而演说家安提丰乃是贵族政治的拥护者，在政治上加入了"寡头集团"，而且是其中极力反对民主的分子之一；"寡头集团"失败之后，他被指控与斯巴达勾结并被处死。

---

① *Die fragmente der Vorsokratiker*, Zurich-Berlin, 1964 t. II, chap. 87. pp. 334–370.

② *Soflsti*, Firenze, 1967, fasc. IV. pp. 3–211.

奥克西林库斯出土的草纸（le P.Oxy①）上面的残篇 B44
的文本有很大一块脱漏之处，该部分由维拉莫威茨（Wilam-
owitz）进行了修复，残篇 B44 的解释就是依据了维拉莫威茨
的修复。维拉莫威茨的修复得到了迪埃尔、克兰茨和文特
施蒂纳的认可，但是却遭到了玛丽雅·塞莱娜·冯济
（Maria Serena Funghi）质疑，她根据新发现的一张草纸，拟
订了一份新的文本，使得通篇都呈现出另一种角度。我们
不能在此去研究文献学上的那些讨论细节，我们只能简单
地说有些评注家，例如阿维里（H.C.Avery）、伊斯纳尔蒂-巴
朗特（M.Isnardi-Parente）和凯兹（P.D.Caizzi），认为很难区分
演说家安提丰和智者安提丰的政治立场，因此没有什么可
以证明他们不是一个人。这种对身份的确定无疑是很重要
的，因为我们知道演说家安提丰的政治性格无疑会对残篇
B44 的解释产生重大影响；因此为了避免循环解释，我们首
先抛弃演说家安提丰和智者安提丰是同一个人的说法，然
后来解释残篇 B44。但是安提丰的身份问题随着杰拉德·
J.潘德里克（Gerard J.Pendrick）所编辑的《残篇》②的出版又
成为了问题。在其著作的导言中③，作者用充足的论据重提
两个安提丰的区分，区分演说家安提丰和智者安提丰。正因
如此，我们此处要研究的是习惯上归在智者安提丰名下的那
些残篇。

安提丰的主要著作是一篇名为《真理》（*Vérité*）的论文，

---

① Papyrus Oxyrhynchus 的缩写。——译注

② *Antiphon the Sophist. The Fragments*, Cambridge University Press,
2002.

③ pp. 1–26.

分为两卷,奥克西林库斯出土的草纸上的那些重要残篇无疑是其组成部分。归在他名下的还有一篇箴言体风格的《论和谐》(*Sur la concorde*)和现在已经完全遗失的《论政治》(*Politique*)。除此之外还应该加上一篇特别题材的作品,现在这种题材被称为心理学,该作品题为《论对梦的解释》(*De l'interprétation des rêves*)。我们不知道这位圆梦者安提丰是否就是智者安提丰,毕竟圆梦者安提丰并不像智者安提丰一样否认神意①,而且专注于梦的占卜;但是文特施蒂纳驳斥了这种反对意见,他指出安提丰对梦的解释方式不是宗教方式的,而已经是科学和理性的解释②。

二、外形(figure)及其基质(fond)

亚里士多德在《物理学》第二卷(Fr.B 15)中的一处见证让我们直接进入了安提丰思想的核心。我们知道,对亚里士多德来说,感性存在乃是由"质料"(matière)和"形式"(forme)复合而成,而在这种复合中"形式"充当本质性的角色,因为本质是"形式"提供的。肯定"形式"在本体论上的优先性,这对西方形而上学的命运具有决定性影响;而安提丰没有将这种优先性赋予形式,而是赋予了亚里士多德所谓的"质料",他认为"质料"乃是构成存在物的本质和本性的东西。安提丰并没有像亚里士多德一样使用 hylè("质料")这个词,而是使用了他本人所特有的一个概念,即 arrythmiston,

① Fr.B 12.
② *I Sof.*, II, pp. 80–82, et p. 107, n. 206.

arrythmiston 构成了存在物的深层本性,构成了存在物的真正实体。我们需要解决的第一个问题就是如何来理解和翻译这个概念。Arrythmiston 是指"失去了"(privé)——或者说是"摆脱了"(affranchi)①——所有 rhythmos(rythme,节奏)的东西。如果说我们还是不太明白这一解释,这是因为我们现在赋予 rythme 这个词的含义同前苏格拉底思想家赋予 rhythmos 这个词的含义完全不同。如果说现在 rythme 这个词主要用于音乐领域,同听觉经验相关的话,而 rhythmos 这个词则恰恰相反,是同对"形式"的视觉经验相关。通过词源学研究可以找到 rythme 这个词的本来意义。受到 rythme 这个词在音乐上的内涵,语法学家曾经认为它来自动词 rheîn,rheîn 表示"流动"(couler)的意思。耶格尔是最早戳破传统词源学的学者之一②,他分析了 rhythmos(或者是 rhysmos)的一系列使用,这些语境表明该词同"流动"之间没有任何关系,而恰恰相反,是表示"懂得停留在边界所勾勒出内容上"③。亚里士多德告诉我们,原子论者使用 rhythmos 来表示原子的外形,而亚里士多德用 schéma(pourtour,轮廓)作为对应词来使用④。

---

① 说 privé 这是从亚里士多德的角度来看的,亚里士多德更看重形式,因而对于亚里士多德而言,形式的不在场乃是一种缺乏。但是对于安提丰而言却正相反。

② *Paidéia*,trad,franc.,t.I,p. 517,n. 53.

③ 耶格尔引用了很多人,其中有亚基罗古斯:"要知道 rythme 是多么束缚人类"(Fr. 67 a,7;Diehl);还有埃斯库罗斯:Eschyle, Prométhée enchaîné,vers 241 sq.;参照 Paidéia,I,p. 162.勒巴斯夫人(Mme Philippe Le Bas)和菲克斯(Th.Fix)从他们的角度出发,建议将第 245 节中的 hôd' er-rhythmismai 翻译成 voyez comme il m'a arrangé(您看啊,它同我多么融洽)(Paris,Hachette,1867,p. 126,n. 25 de leur traduction)。

④ *Mét.*,I,4,985 *b* 16;同时参阅《物理学》:Physique,VII,3,245 *b* 10.

本沃尼斯特(E.Benveniste①)写了一篇文章《rythme 在语言学表达中的基本概念》(La notion de rythme dans son expression linguistique)②,其中他统计了 rhythmos 的使用以及"从其起源一直到雅典时期"的相关词语,得出结论是其"最基本的含义是:独特的形式、匀称的外形、布局"③。本沃尼斯特补充道,亚里士多德在 rhythmos 基础上"构造了 arrythmistos,表示不能归结为某种'形式',无条理性"(*Met.*,1014 *b* 24)④。我们认为不是亚里士多德构造 arrythmistos 一词,而是像《物理学》中谈到自然的存在问题时所指出的那样(Ⅱ,1,193 *a* 9 sq.),而是安提丰所为。因此 rhythmos 可以解释为形态(le modelé)、表形(la tournure)、结构(la structure)和构造(l'organisation),这非常接近于安提丰的另一个概念 diathesis,意指布局(disposition)、安排(ordonnancement)⑤。而 arrythmistos,用海德格尔式翻译就是"无结构"⑥,或者已可以用谢林意义上的"基

---

① 法国结构主义语言学家。——译注

② 《普通语言学问题》中再次出现:*Problèmes de linguistique générale*,I,Gallimard,coll.《Tel》,chap.XXVII,pp.327—335.

③ P.332.必须要指出,本沃尼斯特并没有像耶格尔一样质疑 rhythmos 的词源是否真是 rheîn,但是他分析了这个词的意义演变,认为柏拉图乃是其现代意义的创始者(pp.333—335)。参阅密西尔·塞莱斯(Michel Serres)对本沃尼斯特的评论:Michel Serres,*La naissance de la physique dans le texte de Lucrèce*,Éd.de Minuit,1977,p.190.

④ *Op.cit.*,p.232.

⑤ 参阅 Fr.B 14,24 *a*,63。这段残篇的意义备受争议,文特施蒂纳的解释是这样的:"懂得宇宙秩序者必能理解其[和谐之法]。"(TF,Ⅳ,151)

⑥ 《Ce qu'est et comment se détermine la *physis*》,dans *Questions* Ⅱ,Gallimard,1968,trad.F.Fédier,p.219.鉴于上述原因,我们倾向于"无结构"(manque de structure)(p.217)这一表达方式。

质"（fond, Grund①）

在此基础上，我们可以依据亚里士多德转述来研究一下残篇 B15 的文本：

"有些人认为，自然及依据自然而存在的存在物的本质，乃是存在物最基本构成部分，自在存在，没有结构，例如床的本质是木头、雕像的本质是青铜。安提丰提供的证明是，如果把床埋在土里，腐烂可以滋养新的发芽，新芽将成长为树木而不是床：偶然的存在是依赖于法律（la loi）②和制造的一种安排，而本质则能够持续存在并保持其形态。"

在这一残篇的背后，更多的是"外形"与"基质"（rhythmos/arrythmiston）之间的对立，而非制造和天然之间的对立。用制造的东西来举例说明天然存在物的本质，罗斯（Ross）认为其中包含着悖论③，但是这种悖论可以消除：同在狭义的自然中一样，在制造（fabrication, technè）过程中也存在 rhythmos 和 arrythmiston 的对立；在埋床这个例子中，安提丰的主要目的并不是要指出自然对制造的优先性，乃是要指出

---

① 译注：作者费尽周折终于拟定用 fond 来翻译 arrythmistos，作者的问题似乎解决了，但是要翻译成汉语仍然是一个难题。如果翻译成"基础"，就失去了同亚里士多德的概念"形式"和"质料"相呼应的意味，也无法同 figure 的翻译"外形"构成呼应，如果翻译成"本质"，即便加以标注原文，仍然会有同亚里士多德的"本质"概念相混淆的危险。最终决定采取糅合的方式，翻译成"基质"。

② κατὰνόμον 这一表达足以表明将"形式"和"非形式"应用于 Fr.B 44 所表达的安提丰的政治思想的可能性。法律并非自然的，因而是非本质的；安提丰的宇宙论和政治学源自相同的观念结构。

③ *Aristotle's Physics*, Oxford, 1936, p. 502.

arrythmiston（无结构、基质）对 rhythmos（结构、外形）的优先性。这里用被制造的东西来举例特别恰当，因为艺术品身上的"形式"比自然中"形式"更加薄弱和短暂。

因此安提丰的断言是，存在物身上所拥有的最基本的东西，其深层本性，是其最基本的构成部分，是一团"原初的混沌"（pâte élémentaire），所有其他的显现都是在这团混沌基础上通过加工途径形成的。"原初的混沌"这个概念被亚里士多德用"原初质料"（matière première）这个名称所吸收。但是安提丰还没有将其称为"质料"（hylè，matière），而是称为 arrythmiston，即"无结构"。世界的所有外形都不过是借用来的"表形"（rhythmoi，tournure），说其仅仅是借用来的，这是因为它不停留在任何一种"表形"上，它进行各种形式变幻，却又很快回归自身。它是完全被动的，接受 rhythmos 的印迹，但这是表面上的，在其内部，准确来说是完全无定性的，即是反对形式的。"基质"回归到"内部"（Le fond retourne au fond①），它返回到自身，并因此摆脱掉了结构，而结构就不能再进行结构化，就会化为乌有。因此真正的实体乃是在于摆脱了形式的填充物，就像天空中的云，从一种形式变化到另一种形式，所有的个别形式都是不稳定的，相互流动变幻。安提丰对于"化圆为方"问题的解决就是企图证明这一点②，因为"化曲

---

① 这是一个文字游戏，利用 fond 这个词的多重含义，达到某种修辞效果。——译注

② 亚里士多德将其归功于安提丰，辛普里丘对这种"化曲为直"方法的原则阐述如下（Fr.B 13）。

假设有一圆，内接一个正方形 ABCD。弦 AB 的垂线交其弧于点 E，连接 AE 和 EB。对正方形的其他边做同样的连接，就会得到一个内接正八边形。继续切割正八边形的各边，然后继续同样切割所获正多边形，直至无穷。

为直"表明了从一种几何图形过渡到另一种几何图形的可能性，几何图形的真正实体乃是空间的同质性，所有的几何图形都会消失在空间之中。因此根本的东西乃是"基质"，而且不能使用带有否定前缀的术语来表达，当然柏拉图—亚里士多德的形而上学难免会这样做。"被动性"（passivité）即为"自

亚里士多德反对这种方法，认为这是超越几何学之外的问题，因为在几何上不能达到无穷，从这意义上来说，不需要驳斥它，它本身就在科学之外了。

亚里士多德的蔑视并不妨碍这一证明，因为它可以超越古典数学之外而获得成长。在这种意义上，它预示着无限小微积分的到来。事实上卡诺（Lazare Carnot）从安提丰的证明出发，来阐明《关于无限小微积分的哲学思想》。他的步骤如下。

假设圆的半径为 R，且内接的正多边形的变数足够人们所需。圆心到正多边形某一边的垂线为 CH，正多边形的周长为 P，面积为 S，

那么公式就为 $S = P \times \frac{1}{2}CH$

假设 x 为正多边形周长与圆周相差的无限小值，设 y 为 CH 与 R 相差的无限小值。

那么正多边形的面积就为 $S = (P + x) \times \frac{1}{2}(CH + y)$

但是 x 和 y 代表着将正多边形边数推至无穷时的无限小误差。因而这一计算的原则就在于对于一个趋近于 0 的微小误差的承认。但是在实际计算中，我们可以将这个微小的误差缩减为 0。卡诺写道："上面这种理论是错的，因为无论误差有多小，都还是存在的，在实际计算过程中忽略上面所引入的无限小值，是有办法补偿的。在类似的情况下忽略这样的量不仅是允许的，而且是必须的，因为这是精确表述问题状况的唯一方法。补偿的标志乃是最终的方程式中假设的量被消除了。"

因此在公式 $S = (P + x) \times \frac{1}{2}(CH + y)$ 中，如果 x 不存在，亦即没有误差。如果没有误差，就可以使 P 等于 2πR、CH 等于 R，并加以替换。那么我们就得到：

$S = 2\pi R \times \frac{1}{2}R$；

由此得出 $S = \pi R \times R$，进一步得出：

$S = \pi R^2$

如此我们就得到了圆面积的确切公式。

由"（liberté），因为它是彻底的被动性，在其顺从"结构"的运动中，它也规避了"结构"。Arrythmiston 乃是"主动的"（positif），因为它拒绝了一切"特殊性"、一切"规定性"；安提丰可能会像后来斯宾诺莎那样说："'规定性'即为'否定'"①。"无结构"是一个普遍概念：相对于个体的贫乏性，"无结构"构成了世界的丰富性，无结构乃是"贮藏"，所有的"结构"都从中进行汲取，形成某种外形并表达出来，亦即炫耀其美丽。因此不要忘记，"没有'贮藏'，（'自然'）就无法构成很多美丽的存在物"②。说 arrythmiston 是"贮藏"，包含两层意思：不仅表示人们可以从中进行汲取的贮藏所，而且表示"处于封藏状态"，即摆脱了外形；对安提丰来说，所有 rhythmos 都不过是"配角"（figurant③）不确定性在这里获得了某种积极的意义，这是在希腊文化中占据主流的本质哲学不愿意让我们接受的。正因如此，很多评注家都没有注意到残篇 B10 的潜在主题无疑正是 arrythmistos，而非"神"或者是爱利亚学派的"存在"④。《真理》的第一卷中，在揭示了"无结构"的奥秘之后，安提丰补充道："正因如此，它不再需要任何东西，也不再接纳任何东西，而是处于'无定'（ἄπειρος）状态，完满无

---

① Lettre 50：*determinatio negatio est.*

② Fr.B 14.

③ 此处又是一个文字游戏。Figurant 乃是我们翻译成"外形"的 figure 一词的同根词，是动词 figurer 的现在分词形式，同时又可以作为名词使用，表示"配角"的意思。——译注

④ 文特施蒂纳向来都很透彻，此处他也省略了"神"（TF，IV，p. 43，note）。此外他还将 apeïros 解释为两层含义："无限"和"无经验"，在我们看来这有点超出了文本（I *Sofisti*，II，p. 58）。戈泊尔（K.Gœbel）认为该残篇的主题乃是"宇宙"（参阅 Untersteiner，*op.cit.*，II，p. 85-86，n. 10）。

缺。"①ἄπειρος(apeïron)这个概念是对阿那克西曼德(Anaximandre)的重复,而且阿那克西曼德应该不会反对在这一语境下使用这个概念,明显就是在指 arrythmiston,二者几乎是对等的。相反,多神论下的诸神,都意味着"可见事物",毋宁是代表至高无上的规定性。"无结构"乃是"自身完满的",不需要借用其他任何东西,因此一切都要借助于它。如此"完满性"的优先性被打开了一道豁口,对于安提丰而言,"不完满"和"充足"乃是一对概念。今天贡布罗维奇(Gombrowicz②)再次得出这一不寻常的结论:人并不是为了追求"绝对",人的目的"无疑是更隐秘的,某种程度来说也是不合法的:人需要'不完满'……'不完善'……'青春'"③。令人叫绝的是,贡布罗维奇没有用心理学角度来刻画"青春",而是赋予其某种宇宙论的意义,青春"的'不充足'和'不完满',转化成了最基本的力量"④。我们看到,普鲁斯特(Marcel Proust)在阐述花季少女之诗(也可以称做"无韵诗"(arrythmique)⑤)时候也有过类似的论述:"青春之后就是完全的僵化,僵化之后的人们从少女身上感受到了一种惬意:少女们的身形不断变幻,形成某种变动不居的映衬,让人联想到自然的原初要素的不断更新。"⑥

---

① Fr.B 10.

② 波兰作家。——译注

③ *La pornographie*,Paris,Christian Bourgois éd.,1960,p. 7.同时参阅贡布罗维奇第一本小说《费尔迪杜凯》里面的分析(p. 11)。

④ Ibid.,p. 82;同时参阅 p. 158.

⑤ 这是一个文字游戏,arrythmique 同 arrythmiston 是同根词。——译注

⑥ *A l'ombre des jeunes filles en fleurs*,Gallimard,coll.《La Pléiade》,t.I,p. 906.

因此人们可以说，arrythmiston 就是"自然"的青春。因
为，"无结构"的自身完满必然使其避开时间：如果它不需要
增添任何东西，它就同自身同一（亦即没有变化），同它所展
现的各种不同"表达"（rhythmoi）同一；这些表达变动不居，不
过是些过渡形态。而 arrythmiston 是稳固恒久、不坏不灭的；
作为基质，它超越时间之外，相反，时间只是过渡，不能作为基
质。因此时间只对有限存在和思考时间的个人才是实在，因
为有限存在需要用时间来衡量，而个人是有生有死的。残篇
B9 表达了作为"基质"（hypostasin）的 arrythmiston 对时间的
这种摆脱："时间是思想和尺度，但不是'基质'。"①我们正是
要在这种非时间性的环境下来理解"无结构"的"青春"所要
表达的内容："无结构"是在没有衰老和死亡的状况下保持青
春，因而永远保持青春。它通过返回自身而消除所有的印迹，
它是不可毁灭的因为它就是毁灭自身。而"结构"的命运却
刚好相反。龙萨（Ronsard②）在写"'形式'消亡而'质料'永
存"的时候，并不知道自己是安提丰主义者。正如尼古拉·
格里马尔蒂（Nicolas Grimaldi）所指出的，转换无非就是变形。
而传统形而上学中的规定却是这样的："发生改变的是事物
的'物质性'，而'形式'范畴是连续持存的。但是在变形过程
中，留存的却是质料、改变的是形式。"③赋予 arrythmiston 以
真正实体地位的后果是，为其所具有的个别外形，亦即所有的
现存物，带来了不稳定的状态和死亡的紧迫。个体缺乏本体

---

　　①　我们没有将 hypostasis 翻译成 hypostase，以避免同普罗提诺的概
念相混淆，也没有翻译成 substance，以避免同亚里士多德的"实体"概念相
混淆。

　　②　法国诗人。——译注

　　③　*Aliénation et liberté*, Masson éd., 1972, p. 46.

论上的稳定,因而"从本质上"就是"向死的存在";个体的命运是悲惨的,其最终的结局就是消亡,其存在无非是证明其短暂,在表达的天空下只不过是短暂的瞬间。死亡问题也同样出现在安提丰的残篇中;版残篇 B50 可能是希腊文化留给我们的最令人伤心的残篇,它指出了人的脆弱性:

> "生命就像是一天的岗位,生命的长度也只有一天,抬眼看看时光,然后交接给后来者。"

人是时间的守护者,作为时间性的存在,也是短暂的存在。残篇中最凄凉的词无疑是"他者"(hétérois):外形没有任何本体论上的稳定性,永无休止地消解。安提丰拒绝像亚里士多德一样用永恒轮回来安慰个体,在亚里士多德那里,父亲与儿子通过永恒轮回而成为一种同义的循环。在安提丰那里,取代者乃是真正的他者,而并非另一个我。虽然"无结构"始终如一,但是它永远不会重复其面具;任何"外形"(rhythmos)都不会停留下来,也不会重复,因为重复也是停留的一种。因此,对于个体而言,任何时间点都是一去不复返的,由此带来的生命态度具有双重性:生命毫无价值的且又脆弱,生命短暂而痛苦无穷(Fr.B 51),简言之,生命几乎是一无所有,但是正因为并非完全一无所有生命才是珍贵的,就像一个里亚(liard①)对于穷人来说也是宝。生命微不足道,但微不足道亦足以。因此没有必要耗费生命去准备不存在的来世,这是在浪费当前的生命(Fr.B 53 a)。死亡并非舞台上那种引人一笑的死亡,随后同一个演员又再次登台表演别的角

---

① 法国古铜币名,相当于四分之一苏。——译注

色,死亡真正地为生命带来绝对的严肃。安提丰在另一个重
要的残篇中指出,生命不是游戏:"生命不可能像掷骰子一样
重来一次。"①各种视生命为游戏的观念乃是同重复性概念联
系在一起的,这些观念认为死亡不过是表象,乃是另一种真正
生活的开始。对安提丰而言,真正的生活就是我们当前的生
活,我们都是个体,这是无可改变的事实,这些转瞬即逝的外
形在死后就失去了自身的形式,并且永不再回来。生存的这
种严肃性尖锐地提出了个体幸福的问题,包括城邦内的幸福
和个人的幸福。

三、法律是对自然的违背

人的幸福受到法律(nomos)的威胁,法律的全部目的就
是消除自然的意愿。为了阐明这一点,安提丰首先批判了传
统的正义概念,这种传统概念单纯从严守法规和形式上的观
点出发,将正义定义为服从所属城邦的法律。这很容易使法
律变得不可理解,变得荒谬:

> "正义就是不要违背所属城邦的法律。因此人就依
> 据自身的利益来实践正义,在别人面前就大肆宣扬法律,
> 独自一人的时候就遵从自然的意愿。"②

因此用法律统治的结果就是鼓励了伪善和虚伪。但是为
什么人们在公开的场合严格遵守法律的规定而私下里又违背

---

①　Fr.B 52.
②　Fr.B 44 A,col.I,1. 7 sq.

呢？因为法律的各种规定违背自然，建立在虚幻之上。安提丰系统地将自然和法律对立起来，这种对立可以通过各种对立概念体现出来。在安提丰的宇宙论中，arrythmiston 代表着真实和深刻，rhythmos 代表着肤浅和表面，同样，在人类学中，自然代表着内在必然性和真理，而法律代表着偶然的、约定的外在性。下面的残篇 B 44 A 就指出了这一点：

"事实上，法律规定乃是附加的，而自然的规定才是必然的。法律的规定来自于非天然的约定，而自然的规定乃是天然的、并非来自约定。"

"因此，对于那些违背了法律规定的人而言，如果没有被那些参与约定的人发现，就躲过了耻辱和惩罚；如果被发现了，就逃避不了耻辱和惩罚。但是对于那些源于自然的规定，是不可以违背的，因为，即使没有被任何人看到，恶果也不会减轻，即使被所有人看到，恶果也不会加重。因此这种惩罚不表现在舆论上，而表现在实际上。"①

自然的禁令乃是既定的，而法律的禁令不是，因此自然的禁令是强有力的，而法律的禁令是虚弱无力的。法律的存在只是舆论，因此毫无价值；而自然的存在不依赖于人的观念，因此自然乃是真理。临时的约定是不能超越永恒的存在，偶然性不能压倒必然性，容易逃避的东西不能优于无法逃避的东西。然而，尽管实力相差悬殊，法律还是敢于挑战自然，法

---

① Ibid.，col. I，l. 23 à col. II，l. 25.

律还是表现出："大部分的法律规定都是用来对抗自然的。"①
由此法律摘下了面具,抛出自己的真实目的:法律的目的就是
禁止,法律的追求就是压制,法律的实施就是惩罚;通过法律,
人们将会"遭受更大的痛苦,享受更少的快乐,自讨苦吃"②。
因为法律并不认为自己会赢,那么法律的压制斗争尚未开始
就已经输了;因此安提丰不提倡英雄伦理的朴素概念,而是歌
颂新的道德:实用、生活、自由、快乐:

> "因为生和死乃是自然的转换,人的生命依赖于有
> 益的东西,而死亡是因为有害的东西。"

> "因此,对于那些有益的东西,法律所建立的各种规
> 定乃是对于自然的束缚;而自然所建立的各种规定则解
> 放自然。因此带来快乐的东西要比带来痛苦的东西更有
> 益,至少直接推理上如此。因此使人快乐的东西绝对优
> 于使人不快乐(ta lupounta)的东西。"③

我们知道,安提丰将自然的禁令规定为"必然性",此处
自然的禁令是与自由相关的,因此安提丰的悖论就是在自然
的必然性和自由之间建立起紧密的联系。对人来说,自由就
是能够服从 physis(自然)的必然性,对自然称是。对立并不
意味着自由,而恰恰是忍受。压制式的法律是无用的,也是有
害的,因为法律带来痛苦,亦即最终带来死亡。因此需要将法
律自然化,以用快乐取代痛苦,让生命取代死亡。人无法忍受
立法上的疯狂,这种疯狂渗透到生活的每一处,束缚了人的手

---

① Ibid., col.II, 1. 26–30.

② Ibid., col.V, 1. 18–24.

③ Ibid., col.III, 1. 25 à col.IV, 1. 18.

脚、封堵了人的口舌、蒙蔽了人的眼睛；人在精神和肉体上都受到禁忌的奴役：

> "事实上，人们为眼睛立法，规定什么可以看，什么不可以看。为耳朵立法，规定什么可以听，什么不可以听。为口舌立法，规定什么可以说，什么不可以说。为手立法，规定什么可以做什么不可以做。为脚立法，规定哪里可以去，哪里不可以去。为精神（l'esprit, noûs）立法，规定什么可以欲求（désirer, épithumeîn），什么不可以欲求。"①

然而，人们想知道，安提丰对自然的这种出色的歌颂为正义恢复了什么？是要求那种只能通过自我中心主义和暴力的狂热才能实现的本能的狂热解放么？在《高尔吉亚篇》中柏拉图借卡里克里斯之口得出的正是这一结论。但是这种思想完全弄错了安提丰的真实意图。安提丰的巨著之一《论和谐》（*Péri Homonoias*，已遗失），就像友爱对于希庇亚斯一样，和谐对于安提丰而言乃是自然的基础②。我们知道，自然乃是必然性的领域，因此，友爱也是一种必然性："新的友爱是必要的，但是老的友爱却更必要。"③另一方面，安提丰认识

---

① B 44 A, col.II, l. 30 à col.III, l. 18. 在这段文字中，对安提丰而言，精神的基础本身就是欲望，因此在他的政治思想与下面我们所要研究的心理学之间存在着紧密的关系。

② 没有探究安提丰的这种和谐是否适用于社会中的普遍同意和内在的和谐，只是表明了安提丰的心理学与其政治思想之间的紧密联系，和谐同时适用于他的心理学和他的政治思想。（参阅 Fr.B 44 *a* 中杨布利柯的那段文字，我们要注意，色诺芬的那段文字并不是关于安提丰的，而是关于希庇亚斯的，参阅 Untersteiner, TF, IV, 111, note）。

③ Fr.B 64.

到,同一自然群体内的人之间会相互模仿,而这种相似性可以产生和谐,他也赋予这种相似性以必然性:"与某个人大部分时间都生活在一起,必然会在性格上相像。"①因此自然追求和谐。安提丰认为,可以依靠认知来避免个人的偏差和社会的不和谐。对事物本性的错误理解导致了人与人之间的隔离,也妨碍了人与人之间的相互理解,"但是,当他们认识了(自然界的)构造(diathésis),他们就相互理解了。"②因此要向所有人传播知识以实现和谐。对于自然的依靠,也使安提丰将人的普遍性建立在需要的共同性上:生存需要本身也使出于必然性的要求。这种观点认为人生而平等,不应该区分贵族和平民,同样也不应该区分蛮族和希腊人。自然教导人们世界主义,劝导人们超越希腊世界各个小城邦的狭隘范围,并超越其社会等级制度:

> "那些名门之后,我们尊敬他们并给他们以荣耀,但是对于那些并非名门出身的人,我们既不尊敬也不给予荣耀。这让我们同蛮族之间相互对立,然而无论是蛮族还是希腊人,从自然上将我们生来完全一样。应该关注自然现实,这对所有人都是必要的。(……)因为,我们要靠口鼻来呼吸空气,要靠双手来吃饭。"③

---

① Fr.B 62.

② Fr.B 63.这一点上我赞同文特施蒂纳:Untersteiner, *I Sofisti*, II, p. 103, note 170,文特施蒂纳认为 diathesis 一词在《真理》中具有同样的含义,就是要懂得 diakosmèsis(自然秩序)(参阅 Fr.B 24 *a*)。

③ Fr.B 44 B, col.I, 1. 35 à col.II, 1. 35.在冯济所提供的修复文本中,这段文字的开头部分成了:"……我们知道他们并尊敬他们,但是对于他们中间那些来自远方的人,我们既不知道,也不尊敬,等等"。

四、对梦的解释和对悲伤的治疗

我们前文看到,在政治分析中,安提丰认为精神就是欲望;我们还看到由压制性的法律所带来的"悲伤"(chagrin,lupè)这一概念。这个概念与一项由安提丰所开创的活动的名称有关,"驱除悲伤的艺术"(technè alupias),反过来这种艺术乃是和谐这一主题的一部分,因为 homonoia(和谐)也表示"每个个人的精神同自身的同一性"①。我们对于此项艺术知之甚少,但是我们能够推测这应该是一项已经科学化的治疗方法,这不禁让人们想起弗洛伊德的学说②。这项艺术与安提丰的圆梦术有关,亦即与对梦的解释有关。我们首先要展现一些似乎可以向我们说明安提丰对于梦的解释的残篇,然后展现他的"驱除悲伤的艺术"。

安提丰非常重视疾病的心理原因,他清楚地阐明了当代身心医学(la médecine psychosomatique)的原则:"事实上,思想控制着身体的健康和疾病。"③这意味着,生理症状具有某种含义,例如疾病可以成为借口:"疾病乃是懒人的节日。"④安提丰的心理学应该是一种动态心理学,认为人体内存在各种相互对抗的力量,人应该平衡这些力量:明智不是某种安定平和的状态,而是对反面原则的斗争——"凡是没有想到或是触及到耻辱和邪恶的,均非圣贤——因为成功没有任何阻

---

① Fr.B 44 α,Jamblique.缺乏和谐会使精神陷入"自我挣扎"(ibid.)。
② 此前杜蒙已经做过比较:Dumont J.-P.,*op.cit.*,pp. 161-162,note。
③ Fr.B 2.
④ Fr.B 57.

力,就是顺理成章的"①。最后,指出直接满足欲望的危险,这预示着弗洛伊德在快乐原则和现实原则之间作出的区分②。

而且,当谈到安提丰对梦进行解释的方法时,他与弗洛伊德之间的关系就更加紧密了③。在古希腊时代,占卜术区分为"自然占卜"(divinatio naturalis)和"人为占卜"(divinatio artificiosa)④。安提丰所采用的解释属于后一类⑤。如果梦到幸福的事情,自然占卜会认为这是神送来的好运征兆,反之亦然。对于源于技艺的占卜,用文特施蒂纳的话说是"科学的"占卜,其解释更加精细,可以把对灾难的梦解释为好的征兆,反之亦然。让我们回想一下西塞罗所提供的几个例子。一个人准备参见奥林匹亚赛会的二轮马车赛,而他梦到自己驾驶四轮马车。他去找一个自然占卜者,自然占卜者断言他会胜利;然后他去找安提丰,安提丰采用科学的解释,从梦中看到了失败的征兆:"难道你不明白会有四个人跑在你前面么?"⑥另一个参赛者梦到自己变成了雄鹰。第一个占卜者认为他是胜利者,而安提丰打击他:"笨蛋,你没看到你会失败么?因为鹰追踪并追捕其他的鸟,而鹰自身总是在最后。"⑦从这些

---

① Fr.B 59.

② Fr.B 58,fin.

③ 我们知道弗洛伊德非常重视古代的占梦病例。顺便提醒,阿特米德罗斯(Artémidore)的《揭秘梦境》(*La clef des songes*)已经有法文版:Artémidore,*La clef des songes*,trad.par A.-J.Festugière,Paris,Vrin,1975.

④ 参阅 Untersteiner,*I Sof.*,II,81。

⑤ Fr.B 79 西塞罗的证词。

⑥ Fr.B 80.

⑦ Ibid;文特施蒂纳给出了西塞罗随后的一段文字,这段文字没有出现在 DK 中,而这段文字提供了安提丰释梦的第三个案例,为一位怀孕的妇女释梦。参阅 TF,IV,pp.160–161。

例子来看,安提丰似乎认识到了弗洛伊德所谓的"梦的扭曲"和"梦的机制",他总是明确地区分梦的表面内容和梦的潜在内容。在安提丰的这种解释活动中,最重要的是追求理性,这与其同时代的占卜术大为不同。他并不是通过神灵的启示或是出神来占卜,而是像"圣人预测"①那样来占卜。

而且,安提丰不仅仅是圆梦家,无疑他还是我们今天所谓的精神病医生,试图创造一门"驱除悲伤的艺术"。对这门艺术我们知之甚少,似乎是一种心理疗法:安提丰觉得可以"用言语治疗"(Fr.A 6)那些感到悲伤的人,他这样来减轻病人的痛苦:"一次性提供[病人悲伤的]原因。"(Fr.A 6)文本证据很模糊:我们不知道所使用的具有心理治疗功效的言语是病人的或者还是医生的,因此应该是某种分析或是某种慰藉;我们也不知道心理动机的各种原因是由病人进一步指出的还是医生通过假设揭示的。如我们上文所见,既然安提丰能够区分梦的潜在内容和表面内容,可以认为证据中所说的"提供信息"应该是医生试图发现烦恼的潜在原因而积极询问的结果。而关于其中的"言语",人们倾向于将安提丰的"净化/宣泄"(catharsis)同悲剧联系起来,特别是索福克勒斯的《艾莱克特拉》(*Electre*②)联系在一起,其中克吕泰涅斯特"对一个梦感到害怕,对着升起的太阳把它讲出来;评注家认为这是古希腊的习俗,用来避免噩梦的应验"③。因此"言语"应该意味着病人的讲述。然而我们知道智者派对于论述的咒语般的

---

① Fr.A 9.
② 阿伽门农(Agamemnon)和克吕泰涅斯特的女儿。——译注
③ Louis Ménard, *Du polythéisme antique*, p. 257.

力量的信赖①,特别是安提丰对于语言的研究,使得相反的解释也是可能的。安提丰的原创性特征之一就是他想要重铸语言,他的大部分主要概念都是用他自己创造的词来表达的,主要的创造途径就是组合,例如 alupia② 就是安提丰编造的③,arrythmiston④ 似乎也是。安提丰将一些词转义使用,其词汇的这种特殊性让古希腊人很吃惊,其中很多人都指出了这一点⑤,他的同时代人因此而给他起了一个绰号"论述大师"⑥。为什么要生造新词义、重组语言? 安提丰非常注重名词的约定性,名词应该跟随现实,至少是尽可能紧密地临摹现实:

> "事实上,认为有形事物源自于名称,这是荒谬的,而且是不可能的。因为,名称乃是约定的结果,而有形事物并不是约定的结果,而是自然生长的产物。"⑦

因此,如我们前文在其政治思想中所见,安提丰想要打破约定、树立自然,同样,他想要打乱传统的语言,赋予本邦语言以更纯粹的含义,从而能够表达所要说的。这种新的语言必须能够表述自然,表达冲动,摆脱旧的模式,摆脱陈词滥调,摆脱僵死的表达方式。传统语言是大众语言,不能够明确表达痛苦和疾病的悲剧,这种悲剧在本质上乃是个体性的。因此

---

① 菲洛斯特拉托斯的证词让我们有了这种想法:因为他把安提丰的说服力量同他的精神治愈方法联系在一起(Fr.A 6)。

② 参阅前文 technè alupias,"驱除悲伤的艺术"。——译注

③ 文特施蒂纳就是如此评价:Untersteiner,TF,IV,29,note。

④ 参阅前文,"无结构"。——译注

⑤ 参阅 Fr.B 4,6,7,8,11,16,17,18,22,24 α,etc。

⑥ Fr.A 1:*logomagetros.*

⑦ Fr.B 1,fin.

"净化/宣泄"(catharsis)同诗学联结在一起,只有诗学才能够表达自然的深刻本质。

在所有的智者中,安提丰可能是最出众的。在其流传至今的残篇中弥漫着一种深刻的整体性启发,在其全部论述领域,我们都能发现奠基性的思想,具有奠基的力量。自然存在物的外形试图赋予"无结构"(arrythmiston)以表达,固定这种原初的混沌,但是它永远自由地变换其结构。法律试图限制自然的运动,但是自然的运动掀翻了法律。词语试图宣布只存在词语所规定的东西,从而限制可感实在,但是可感实在却绷断了束缚它们的词语体系,通过形成另一种语言来重铸语言。这就是自然生命、政治生命和个体生命的秘密,表面形式和内在本质间的永恒斗争①。

---

① 为了补充这一章节,可以参阅拙论:《Cosmologie et politique chez Antiphon》,dans *La parole archaïque*,PUF,1999,pp. 40–50.(译注:即附录五,请参阅)

第八章　克里底亚

一、生平及著作

克里底亚的生平向我们表明,他更大程度上是个活动家、而非理论家。他大约生于公元前 455 年,出身于贵族家庭。他想必是倾向于寡头政治,因为他的父亲是"寡头集团"的成员①;而他本人是公元前 415 年的"赫尔墨斯事件"(l'affaire des Hermès②)的主谋;因此他被关入监狱,但是在安多希德(Andocide)的帮助下获得释放③。他似乎没有卷入"寡头集团"的政府,同很多年轻的贵族一样,他的策略是参与民主游戏讨好于民众,用自己的言语力量来引导选票。因此他要求侮辱寡头制的拥护者弗里尼科(Phrynichos)④的遗体,并且他得到了阿尔西比亚德的重用⑤。文特施蒂纳认为他受到了阿

① 　参阅 Untersteiner, *I Sofisti*, t.II, p. 179。
② 　译注:公元前 415 年,雅典的赫尔墨斯神像遭到破坏,引起了公愤,这就是所谓的"赫尔墨斯事件"。
③ 　Fr.A 5.
④ 　Fr.A 7.
⑤ 　Fr.B 5.

尔西比亚德垮台的牵连,因而被放逐到塞萨利亚
(Thessalie)①。他在塞萨利亚都做了些什么呢?对此有两条
相互矛盾的见证,一条来自色诺芬,另一条来自菲洛斯特拉托
斯。按照菲洛斯特拉托斯的说法,克里底亚"使那里的寡头
制更加严重"②;色诺芬援引塞拉门尼斯的说法,认为克里底
亚在塞萨利亚"建立了民主制"③。文特施蒂纳首先假设克里
底亚同塞萨利亚的政治寡头之间存在矛盾,继而通过其性格
中的内在矛盾解释了克里底亚的这种转向④。我们认为抛弃
塞拉门尼斯的说法更为合理,既然色诺芬也没有明确复述。
事实上克里底亚曾控告塞拉门尼斯想要背叛寡头制;因此塞
拉门尼斯的论述乃是一种辩护式的论述,缺乏客观性:他想表
明是克里底亚有同情民主制的嫌疑,而并非他本人。此外,对
塞拉门尼斯的审判似乎足以表明塞拉门尼斯的指责在三十僭
主中的其他人看来是没有根据的。

公元前404年,斯巴达战胜了雅典,导致了民主制的垮
台。同其他大部分寡头派一样,克里底亚拥护斯巴达,并且起
草了著名的《斯巴达宪法》(*Constitution des Lacédémoniens*)⑤,
他重新回到雅典以建立寡头政府。实际上这个政府很快成为
一个暴政集团,亦即三十僭主集团,尽管得到斯巴达人吕桑德
(Lysandre)的支持,但是仅仅维持了几个月。克里底亚乃是
其中最疯狂的寡头,其中大部分暴行都要归罪在他的头上。

---

① *Op. cit.*, II, p. 180.
② Fr. A 1.
③ Fr. A 10.
④ *Op. cit.*, II, p. 181.
⑤ Fr. B 6 et B 32—37.

首先,如前文所述,他成功将三十僭主之一的塞拉门尼斯判处死刑,因为塞拉门尼斯提倡更为温和的政治①。然后,同卡里克利(Chariclès)和卡尔弥德(Charmide)一起,采用暴力来镇压反对寡头政体的人,酿成了真正的恐怖,卡尔·波普尔指出,这个恐怖"八个月内造成的死亡人数就比十年的伯罗奔尼撒战争还要多"②。按照菲洛斯特拉托斯的说法,他还拆除了连接雅典和比雷埃夫斯(Pirée)港口的长廊,这道长廊乃是商业民主政治及其海军实力的象征③。

但是这种大屠杀所带来的恐怖却使民主派的抵抗力量联合起来,从而增强了力量。色雷西布拉斯(Thrasybule)在阿提卡要塞(Phylé④)集结兵力并围困比雷埃夫斯。公元前403年,克里底亚在战斗中被杀死,随后寡头政权被推翻,重新建立了民主制。

对于克里底亚的著作,我们只有五十几个残篇,都是用散文体和韵文体写成,重要性不尽相同。在韵文方面,克里底亚主要著有《哀歌集》(*Élégies*)、《斯巴达宪法》(*Constitution de Lacédémone*),三部悲剧《特诺斯》(*Tennès*)、《拉达曼提斯》(*Rhadamante*)、《佩里托斯》(*Pirithoüs*),还有一部羊人剧《西西弗》(*Sisyphe*),该剧曾被误认为是欧里庇得斯的著作。

在散文方面,他关于政治论述的《叙论》(*Prologues*)、《雅典宪法》(*Constitution des Athéniens*)、《塞萨利亚宪法》(*Consti-*

①　参阅 Xénophon, *Helléniques*, II, 3, 56。

②　*La société ouverte et ses ennemis*, trad, franc., p. 157. Popper, n. 48, p. 251, 被处决的人数"接近 1500 人,占到了战争过后公民总数的 8% 左右"。

③　Fr. A 1.

④　亦即 Forteresses de l'Attique。——译注

tution des Thessaliens) 都已经遗失了，但是只有《斯巴达宪法》的一些残篇保存下来了，同那些韵文著作有很大的区别。人们将老寡头（伪色诺芬）的《雅典宪法》也归给克里底亚，但似乎只有色诺芬持有这种观点。通过这些散文体的宪法，克里底亚似乎是要准备某种类似于亚里士多德及其学园的研究活动。文特施蒂纳认为①，克里底亚开创了格言体和对话体，并用这两种体协作了《格言集》(*Aphorismes*) 和《对话集》(*Conversations*)，此外还有论文《论爱情和道德的本性》(*De la nature de l'amour ou des vertus*)。

二、人类学

克里底亚思想的关键可能在于这个残篇："好的东西真正成为好的东西，更多地是借助于操练而非本性"②，在很多评注家看来，该残篇似乎自相矛盾。因为，人们通常援引品达，认为作为贵族必然依赖于本性的美德，亦即天生的美德。然而恰好相反，在这个残篇中，克里底亚回答坚持自然教导人人平等的安提丰③说：即使人人生而平等，教养也会使他们产生巨大的差距。贵族之所以显贵正是依赖于长期而艰苦的教育培训，别人为他们提供教育，而他们自己也致力于学习。这一论题使克里底亚的思想导向了一种唯意志论，而他的认识论也确认了这一点。克里底亚在感觉和认知之间建立了严格的界限，为此他将认知的思想（γνώμη）同感知的身体欲求对

---

① *Op. cit.*, Ⅱ, p. 185.

② B 9: ἐκ μελέτης πλείους ἢ φύσεως ἀγαθοι.

③ B 44, B, col. Ⅱ.

立起来①。思想和感觉作为"一"和"多"而相互对立②。另一个残篇使我们能够将前面这个主题同克里底亚关于思想的理论联系起来：

"如果你能通过自我训练获得深刻的思想，那么你就能使它们的危害降到最低。"③〔Si toi-même tu t'entraînes afin d'être de pensée pénétrante，ainsi tu subiras de leur fait le moins de dommage.〕

这里的"使它们"（ὑπ' αὐτῶν）在这里实际上是指各种感觉，因此要通过操练变得更加坚强更加理智（gnômè），从而才能控制各种感官刺激。思想和感觉的这种区分并不意味着灵魂和身体必然区分开来，因为就像亚里士多德告诉我们的那样，在克里底亚看来灵魂本质上就是能够进行感觉的力量，而感觉的产生依赖于血液，因而灵魂就是血液④。因此，作为生命能力，灵魂同身体是不可分的。但是不足以因这种"灵魂—血液"理论而将克里底亚的人类学指责为唯物论的，因为如我们前文所见，在灵魂之上有不同于灵魂的"理智"（gnômè）存在。

文特施蒂纳认为应该将 gnômè（思想）同 tropos（τρόπος）联系起来，tropos 即为"品格"（caractère），性格乃是理智的"具体表现"⑤。因而在克里底亚的思想中，性格理论乃是人

---

①　*Aphorismes*，Fr.B 39：«...ni ce qui se perçoit par le corps，ni ce qui se conçoit par la pensée.»

②　*Conversations*，Fr.B 40：ἀντιδιαφῶν ταῖς αἰσθήσεσι τὴν γνώμην，«distinguant des sensations la pensée».

③　Fr.B 40.

④　*De an.*，A 2，405 *b* 5；Fr.A 23.

⑤　*I Sofisti*，II，p. 204.

学和政治学之间的关节点,这种性格理论可以解释为什么克里底亚狂热地崇拜斯巴达及其教育、习俗及体制。

三、政治思想

安提丰认为相对于自然的强大,法律乃是软弱无力的。克里底亚,如我们前文所见,宣扬通过主动的教育努力来克服自然的冲动,认为相对于品格(caractère),法律是脆弱的;法律,通过巧辩可以转变成任何意义,而品格,一旦形成就不能动摇。《佩里托斯》中的一段残篇很清楚地断言了这一点:

> "贵族的品格要比法律更加牢固,因为任何雄辩家也不能扭转贵族的品格,而对于法律,雄辩家通常可以随意对待,通过论述将其彻底颠覆。"①

应该要看到,此处所使用的 nomos 所指的乃是民主制的法律,通过人民投票选举的议会反复辩论而制定的法律。因此这个残篇带有某种政治色彩和论战倾向;这让我们想到了苏格拉底对于那种通过蚕豆构建出来的政府②的批评③——克里底亚遵循了苏格拉底的教导:法律的不确定性表明大众缺乏品格,见异思迁。

既然"品格"(caractère, tropos)不能被归属为群体,那么当然就是个体所特有,为优等人所有,优等人超越于法律之

---

① Fr. B 22.
② 以蚕豆作为选票,进行选举。——译注
③ Xénophon, *Mémorables*, I, 2, 9.

上，他 的 法 律 就 来 自 于 他 自 身。巴 特 伽 造 尔（A. Battegazzore①）甚 至 说："从 克 里 底 亚 嘴 里 说 出 的 这 些 诗 句 乃 是 公 元 前 403 年 政 变 的 公 开 宣 言。"②那 么 克 里 底 亚 是 要 求 人 类 回 到 所 谓 的 自 然 状 态 么？并 非 如 此，对 于 社 会 法 律 是 必 要 的③，但 是 这 种 法 律 应 该 是 由 贵 族 制 定 的 法 律，贵 族 的 坚 定 品 格 能 个 保 证 法 律 的 稳 定 性。

我们必须指出《佩里托斯》(*Pirithoüs*)中这段残篇具有"反智者"维度。克里底亚隐讳地否认高尔吉亚所推崇的观点，即认为话语具有无限的力量，克里底亚认为话语那咒语般的魅力也不能改变真正的品格，亦即没有任何东西能够改变高贵者的明确意志，品格卓越的标志就在于懂得拒绝话语。只有民众才喜欢辩论术的矫揉造作④。

《西西弗》(*Sisyphe*)中还有一段著名的文字，克里底亚用以来批评法律，其中克里底亚分析了宗教的诡计，即通过构想各种神来达到让每个人都进行自我压制的目的。这段惊人的文字似乎是在回应安提丰对于自然和法律各自价值的分析⑤。安提丰直接断言自然对于法律的优越性，因为自然的命令必须要得到遵守，而法律的命令只是约定的。克里底亚巧妙地指出，如果是这样的话，那么社会生活就根本无法实现，因为法律不能时刻监管每一个公民，而坏人们都会"暗中做坏事"⑥。因

---

① 一位意大利古典学学者。——译注
② *Op.cit.*, fasc.IV, p. 301, note.
③ 参阅 Fr.B 25, début。
④ 参阅 Fr.B 52。
⑤ Fr.B 44 A.
⑥ Fr.B 25, v. 11.

此要压制人类的僭妄(hybris)①。克里底亚认为,法律要比安提丰设想的更强大,并且能够压制自然,事实上

"谨慎而善于思考的人

让芸芸众生对诸神产生了畏惧。"②

神无所不知,在神的面前人永远是赤裸的,没有任何隐藏的可能性,正因为畏惧神,坏人才收敛他们的恶行。当然,这还不是弗洛伊德意义上的"向内投射"(introjection)概念;神话论述以某种方式将"神灵"(daimôn)置于人之外,然后再由人来听到或看到③,但是,通过恐惧情感的介入④,在克里底亚论述中,法律的内在化显得很现代。

这种立场看起来很清晰,却至少包含两个问题:宗教的地位问题和诸神发明者的身份问题。

克里底亚的文本通常被用以来阐述古代的无神论;对于神是否真的存在,克里底亚确实表现出一种彻底的怀疑论⑤。无论如何,他并没有像马克思那样将宗教彻底谴责为人民的鸦片,相反他着重指出了信神的社会必要性及其积极作用⑥。诸神是一种虚构,但是一种有用的虚构,克里底亚这种有用虚构的主题直接预示着尼采。因此宗教同时既被废黜又被宣扬,作为政治侍女,尽管没有任自身的宗教内涵,宗教还是不

① Ibid. , v. 7.

② Ibid. , v. 12−13.

③ Ibid. , v. 17−18.

④ Ibid. , v. 37.

⑤ 这一点可以同克里底亚在赫尔墨斯神像破坏事件中表现出的不信神比肩。

⑥ V. 40.

可或缺的。

但谁是诸神的发明者呢？无疑是某个智者，因为他提供"最美妙的教育"（V.25），不需要任何强加就能使人信服（V.41），"用虚假的论述掩盖真相"（V.26）；正因如此人们认为这个残篇更接近于高尔吉亚的理论①。但是历史上的这些智者是否运用他们的才智来激起或是复兴对神的信仰呢？去论如何普罗泰戈拉还是宣扬了不可知论②，而智者中最具宗教性的普罗迪科，认为诸神乃是创造者而非被杜撰出来的。因此，诸神的创造者虽然运用智者的技巧，但更大程度上是个政治家，接近于克里底亚的理想，因为他具有出色的 gnômè（理智，V.12）。

因此这个文本根本就没有自相矛盾；它似乎既为宗教辩护又反对宗教，这是因为它在人民的立场和政府的立场之间来回转换，因为智者必须让民众相信诸神存在，而让政治家绝不相信神。

克里底亚的思想并没有像人们所说的那样充满了矛盾③。其思想上的贵族偏见同其生活中拥护寡头政治的行为是相辅相成的。克里底亚宣称"男性身上最好的一面就是其女性的一面，而在女人身上正好相反，就是其男性的一面"④，诚然在如此断言的时候克里底亚似乎在宣扬对现实的某种对立视角。但是这个残篇没有明确断言"存在"在本质上的双重性；根据我们对于克里底亚的了解，这毋宁是在表示某种关

---

① J.-P.Dumont, *op.cit.*, p.212, n.3.

② Fr.B 4.

③ 例如文特施蒂纳：Untersteiner, *I Sofisti*, II, p.208.

④ Fr.B 48.

于"支配"的思想:男人支配其身上的女性特征,女人支配其身上的男性特征,这就是"好的",就如同思想支配感觉,善对恶的支配,按照克里底亚的说法,亦即寡头对人民的支配。没有张力就没有美,只是毫无美感的杂糅。当然这是关于矛盾的思想,但是一种稳定的矛盾,即矛盾双方中的一方取得胜利——这胜利,就像斯巴达人对希洛人的胜利①,必须用不断的监控来维护。

———————————

① Fr.B 37.

结　　论

　　我们前面尝试重建的这些理论,由于其多样性及其明显的原创性,我们无法用同"哲学/爱智"相对的"智者派"这个名称来将其概括为统一的思想体系。不可能将普罗泰戈拉、高尔吉亚、普罗迪科、塞拉西马柯、希庇亚斯和安提丰科学地合并在一起以形成某种智者派的本质,因为这些实际的智者们在理论上通常相互冲突。

　　智者运动的统一性完全是一种外在的统一性,以某种社会地位为线索:所有的智者都自称教育者和博学者,对客户收取报酬提供服务。从思想观点上看,智者派并非同类,那么还能将其从整体上同哲学对立起来么?还能整体上去理解它么?这种整体对立只存在于柏拉图哲学中,而且只对柏拉图哲学有效,但是柏拉图并不是一个公正的哲学史家。

　　因此,对于各个智者,同对其他所有前苏格拉底思想家一样,需要独立研究,并恢复到真正的哲学史中去。既然很多后来的哲学家都重回智者们讲述过的各种主题,我们认为,他们在思想上努力表明，不能将这些智者指责为纯属招摇撞骗，指责其制造并兜售幻象①。尽管他们的概念通常与柏拉图—亚里士多德哲学的概念不同，但是我们在他们身上看不到非理性主义。

无疑正是借助于更广泛、更包容的理性概念，现代哲学才让智者走出了他们曾经深陷其中的边缘性。亚里士多德曾经指责荷马，因为荷马说赫克托尔（Hector②）被一下击败，原因就在于"别样地思考"③。亚里士多德在 allophroneîn 中只看到了 paraphroneîn，即在别样的思想中只看到某种被异化的思想、某种无思。但是这种绝对理性的概念是希腊固有的么？荷马的例子④说明不是，荷马的思想中应该包含了智者派对理性的各种概念，不同于柏拉图—亚里士多德的理性概念，不包含无理性（dé-raison）或无思想（dé-mence）的概念。安提斯泰尼认为，不可能什么也没说，而只是说了另一些东西。即使智者们所说的不同于后苏格拉底哲学家，他们的话语也并非虚无，不会让我们走上歧途远离真理的"非存在"（Non-Etre），不是漫无目的的纠缠。希腊文华并非密不透风的整体，其中贯穿着各种对立的线索，一些文献保留下来了，一些文献遗失了，这让我们只看中某一方面，而牺牲了其他方面。因此应该纠正我们的视角，尽可能地让萦绕在那些不幸残缺著作上的细小声音重新被聆听。如此才能在对古希腊思想的阅读上重

---

① 参阅 Platon，*Sophiste*，231 *d*。

② 希腊神话中特洛伊的王子，也是特洛伊最伟大的战士。——译注

③ Ἀλλοφρονέοντα，*Mét.*，IV，5，1009 *b* 28 sq. 事实上荷马说的不是赫特，而是尤利亚勒（Euryale）（II.，XXIII，698）。

④ 德谟克利特遵循了荷马，参阅 Aristote，*De Anima*，I，2，404 *a* 29。

建一种平衡,艰苦的哲学耕耘以及现代哲学使得这种平衡的重建工作成为可能。这项工作还远未完成,对此不能盲目自大,只能说:希腊,还远着呢!

参考书目

文本及译本：

Diels, H., et Kranz, W., *Die Fragmente der Vorsokratiker*, Berlin, 1934—1938.

Freeman, K., *Ancilla to the Pre-Socratic philosophers*, Oxford, 1946.

Untersteiner, M., *Sofisti, testimonianze e frammenti*, Firenze, La Nuova Italia, 1949, 4 fasc. (texte grec et trad.ital., notes).

Gernet, L., *Discours d'Antiphon*, Paris, Belles Lettres, 1954, pp. 171–183 (les fragments d'Ant.le Sophiste sont très incomplets).

Dumont, J.-P., *Les Sophistes, fragments et témoignages*, PUF, 1969 (trad.franç.).

Kent Sprague, R., *The Older Sophists*, Columbia University Press, 1972.

Poirier, J.-L., Les Sophistes, trad. franç., dans *Les Présocratiques*, Paris, Gallimard, coll. «La Pléiade», 1988, pp. 979–1178.

研究著作：

Adorno, F., *La filosofia antica*, Milano, Feltrinelli, 1991; t.I, p. 98 sq.

Barnes, J., *The Presocratic Philosophers*, London, 1979.

Bayonas, A., L'art politique d'après Protagoras, *Revue philosophique*, 157(1967), pp. 43-58.

Beccari, *Le dottrine politiche dei Sofisti*, Torino, 1930.

Bagnole, E., *Studi sul pensiero antico*, Napoli, Loffredo, 1938.

Bollack, J., Les Sophistes, dans *Athènes au temps de Périclès*, coll, Paris, «Age d'Or et Réalités», 1963, pp. 210-229.

Canfora L., *La démocratie comme violence*, trad. franç., Paris, Desjonquères, 1989.

Cassin B., édite le collectif *Le plaisir de parler*, *études de sophistique comparée*, Paris, Ed.de Minuit, 1986.

Cassin B., édite le collectif *Positions de la sophistique*, Paris, Vrin, 1986.

Cassin B., *L'effet sophistique*, Paris, Gallimard, 1995.

Classen, J.-C, édite le collectif *Sophistik*, Darmstadt, 1979.

Croiset, A., Les nouveaux fragments d'Antiphon, *Revue des Etudes grecques*, 1917, pp. 1-19.

Decleva Caizzi, F., Le Fr. 44 DK d'Antiphon et le problème de son auteur, dans *E archaia Sophistikè*, Athena, 1984, pp. 97-107.

Decleva Caizzi, F., Ricerche su Antifonte, dans *Studi di filosofia pre-platonica*, Bibliopolis, 1985.

Decleva Caizzi, F., et Bastianini, G., «*Antipho*», *Corpus dei papiri filosofici greci e latini*, vol.I, pp. 176-222.

Dodds, E. R., *Plato*, *Gorgias*, a revised text with Intr. and com., Oxford, 1959.

Dupréel, E., *Les Sophistes. Protagoras*, *Gorgias*, *Prodicus*, *Hippias*, Neuchâtel, Ed.du Griffon, 1948.

Grote, G., *A History of Greece*, Londres, John Murray, 1869, VII,

151-204.

Guthrie, W. K. C, *The Sophists*, Cambridge Univ. Press, trad. franç. de J.-P. Cottereau, *Les Sophistes*, Paris, Payot, 1976.

Harrison, E. L., *Plato's manipulation of Thrasymachus*, Phoenix, 1967, pp. 27-39.

Hegel, *Leçons sur l'Histoire de la Philosophie*, trad. franç. de P. Garniron, Paris, Vrin, 1971, t. II, pp. 239-272.

Heinimann, F., *Nomos und Physis*, Bâle, Reinhardt, 1945.

Houcrade A., *Antiphon d'Athenes*, Bruxelles, Ousia, 2001.

Isnardi-Parente, M., Egualitarismo democratico nella sophistica ?, *Rivista critica di storia della filosofia*, XXX (1975), pp. 3-26.

Isnardi-Parente, M., *Sofistica e democrazia antica*, Firenze, Sansoni, 1977.

Jaeger, W., *Paidéia*, trad. franç. A. et S. Devyver, Paris, Gallimard, 1964, t. I, pp. 333-381.

Kerferd, G. B., *The Sophistic Movement*, Cambridge, 1981.

Kerferd, G. B., édite le collectif *The Sophists and their Legacy*, Wiesbaden Steiner, 1981.

Kerferd, G. B., *Le movement sophistique*, trad. franç., A. Tordesillas et D. Bigou, Paris, Vrin, 1999.

Lana, I., *Protagora*, Torino, 1950.

Levi, A., *Un retore semi-sofista: Trasimaco di Calcedone*, Lodi, 1940.

Levi, A., *Storia della Sofistica*, Napoli, Morano, 1966.

Luria, S., *Antiphon der Sophist*, Eos (1963), pp. 63-67.

Migliori, M., *La filosofia di Gorgia*, Milano, 1967.

Milne, M. J., *A study in Alcidamas and his relation to contemporary Sophistic*, 1924.

Momigliano, A., Prodico di Ceo e le dottrine del linguaggio da Demo-

crito ai Cinici, *R. Accad. delle Scienze di Torino*, 65 (1929 — 1930),
pp. 95–107.

Morrison, J. S., *The Truth of Antiphon*, *Phronesis*, 8 (1963),
pp. 35–49.

Narcy M., *Le philosophe et son double. Un commentaire de l'*Euthydème
de Platon, Paris, Vrin, 1984.

Pendrick G. J., *Antiphon the Sophist. The Fragments*, Cambridge University Press, 2002.

Raoss, M., La teoria di Crizia sull'anima, *Atti dell'Acc. Roveretana
degli Agiati*, Rovereto, 1957, pp. 97–130.

Roland de Renéville, J., *L'un multiple et l'attribution chez Platon et les
Sophistes*, Paris, Vrin, 1962.

Ramnoux, C, Nouvelle réhabilitation des Sophistes, *Revue de
Métaphysique et de Morale*, janvier-mars 1968.

Romeyer Dherbey, G., *Les choses mêmes. La pensée du réel chez
Aristote*, Lausanne, Ed. L'Age d'Homme, coll. «Dialectica», 1983, chap. I,
pp. 45–72.

Romeyer Dherbey, G., *Dictionnaire des Philosophes*, PUF, 2ᵉ éd., articles «Antiphon», «Hippias», «Lycophron», «Prodicos».

Romeyer Dherbey, G., *Le savoir grec*, Paris, Flammarion, 1996; article
«Protagoras», pp. 783–791.

Romeyer Dherbey, G., *La parole archaïque*, Paris, PUF, 1999.

Romeyer Dherbey, G., *Aristote thélologien et autres études de
philosophie grecque*, Paris, Les Belles Lettres, coll. «Encre Marine», 2009,
pp. 49–60.

Romilly, J. de, Gorgias et le pouvoir de la poésie, *Journal of Hellenic
Studies*, Vol. XCIII (1973), pp. 155–162.

Romilly, J. de, *Les grands Sophistes dans l'Athènes de Périclès*, Paris, de Fallois, 1988.

Rossetti, L. , Rhétorique des Sophistes. Rhétorique de Socrate, dans *E archaia Sophistikè*, Athena, 1984, pp. 137–145.

Untersteiner, M. , *I Sofisti*, seconda edizione con un Appendice su *Le origine sociali della Sofistica*, Milano, Lampugnani Nigri, 1967, 2 vol. ; trad. angl. de la 1er éd. (1948) par K. Freeman, *The Sophists*, Oxford, Blackwell, 1954.

Untersteiner, M. , *Les Sophistes*, trad. franç. , de la seconde éd. , par Alonso Tordesillas, avec une préface de G. Romeyer Dherbey, Paris, Ed. Vrin, 1993 ; 2 vol.

Vollgraff, W. , *L'oraison funèbre de Gorgias*, Leiden, 1952.

Zeppi, S. , *Protagora e la filosofia del suo tempo*, Firenze, 1961.

Zeppi, S. , *Studi sul pensiero etico-politico dei Sofisti*, Roma, 1974.

附录一

文特施蒂纳《论智者》法文版序言①

　　希望人们在此不要产生误会。阿隆索·托尔德西亚斯（Alonso Tordesillas）将文特施蒂纳关于智者的巨著翻译成法文出版，翻译得非常出色，但是他的意图并不是要重现柏拉图与智者派之间的古老争论。对于这种历史的争论，最好不去插足其中。如果两千年之后人们仍然坚持控诉智者，这种控诉同样需要进行预审。这位伟大的意大利文献学家（文特施蒂纳），他的意图是要教导我们准备这种预审，在他之前这种预审还是不可能的。他对智者派现象的研究富有科学的公正性，正是这种公正性支撑着译者完成了这项巨大的工作。

　　在柏拉图和亚里士多德之后，智者们更大程度上是被攻击、而不是被了解。攻击是很方便的：攻击可以回避反思和了解之苦。人们可能会反驳我们，有关智者派的文献方面，了解是非常困难的：文本残缺不全，而且，除了高尔吉亚以外，其他

　　① Untersteiner, M., *Les Sophistes*, trad. franç., de la seconde éd., par Alonso Tordesillas, avec une préface de G. Romeyer Dherbey, Paris, Ed. Vrin, 1993；2 vol, pp. i–ix.

人的文本都短得可怜,少得可怜。这种状况同其他的前苏格拉底文学是一样的,不都类似于古生物学的状况么？居维叶从史前动物的简单遗迹出发,顽强地重构出整体骨架:犬齿和臼齿要求有不同形状的下颚,下颚的形状又会牵连出整体的形态,要么作为捕食者,要么作为反刍动物。每个解剖元素都用严格的方式提供出整体,而人们也应该如此仁慈地看待思想,相信其具有同动物骨架一样的连续性。

重审对智者派的控诉,这并不是说要简单地站在传统判决的对立面、颠覆传统的评价、颂扬智者、牺牲柏拉图哲学。这样做有些天真,但是就算尼采也没有摆脱这种天真(可能是出于感激?),因为如果局限于反对柏拉图的主要形而上学论题,局限于用表象反对存在、用感性反对理智、用瞬间反对永恒、用论述反对存在,这仍然还是依附于柏拉图之下。一些作者甚至毫不犹豫地用卡里克里斯来反对柏拉图,用卡里克里斯论述的真诚性及其严密性反对苏格拉底论述的不诚实、诡诈、托辞。但是这种做法忘记了卡里克里斯并不是影射某个真实的智者,也不是智者派的真实代表,而是一个柏拉图本人创造出来的文学人物,在《高尔吉亚篇》的论证结构中扮演一个角色。用卡里克里斯反对柏拉图哲学,这是用柏拉图反对柏拉图自己。文特施蒂纳毫无偏见地看待了智者派的问题,使其脱离了自柏拉图学园以来的被卷入的论战。他是研究智者的历史学家,但是他本人没有任何智者风气。他重构了这些伟大个人各自的思想,这些伟大个人被他们的同时代人称为"智者",因为他们都是饱学之士;文特施蒂纳像哲学史家看待哲学家那样看待智者们,指出他们的原创性、勾勒他们各自的体系。因此有待指出是什么构成了这场被传统称为

"智者派"的运动的统一性。既然这场运动不是学说上的,那么属于这场运动的标准是纯粹外在的吗? 那么智者就应该是收取学生报酬的巡游教师——但是这个标准不能包含克里底亚,他是一个贵族,misthos(报酬)对他来说不是问题。如果我们回想一下苏格拉底,苏格拉底派,即苏格拉底的学生们,都极力想证明苏格拉底与智者派不同,但是在雅典人的眼中他却被看成是最著名的智者,那么我们的麻烦就更大得多了。尽管有很多理论上的对立,但能将智者们统一起来的似乎是他们都做了一些反思性的主题,其中主要的当然是逻各斯问题、语言问题,这些主题既是智者们的理论工具也是他们的理论对象①。当然还有其他主题,但是这里我们只限于展现智者派辩论术(la rhétorique sophistique)最突出的特征,这种辩论术既让雅典公民着迷又让其愤怒,让他们相信,他们在苏格拉底身上看到的语言艺术同在高尔吉亚身上看到的语言艺术乃是同等和同质的,一时间让人眼花缭乱。

在希腊文化中,智者们对语言的大肆研究首先被看做一种冒犯,是对传统论述的着实破坏。首先我们来列举这一时代的一些文本,这些文本反映出对语言价值的颠覆,智者派既是这种颠覆的原因也是这种颠覆的后果。

在古希腊的观念中,语言同其他东西一样,都服从于伦理;语言揭示并指明存在的东西;按照伯利克里的讲法,这正是雅典的独特特征:

"在希腊人中,对他们而言,没有什么人会认为论述

---

① 就像文特施蒂纳所指出的那样:"演说活动构成了整个智者派运动的一部分。"(Untersteiner, *infra*, chapitre IX, § 5, p. 289.)

与法律完全平等。"①

因此善于说谎的语言揭露了自身的不忠实性,并且承认非语言,不然的话就是语言将不忠实带给了事物,将虚构带给了现实。假就应该为假,真就应该为真,狡猾(sophoï)什么也改变不了。欧里庇得斯的《赫卡柏》(*Hécube*)就是这样说的:

"在人的身上
语言永远不会比事物更强大,
如果做了好事那就应该讲述好的事情,
如果相反做了坏事其论述听起来就会是假的,
非正义的事物绝不可能很好地讲述自己。"②

然而修辞学扰乱了这种秩序和法律,用阿里斯托芬(Aristophane)的话说,这是埃斯库罗斯方式与欧里庇德斯方式的冲突。在《青蛙》(*Grenouilles*)中阿里斯托芬将两位伟大的悲剧家对立起来,他发觉在欧里庇德斯的才华中有智者派的启迪③,而传统主义者阿里斯托芬毫不掩饰其对埃斯库罗斯的偏爱。这种偏爱建立在二者表达方式不同的基础上,表现为一个文字游戏:欧里庇德斯讲话 σοφῶς(充满技巧),埃斯库罗斯讲话 σαφῶς(不转弯抹角)④。为了比较二人的优点,阿里斯托芬将二者的风格对立起来:埃斯库罗斯的表达使

---

① Thucydide, *Guerre du Péloponnèse*, II, 42, 2.

② Euripide, *Héc*, v. 1164-1168.

③ 他还挖苦了欧里庇德斯在其作品《安提戈涅》中一首关于"说服"的诗,"说服"是智者派修辞的关键词:"只有话语才是'说服'的殿堂"。(Euripide, *Antigone*, v. 1393.)

④ Aristophane, *Grenouilles*, v. 1034.

用"像高塔一样庄严崇高的词汇"①;而欧里庇德斯则用"琢磨过的话语"②来指点观众。

　　道德危机通过语言学危机表现出来,也通过语言学危机变得更加严重;伴随着新修辞学也带来了词汇的颠覆,智者时代传统价值发生了震荡。柏拉图在《理想国》(VIII,560 *d-e*)中揭露了这种影响,但是他在这一点上不也只是在重复修希底德的分析吗? 我们可以依据《伯罗奔尼撒战争史》中这段文字来判断:

　　"词语的通常意义在实际中被颠覆了,与其真正的意义完全相反。愚蠢的鲁莽被称为'为了朋友的勇气',深谋远虑的持重被称为'装腔作势的胆怯',节制被称为'懦弱的借口',纯粹的小心谨慎变成了'完全的懒惰'。"③

　　因此我们可以看到,对智者派所引起的新精神的拒斥,其形式就是拒斥智者派魔幻般的修辞学;由此可知,教育成为了冲突的平台:是教育青年学习雄辩术(l'art du bien-dire),还是鼓励青年保持谨慎和沉默? 智者的学生都是口才很好的杰出演说者,而且我们可以看到在对论述的颂扬与对民主政体的偏爱之间存在着关联,因为修希底德记载,民主政治的杰出人物伯利克里表示,"我们并不认为论述会导致行动错误。"④但是那些反对民主制、反对智者派的学者则赋予教育以完全不同的价值,即懂得闭嘴,年轻人应该特别注意保持沉默(σιωπᾶν)。

---

① Ibid.,v. 1004.
② Ibid.,v. 956.
③ Thuc.III,82,4.
④ Ibid.,II,40. 2.

我们来举个例子,苏格拉底派的伊斯金尼斯(Eschine)的题为《米提亚德》(*Miltiade*)的对话中有一段文字。米提亚德是一个年轻的贵族,是在雅典传统环境中按照斯巴达理想培养出来的,某种意义上讲苏格拉底正是这些传统主义者的老师。在残篇37中,关于米提亚德写道:"因为他要成为一个年轻人,他认为他最好闭嘴而且最好比青铜雕像更加沉默。"①青年人的审慎,斯巴达式的简洁②,也是毕达哥拉斯派所珍爱的沉默原则③,阿里斯托芬颂扬这种沉默,将其与智者派学生们不知趣的饶舌对立起来:与之相反,从前学校里的年轻人"不会像现在的年轻人一样在广场上没头没尾地胡乱讲话……"④

将口才引入到教育中,这是智者们的成果;毫无疑问,对修辞学的推崇是他们共同的特点。但是问题在于:是什么样的修辞学?

用布朗肖(Maurice Blanchot)的话来说,"'说'不是'看'"⑤,"话语是对视觉的战争……'看',或许就是要忘记'说'"⑥。因此在"看"和"说"之间存在着二律悖反,视觉只能向我们提供形式的外在性,而思想的内在性是我们永远也看不到的,只有语言能够表述它。从其本质上而言,语言也是非形状的,语言与不可见者之间存在契约,必须要明白,如果

---

① 《Fragmente der Dialoge des Aischines von Sphettos》, ed. Heinrich Dittmar, in *Philologische Untersuchungen*, Berlin, 1912, p. 289.

② 参阅 Plutarque, *Vie de Lycurgue*.

③ 参阅 A.Delatte, *Etudes sur la littérature pythagoricienne*, Paris, 1915, pp. 116-117.

④ Aristophane, *Nuées*, v. 1002 sq.

⑤ M.Blanchot, *L'entretien infini*, Paris, 1969, p. 35.

⑥ Ibid, p. 40.

不从语言反映不可见性的意义上来讲,而是从这种不可见性
在明暗对比的场域之外的意义上来讲,不可见者乃是光的
缺乏。

　　然而智者派的"言说"(logos)似乎是对这种理论的彻底
否定,因为对智者派来讲,"说"乃是"绘画"。而且在智者派
诞生之前"言说"与可见性似乎也是根植于希腊之中的:形式
让事物显现并相互区分开来,就像名字将事物在语言中加以
区别和整理一样。形式和名字都是分割的力量,从对俄耳甫
斯(Orphée)的《神谱》(*Théogonie*)的一段评论中可以得出这
一结论,《神谱》记载于"德尔维尼草纸"(le papyrus de Derve-
ni),时间应该是[公元前]五世纪后半叶:

　　　　"它们[事物]之前就存在了,但是当他们相互分开
　　的时候获得了名字。"①

　　语言的最大成功就是让人看见,按照普鲁塔克的说法,修
希底德的语言就是让听众成为观众②。普鲁塔克转述了西蒙
尼特斯(Simonide)著名的格言:"西蒙尼特斯将绘画称为沉默
的诗歌,将话语称为言说的绘画。"③
　　为了将智者派的论述同绘画之间的并行关系联系的更紧
密,我们现在来看一下西塞罗的一个文本,其中将演说家的风
格同智者的风格对立起来。智者

---

　　①　Reconstruction et traduction de W.Burkert, «La genèse des choses et
des mots:le Papyrus de Derveni entre Anaxagore et Cratylc», *Les Etudes philos-
ophiques*, 1970, p. 446.
　　②　Plutarque, *Moralia:De Gloria Atheniensium*, 347 a:θεατὴν ποιῆσαι
τòν ἀκροατήν.
　　③　Ibid, 346 *f*.

　　"使用更加高雅的比喻,就像画家安排各种颜色一样安排比喻:他们将相似的东西放在一起,将相反的东西对立起来,而最终也通常犯同样的错误。"①

　　《古代绘画的历史与幻想》(*Histoire et imaginaire de la peinture ancienne*)②是阿涅丝·鲁弗莱(Agnès Rouveret)一部非常具有建设性的著作,她在其中分析了这段文本并指出其技术含义:一些修辞学形象可以在一些绘画资源中找到严格的对应物。Paria paribus referunt(将相似的东西放在一起)在绘画上就是追求色彩的渐变,对应修辞学上的排比;adversa contrariis referunt(将相反的东西对立起来)指使用明暗对比,对应修辞学上的对立命题;最后 similiter extrema définiunt(最终也通常犯同样的错误)是高尔吉亚所喜爱的一种使用相同后缀词的讽喻,其在修辞学中的作用相当于绘画中勾勒身体轮廓和末端部分的技巧,普林尼(Pline)将这些画法归功于巴尔拉修(Parrhasios)③,但是他的对手宇克西斯(Zeuxis)更喜欢用明暗对比取胜。

　　绘画自身技术的在[公元前]四世纪取得的重大进步被柏拉图及后来的亚里士多德称为 ακιαραφία。阿涅丝·鲁弗莱指出,ακιαραφία(skiagraphie,明暗对比画法)与透视法

---

　　① Cicéron, *Orator*, 65;... *verba altius transferant, eaque ita disponunt ut pictures varietatem colorum, paria paribus referunt, adversa contrariis, saepissime similiter extrema definiunt*.

　　② A. Rouvert, *Histoire et imaginaire de la peinture ancienne*, Rome, 1989, p. 37.

　　③ Pline, *Histoire naturelle*, livre XXXV, chapitre 36, § 7: "他为轮廓带来了荣誉"(*in lineis extremis palmam adeptus*)。

（scénographie）具有紧密的联系，而且她建议将这个术语翻译为"错觉背景"（décor en trompe-l'œil）、"错觉"（trompe-l'œil）①。如果智者派的论述同绘画之间存在着深刻的亲缘性，这表明智者派的论述也是一种错觉艺术；智者派面对那些容易愚弄的大众演说时，其论述的错觉修辞很成功，亚里士多德写道："大众演说的风格，总的来说就像是错觉。"②但是正是柏拉图最激烈地抨击了艺术家考虑观众角度的做法，例如画家、雕塑家和建筑师在决定线条和体积的时候考虑观众角度，这是从意见的角度去思考。柏拉图的这种谴责让我们很震惊：事实上，变形轮廓和体积来消除视觉远角所造成的变形有什么更多的合法性呢？这里不仅仅是美学与本体论发生了冲突，柏拉图所反对的乃是视角的透视法，阿涅丝·鲁弗莱将透视法与καιρός（kaïros）联系起来③。因为，视角是空间的，kaïros 是时间的——kaïros 赋予行动以延展性，就像视角赋予图形以变形——kaïros 在演讲的时候随时调整演讲以使其适应听众的反应。

柏拉图的批评应该不会触动高尔吉亚：修辞学同绘画一样就应该是错觉的，这只不过表明修辞学同绘画一样是一种艺术；修辞学所造成的幻象就像悲剧所造成的幻象一样，是一种"正当幻象"。

我们需要简单看一下智者们所特有的这种绘画式修辞学的典型方法。我们举出两个：复合词和模棱两可的表达。

亚里士多德的《修辞学》告诉我们，我们所谓的智者派专

---

①　A.Rouvert, *op.cit.*. p.37. 同时参阅 pp. 25—26。

②　Aristote, *Rhétorique*, Ⅲ, 12, 1414 *a* 8.

③　A.Rouvert, *op.cit.* , p. 38.

有的绘画式修辞学,其特点之一就是使用复合词(διπλόος ὄνομα)。我们可以借助我们前面提到的内容来理解这一特点:绘画式的散文要尽可能地消除言说(logos)的一切论述性,为此要尽力一下子说出所有东西。因此人们走向了诗意散文的理想,诗意散文可以用一瞥来阅读,是一种"话语图画"(logos-tableau)。因此阿尔基达玛(Alcidamas)将《奥德赛》定义为"人类生活的一面好镜子"①。在这里我们也发现了智者派关于 kaïros 的时间观念:在避免论述性的同时,人们也避免了论述性的条件,即绵延的时间,人们试图通过有利时机的瞬间画面(flash)一下子说出所有内容。

高尔吉亚是这种复合词表达技巧的发明者,他用 πτωχομουσοκόλαξ 表达"谄媚的乞讨艺术家"(flatteur-artiste-en-mendicité)②。他的学生阿尔基达玛也采用这种技巧,谈到"当目光变为火色(πυρίχρων,复合词)的时候,灵魂充满了愤怒"③;还有"海上深蓝色(κυανόχρων,复合词)的路面"④。

高尔吉亚的另一个学生吕科弗隆不仅继承使用复合词,而且似乎将其理论化,对我们而言这是难能可贵的。亚里士多德为我们提供了吕科弗隆这种风格研究的三个例子:"多面天空"(πολυπρόσωπον)、"至高大地"(μεγαλοκορύφου)和"陡峭悬崖"(στενοπόρον)⑤。而《物理学》中的一段文本让我们可以在使用复合词和拒斥 logos 之间建立起联系,logos 被视为论述性,logos 用系词将名词联结起来而不是并列呈现

① Aristote, *Rhétorique*, III, 3, 1406 h 12.
② Fr. B 15 DK; cité en *Rhétorique*, III, 3, 1405 h 38.
③ Ibid., III, 3, 1406 *a* 1.
④ Ibid., III, 3, 1406 *a* 4.
⑤ Fr. B 5 DK; cités en *Rhétorique*, III, 3, 1405 *b* 36-37.

出来,简言之,logos 会产生逻辑。亚里士多德在《物理学》中写道:

> "最近一些前辈,他们也付出很多努力来避免混淆事物的单复数。正因如此,一些人取消了动词'是',例如吕科弗隆;另一些人调整表达,说这个人人并非'是白色的'(est blanc,λευκός ἐστιν),而是'发白'(a blanchi,λελεύκωται),并非'他是在走'(il est en marche,βαδίζων ἐστιν),而是'他走'(il marche,βαδίζει)。"①

这段文本不仅告诉我们吕科弗隆修辞学的特点,而且告诉我们吕科弗隆对后来成为西方形而上学的逻辑和本体论的东西的拒斥。这种拒斥早于智者派,因为有位思想家在其简练的格言中就经常取消动词"是",这位思想家就是赫拉克利特,亚里士多德也提到了他,就在我们上面引述的这段文字之前②。赫拉克利特通过其对立统一的主题为普罗泰戈拉肯定对立命题打下了基础;通过关于现实的模棱两可的观念,他开启了智者派的一条研究道路,因而在《形而上学》的 Γ 卷中,亚里士多德将普罗泰戈拉和赫拉克利特各自理论的命运联系在一起,此时亚里士多德正在尝试建立非矛盾原则,这是逻辑的主要原则,也是本体论的主要原则,因为它关系到后来所谓的同一性原则。

如果说吕科弗隆质疑动词"是"的使用,这是因为当人们将赫拉克利特的思想引入到逻辑命题的形式中时,赫拉克利

---

① *Physique*,I,2,185 *b* 25 sqq.,trad. Carteron.
② Ibid.,I,2,185 *b* 20.

特的思想并不是荒谬的。相反,在吕科弗隆看来,当逻辑将谓语归属为某个主体时,逻辑本身却陷入到矛盾中;因为如果我说"这个人是白色的"或"这个人是有学问的",主体同时既是单数又是负数①。因此应该抛弃谓词逻辑、抛弃命题的论述,采用复合名词的修辞方式,现代写作又重新创造了这种修辞方式,称为"混成词"(mots-valises)。

这种修辞学选择表达了一种理论选择,我们从中可以看到对后来关于本质的形而上学的拒斥,亦即对偶然规定性下保持不变的东西的拒斥,对持续存在的东西的拒斥。当矛盾一方取代另一方时,在亚里士多德看来,本质乃是支持矛盾双方在时间过程中更替的第三个项。因此逻辑命题准确地表达了物质主体与其各种性质之间的本体论结构;抛弃逻辑命题,就是同时抛弃后来关于深层内容(ὑποκείμενον)的形而上学。

因此我们看到,在吕科弗隆那里,面对的是一个流逝的性质世界,这个世界不存在本质硬核,因而在这个世界里各种力量形成一个涡旋,这个涡旋带动各种流变的形状与之一起分合纠缠。吕科弗隆谴责对贵族的迷信,从中我们可以看到这种避免动词"是"的例子:"高贵之美不可见,其权威无非话语。"②

智者派的绘画式修辞的另一个技巧是模棱两可的表达,亚里士多德将其归类到 γλῶτται 中,即"非惯用语"或"外来语"③。他还是举了一个吕科弗隆的例子,吕科弗隆将薛西斯

---

① Ibid., I, 2, 185 *b* 32–33.

② Fr.B 4 DK: εὐγενείας μὲν οὖν ἀφανὲς τὸ κάλλος ἐν λόγωι δὲ τὸ σεμνόν.

③ 参阅 *Rhétorique*, III, 10, 1410 *b* 12: "γλῶτται 是我们不认识的词,而惯用词相反,是我们认识的"。

称为 πελωρον ἄνδρα[①]，即"首脑人物"。事实上 πελωρον 表示"非常巨大"，但是这里面包含一个文字游戏，人们可以将这个表达作两种解释：人像头一样大，或者是头像个伟人。下面这个例子更为直接：Σκίρων σίνις ἀνήρ[②]。σκίρων 既是一个传说中的强盗，被忒修斯(Thésée)所杀，同时又表示在柯林斯地峡吹拂着斯喀戎之石的强劲西北风。同样 σίνις 也是双重含义：既表示一个有名的强盗[③]，又表示"抢劫者"、"破坏者"。所以这个表达有两个开端，σκίρων 和 σίνις 两个专有名词循环，可以表示出两种意思：可以是"斯喀戎，抢劫之人"，也可以是"西尼斯，暴风雨般的人"。

此外，我们还看到对线性、对论述链条的回避：绘画式的写作并列或堆砌意义，就像画家涂抹颜料一样。散文的意义像星光一样忽明忽暗而且会发生变化，会依据读者的目的、依据当时的文化而发生变化，这就是散文的 kaïros。

作为总结，我们可以思考：为什么选择绘画作为修辞学的榜样呢？可能是因为视觉效果更为强烈；正因如此绘画式修辞学最具有心理教育作用。因此高尔吉亚在《海伦颂》中指出，当目光触到那些青铜和铁质的武器时，"它震荡灵魂"[④]，即使没有危险，也甚至会恐怖到让人想逃走。如果语言是一位伟大的领主，它的能力不仅能够震撼耳朵，也应该能够震撼眼睛。

绘画式修辞源于对视觉的夸张，它当然并不是属于智者

---

① Ibid.,*III*.3,1406 *a* 7.

② *Loc.cit.*

③ 参阅 Xénophon,*Mémorables*,II,1,14。

④ § 16.

派家族的唯一共同特征。文特施蒂纳并没有指出这一点，但是却指出了其他特点，这些特点将会冲击很多固有观点：

> "说智者们忽视了自然问题，这并不完全准确……智者们都赞同一种具体的、反观念论研究方法……"①

当然，他还不乏对后继研究者的启发，阿隆索·托尔德西亚斯的工作无疑会为这些后继研究者以重大的推动力量。

---

① Cf.*infra*, Avant-propos, p. 14.

附录二

柏拉图对智者的批判[①]
——《高尔吉亚篇》中的政治内涵

柏拉图激烈反对智者的原因有很多,其中最主要的当然是因为哲学性质上的差异。柏拉图哲学总体上是一种政治哲学,或者说本质上是一种政治哲学,从这种角度来看,柏拉图对于智者的批评同样具有某种政治维度,这主要体现在《高尔吉亚篇》中。在这篇对话中柏拉图实质上将对智者派的指责同对雅典民主制的指责结合起来,柏拉图在辩论术中看到了智者教育的主要内容[②],而在这种直接民主的体制下,辩论术成了统治者最主要的武器[③]。苏格拉底说,智者眼中最理想的生活就是"做一个对人民演说、传授辩论术、像你们现在这样来从事政治的人"[④]。因此这篇对话的题目为《高尔吉亚

① Romeyer Dherbey, G., *La parole archaïque*, Paris, PUF, 1999, pp. 137-149.

② «Sophiste et rhéteur, c'est pareil» ; *Gorgias*, 520 a.

③ 关于修辞学与民主制之间的关系,参阅 De Magalhães-Vilhena, *Socrate et la légende platonicienne*, pp. 125-127。

④ *Gorgias*, 500 c ; trad.Croiset, Les Belles-Lettres.

篇或论修辞学》。如果说柏拉图的主要目的医治城邦的话，他就要从医治语言入手，因为在雅典的民主制中要依靠辩论方可获取权力，城邦患的乃是论述之病，在雅典人的话语中有很多腐朽的东西。城邦的改革需要语言的变革，要复兴城邦就要摧毁智者派。这种主题并非《高尔吉亚篇》所独有，例如我们也可以在《理想国》中找到："这些贪财之徒，人们将其称为智者派，[……] 只是把人们在集会上讲过的话拿来传授。"①

通观《高尔吉亚篇》全文，我们会注意到很多章节中对于智者派的指责同对于民主制的指责是联系在一起的。但是在此之前我们要弄清楚柏拉图在这篇对话中所要表的意义，在这篇对话表演中，卡里克里斯这个人物，作为苏格拉底的对手，扮演了主要角色。

尽管很多人都认为他是一个关键人物，历史上没有留下任何关于卡里克里斯的任何记载，而且评注家们对于卡里克里斯这个冒名顶替者究竟是在模仿什么人而各持己见。因此卡里克里斯是一个很多真实人物的大杂烩，这不就表明卡里克里斯是一个虚构人物么？在我们看来，这是最有可能的假设，但真正的问题不在这里。事实上，必须要注意到，在这篇对话中，卡里克里斯本人并不是某个智者，也不像波卢斯(Polos)那样是某个智者的学生，卡里克里斯是很多智者的学生，他的那些见解并非复制智者们真正支持的那些观点，只不过是柏拉图眼中智者思想的灾难性后果。

对于卡里克里斯的政治观点，有很多相互对立的观点。

---

① VI,493 *a*;trad.Chambry,Les Belles-Lettres.

例如在古瑟里看来①,卡里克里斯应该是贵族出身,属于寡头派,他的政治抱负、飞扬跋扈的性格②、他的文化、他对品达的引用、对于贵族价值的称赞③,都可以证明这一点。其他评注家则完全相反,认为卡里克里斯是民主制的捍卫者④。因为苏格拉底将其称为"来自亚提加半岛的卡里克里斯"(495 d),如果他是贵族的话,就会用其父亲的名字来标识,而不会用其家乡的名字来标识。从另外一方面讲,卡里克里斯的政治态度向我们表明他是接受民主制度的:苏格拉底使用Dèmos 一词评价卡里克里斯,宣称他既爱雅典民众(Dèmos athénien),也爱慕披里兰佩(Pyrilampe)⑤的儿子、名叫德莫斯(Dèmos)的年轻人。

　　这两种对立的理解都有其真实的部分,因为卡里克里斯这个人物是模糊的,只要将卡里克里斯所扮演的角色放到柏拉图论述结构的背景下来解释,这两种对立的理解就可以很好地统一起来。卡里克里斯是否出身贵族并不重要,他属于上层社会,从他身边朋友的名字就可以看出来:泰散德罗斯(Teisandros)、安德隆(Andron)、那乌斯克戴斯(Nausikydès),这些都属于雅典的金色青年(纨绔子弟)⑥。关于他的教育,他遵循着智者们的教导,智者们培训他参加现实的政治生活,

---

① *Les sophistes*;trad.fr.,Paris,Payot,1976,p. 110.

② 参阅他对小人物的蔑视:*Gorgias*,512 *c*.

③ Ibid.,484 *b*.

④ Lambo(cité par E.R.Dodds,*Plato*,*Gorgias*,*a revised text*,*with Introduction and Commentary*,Oxford,Clarendon Press,1959,p. 482),Levi(suivi par M.Untersteiner,*I Sofisti*,2e ed.,Lampugnaini Nigri,Milan,1967,t.II,p. 200 et 221).

⑤ 481 *d*.披里兰佩是伯利克里的朋友,因此是民主制的拥护者。

⑥ 就像多德(Dodd)所指出的那样:Dodd,*op.cit.*,p. 482

亦即参加民主政治。因而,在对话中,苏格拉底试图将他吸引到自己身边,这完全符合历史上真实的苏格拉底的观念①。因此,我们可以说,卡里克里斯乃是柏拉图的虚构孪生兄弟,既然柏拉图已经选择了苏格拉底派,选择了将政治建立在知识基础上之前的哲学反思,选择了批评民主制,那么卡里克里斯则做了最糟糕的选择:加入了批评法律(nomos),偏爱自然(physis)的安提丰和希庇亚斯一派。尽管看不起民众,卡里克里斯还是选择投身到民主体制中、参加民主游戏,用辩论术武装自己,他希望通过说服大众而获取权力。我们知道很多雅典的名门之后都有类似的打算并且成为了人民政府的政治领袖。卡里克里斯有一段著名的论述,其中卡里克里斯认为最强的法律就是符合最大多数人利益的法律(482 *c* sq.),并且指出,当人们为暴力辩护的时候人们就有可能违背了正义,这一论述某种程度上代表了僭主的信条(credo),但是我们要注意,如果将这一惊人的论述放在柏拉图在《理想国》第八卷中所描述的政权更迭的背景下来理解(546 sq.),这一论述就变得很清楚了。我们知道,依据这种政治"法律",僭主专制必然出自民主政体的腐败,而腐败本身是不可避免的,因为民主制的特征就是过分热爱自由。卡里克里斯用悲剧的方式阐明了政权更迭规律所说明的观念内容;在柏拉图看来,卡里克里斯证明了民主制乃是僭主专制的温床;卡里克里斯正处于民主制腐败、僭主专制孕育的关节点上。苏格拉底断言,民主制的辩论术是谄媚的,民主制的政治是蛊惑人心的:"在人民

---

① 例如可以参阅 A.D.Winspear et T.Silverberg, *Who was Socrates*? The Gordon Compagny, Rahway, New Jersey, Etats-Unis, 1939.

议会上,如果雅典人民的观点和你所表达的观点不同,那就改变意见说他们想听的吧。"①因此寓意是很清楚的,智者派同民主制是联系在一起的,就像民主制孕育了僭主专制,就像高尔吉亚培养了卡里克里斯。柏拉图总是使用这种结构,例如《斐多篇》中也是如此。在柏拉图说明各种灵魂依据各自取得的神圣性而转世的末世神话中,柏拉图依次区分了九个等级:第一等级转世为哲学家,第二等级转世为正直的国王,如此等等。第七等级会转世为农民或者是工匠,第八等级是一个让我们很感兴趣的过渡,会转世成"智者或人民的谄媚者"②,紧随其后的是第九等级,转世为"专制者"③。此处的相继关系同时也是一种因果关系:民主制产生了僭主专制;道德腐败和政治腐败形影不离。

从柏拉图角度来看,同智者派和民主制论战的意图是很明显的,智者派和民主制同很多僭主没什么差别,但是今天我们感受不到这种意图,因为"tyran"这个词现在是"专制"(despote)的近义词,表示建立在个人绝对权力、独裁和暴力基础上的政府。但是耶格尔指出,历史上希腊的那些僭主并非都是专制者:佩里安德(Périandre)就被认为是古希腊七贤之一④,但是柏拉图在《普罗泰戈拉篇》中给出的七贤名单,修改了原来的确切名单,为了回避佩里安德的名字,用密松(Myson)⑤取

---

① 484 e.关于修辞学与僭主制之间的联系,参阅 466 b c。

② 248 e:σοφιστικός ἢ δημοκοπικός

③ Ibid.:τυραννικός

④ Paidéia,trad.fr.,I,p. 271.

⑤ 关于这个问题请参阅 H.Kesters,*Antisthène. De la dialectique*(*Sur le XXVIe Discours de Thémistius*),Louvain,1935,p. 103。

而代之,这非常能够说明问题。亚里士多德①也将庇斯特拉特斯(Pisistrate)说成是人民的朋友,他的统治"更大程度上是政治的而非专制的"②,在其死去很久之后,他的"僭主统治"被称为"黄金时代"③。僭主政治的特征之一就是它为精神和艺术生活的所带来的巨大飞跃,他们积极支持文化和艺术,吸引大量诗人到宫廷中来,鼓励音乐的发展,耶格尔告诉我们,这种现象很普遍,"波利克拉特斯(Ploycratès)在萨摩斯岛(Samos),庇斯特拉特斯的后代们在雅典,佩里安德在柯林斯岛,以及希伦(Hiéron)在叙拉古(Syracuse)"④都是如此。我们知道庇斯特拉特斯的后代们因为将荷马的诗歌写成文本而载入史册,之前这些诗歌只是口头流传的。

这些僭主究竟是什么人呢?总体来讲是一些贵族,同人民结盟攫取权力,同时将其他贵族家族排斥在权力之外,正因如此,耶格尔指出,僭主"成了那些失势的贵族们眼中可怕的东西"⑤。因此,卡里克里斯这个人物的背景就是这样的,名

---

① 总体上来讲,对于僭主制,亚里士多德远没有柏拉图那么严厉,而且更关注历史客观性。因此亚里士多德批评柏拉图关于政权循环更迭的理论不符合历史实际,参阅 Aristote, *Politique*, v, 1313 *a* 22 sq。

② Aristote, *Constitution d'Athènes*, chap. 16, 2;这段文字被耶格尔引用 Jaeger, *op.cit.*, p. 564, n. 12。

③ Aristote, *Constitution d'Athènes*, 16, 7.

④ Jaeger, *op.cit.*, p. 274.

⑤ Ibid., p. 271;同时参阅 p. 272.我们只能提供耶格尔的众多分析中的少量观点,要了解耶格尔的分析,需要阅读整章内容。关于"僭主制",芬利(M.I.Finley)和莫塞(Claude Mossé)也持同样的立场:M.I.Finley, *Les premiers temps de la Grèce*, trad. fr., Paris, Flammarion, p. 126 sq.; Claude Mossé, *La Grèce archaïque, d'Homère à Eschyle*, Le Seuil, 1984, coll. «Points», p. 130-151.关于这一点,梅纳尔于 19 世纪就在其著作中表明了这种意图: Louis Ménard, *Histoire des Grecs*, Paris, 1893, t.I, p. 299.

声显赫又有雄心壮志的年轻人,依靠于各个民众阶层,用自己语言的魅力吸引民众,从而获得权力并成为所谓的僭主,同时剥夺贵族家族的一切政治角色。卡里克里斯对品达的引用可以得到合理的解释,尽管品达拥护贵族制,但是文特施蒂纳告诉我们,"品达在其同胞的普遍观点中一度曾是僭主们的朋友"①。

从我们目前的观点来看,柏拉图理论对于政权更迭的解释乃是论战式的而并非史实性的:柏拉图认为僭主制不会演变成民主制,而会演变成贵族制,在这一点上柏拉图篡改了历史;在雅典,是僭主制演变成了民主制,而并非相反,耶格尔指出:"在贵族统治期和人民统治期中间有一个过渡期,这就是僭主统治。"②在柏拉图看来,卡里克里斯愿意同民主政权勾结,其目的一定是要实现僭主制,并且僭主制被理解为专制主义。但是苏格拉底警告卡里克里斯,这样做所需要付出的代价远比其想象的还要高:要想能够服务于民众,就要变得完全像民众一样,卡里克里斯精英主义的灵魂恐怕还没有为此做好准备:"如果你认为在城邦中只要你同他们不像,无论是好的方面不像还是坏的方面不像,人们就永远无法教会你如何成长,那么卡里克里斯,我确信你搞错了;如果你准备同雅典民众(Dèmos)结下真诚而坚固的友谊,不能通过模仿与他们相像,必须要从本性上同他们相像,同理,要同披里兰佩的儿子德莫斯(Dèmos)结下真诚而坚固的友谊,就要通过宙斯!

---

① *Op.cit.*, II, p. 259:《a un tempo, fu giudicato dall'opinione pubblica dei suoi concittadini un amico dei tiranni》.同时参阅莫塞,他指出品达赞扬叙拉古的僭主希伦:Claude Mossé, *op.cit.*, p. 151.

② *Op.cit.*, p. 267.

因此只有懂得如何让你同他们完全一样才能像你希望的那样使你成为一个政治家和演说家。因为能让他们所有人高兴的，就是在你的论述中找到他们自己的思想，任何异样的思想都会让他们恼火。"①

这种整体背景最终可以得到正确的把握，不仅有很多论据，而且《高尔吉亚篇》中也给出许多暗示，下面我们就来梳理几条。

辩论术(修辞学)同哲学是对立的，二者听众的广泛程度足以实际彰显这种对立：哲学之传授给少部分人(485 d)，辩论术则蛊惑多数人(452 e)。这种多数是公众审判大会上法官的多数，是元老院中议员的多数，是民众大会中民众的多数。这些多数人是无知的，柏拉图用一个贬义词来表示他们：ochlos，即群氓②。柏拉图所谴责的群众是非理性的，柏拉图将他们比作为一群幼稚的人，苏格拉底预言道："我将会被判刑，这就好像医生被厨师告上一群孩子们组成的法庭必然会被判刑那样。"③在《理想国》中，柏拉图更加严厉，将民众比作"一头又大又壮的野兽"④。因此，既然智者派是诡辩的，既然辩论术的目的乃是影响大众，那么智者派本质上就是同民主制政体联系在一起的。

另一方面，苏格拉底激烈攻击雅典一些政治上的大人物：地米斯托克利(Thémistocle)、西蒙(Cimon)、米提亚德和伯利

---

① *Gorgias*, 513 *a c*; trad.Croiset, Les Belles-Lettres.
② 459 *a*.道滋特别指出这种含义并将其翻译为"mob"（群氓）：Dodds, *op.cit.*, p.205.同时参阅 209 页对 455 d sq.的评论及 215 页对 458 e sq.的评论。
③ 521 *e*; trad.Croiset, Les Belles-Lettres; voir aussi 464 *e*.
④ VI,493 *b c*.

克里（Périclès）（515 d）。特别是对伯利克里，作为民主制的头号人物，充满了恶意：苏格拉底指责他让雅典人变得懒惰且懦弱、饶舌且贪婪，而这些都是因为建立了"津贴"（misthos）制度。Misthos 是政府发给所有出席审判大会的公民的生活补贴；后来也发放给所有出席民众大会的公民（Ecclèsia）。这是一项非常民主的措施，因为贫穷的公民必须要劳动以维持生计，不可能舍弃一天的劳作去参加民众大会，而缺席了民众大会，他们就不能进行参与和投票，在这种直接民主制下必须要亲自出席才能参与和投票。寡头派非常难以忍受"津贴"这项措施，他们指责这行措施让民众在困难面前免得懦弱：对金钱和政治饶舌的热爱取代了对劳动的热爱。这种指责明显具有党派偏见，就像卡里克里斯随即为民主制的领袖辩护时所强调的那样，他惊呼道："苏格拉底，你这都是听那些长着招风耳的人说的吧！"①道滋（Dodds）向我们指出这种模糊的暗示背后所隐藏的东西②：寡头派非常崇拜斯巴达政权，尽力模仿拉塞德蒙（斯巴达）的风俗，开展军事训练，特别是拳击或古希腊搏击（pancrace），这些训练使得他们的耳朵很招风。卡里克里斯的这种表达意味着苏格拉底对民主派的伯利克里进行了某种批评，拥护寡头派。

关于伯利克里还有另一条意义相似的暗示。苏格拉底指责伯利克里同其他民主制领袖一样，"对港口城市保护太多了，大批的武器，大量的围墙……"③这种指责在现代人看起

① 515 c.《普罗泰戈拉篇》中也有类似的暗示：*Protagoras*，342 b.

② *Op.cit.*，357.

③ 519 a；trad.Croiset, Les Belles-Lettres.参阅《阿尔西比亚德篇》中对长廊及海军基地的同样谴责：*Alcibiade*，134 b.

来很奇怪,但是要知道,所指的围墙是连接雅典和比雷埃夫斯(Pirée)港口的长廊 ①。寡头派和民主派对于修筑这些要塞的时机 激烈的争论,寡头派希望毁掉民主派所建的这些要塞。事实上,长廊保证内城邦及其港口之间的沟通,而且,比雷埃夫斯港口,其商业船队及护航舰队,代表着雅典的商业和金钱利益。因而,在雅典,货币的流通、对外商贸网络同民主派是紧密联系在一起的,而源自于商业的财富同寡头派依赖土地而攫取的财富是对立的。

卡尔·波普尔很有力地阐明了长廊问题所代表的政治关键及其与柏拉图政治学中的寡头派倾向之间的关系②。在《控告阿格拉特斯》(*Contre Agoratos*)中,演说家吕西亚斯(Lysias)指出,征服雅典的斯巴达人的第一项决定,当然是由三十僭主政权(柏拉图的亲戚克里底亚(并非智者克里底亚)是其中非常有影响的成员之一)代表其作出的决定,就是拆毁长廊③。另外,在《法律篇》中,柏拉图将玛涅特港口(Magnètes)及相关要塞从城邦中排除,借口是商业败坏道德④,而且高墙会让人丧失勇气⑤。亚里士多德认为这样的建议不切实际⑥,同时揭露了其背后的动机,因为在《政治学》中亚里士多德强调了在雅典其城邦和港口之间的政治分歧:

---

① 我们要注意,在对话的开篇处 455 *e*,高尔吉亚与苏格拉底相反,对地米斯托克利和伯利克里作出构筑长廊的决定表示祝贺。

② *The open Society and its enemies*, vol. I: *The Spell of Plato*, Londres, Routlege and Sons, 1945, p. 155 sq. Trad. fr. *La société ouverte et ses ennemis*, I, *L'ascendant de Platon*, Paris, Le Seuil, 1979, p. 145 sq.

③ *Discours*, XIII, 8, 12, 14~16, 34 et 46.

④ IV, 705 *a* sq.

⑤ VI, 778 *d* sq.

⑥ *Polit.*, 1265 *a* 20 sq.

"在雅典也同样,居民并非完全一致,比雷埃夫斯的居民比城市居民更富有民主精神。"①在《高尔吉亚篇》中唯一博得好感的政治人物就是阿里斯提德(Aristide)②,而这个阿里斯提德在那些保守者的口中也被称为"正义者阿里斯提德",是传统道德和贵族政治的化身③。

　　我们现在来看一下最后一个例子。苏格拉底对卡里克里斯有一段著名的谴责:"你认为要包容大多数,事实上,'你忽视了几何学'④",当他这样讲的时候,并非像波普尔所认为的那样是在给讲授民主制的平均主义。事实上,波普尔写道:"在《高尔吉亚篇》中平均主义已经占据了非常重要的分量,其中甚至可以看到对平均主义的辩护。"⑤由此他在苏格拉底的传奇上增加了一种新的延伸,使其成为一个"民主典范"⑥,而他最出色的学生背叛了他的思想⑦。在波普尔看来,色诺芬等人所反映出的苏格拉底对于民主政权的恶毒批评,不过是"民主对民主的批评"⑧。但是,如此解读《高尔吉亚篇》明显与《理想国》相冲突,波普尔本人也承认这一点⑨。这有什么难的!可以设想从《高尔吉亚篇》到《理想国》,苏格拉底对

---

①　1303 *b* 11 , trad. J. Tricot.

②　526 *b*.

③　关于这个问题请参阅 H. Kesters, *op. cit.*, 143 – 144, et J. Humbert, *Socrate et les petits socratiques*, Paris, PUF, 1967; p. 206。

④　508 a : γεωμετρίας γάρ άμελεῖς

⑤　*Op. cit.*, p. 85 de la trad. fr.

⑥　Ibid., p. 109; voir aussi p. 158.

⑦　柏拉图"背叛了他的老师"(«trahit son maître», p. 159.)。"他内心中知道自己背叛了自己的老师"(«Secrètement, il(Platon) savait qu'il trahissait la pensée de son maître», p. 160.)。

⑧　Ibid., p. 155.

⑨　Ibid., p. 93.

于柏拉图的真实影响逐步降低了①。在此我们不想讨论波普尔对柏拉图政治思想所提出的全部论题，只是就我们正在分析的这一点上，波普尔的浪漫主义情结似乎超过了历史意义：面对一个集权主义的柏拉图，他树立起一个平均主义的苏格拉底。事实上，尽管社会出身卑微，苏格拉底却是雅典民主政治的坚决反对者。波普尔在其证明过程中，为了证实自己的论题，认为苏格拉底最忠诚的学生不是柏拉图，而是安提斯泰尼②——这有可能是真的，但是有理由表明同波普尔所讲的完全相反。因为安提斯泰尼，远非民主制的狂热拥护者，而是其强烈反对者，就像其许多残篇所确凿地表明的那样③。因此，当苏格拉底指责卡里克里斯忽视了几何学时，他并不是指责后者忽视了民主派所宣扬的平等，在他看来民主派所宣扬的平等不过是一种应受谴责的平均主义，他是在谴责后者忽视了"几何平等"（égalité géométrique）④，这是一种特殊的平等，这个概念是毕达哥拉斯派所定义的，具有十分具体的政治含义。

事实上，毕达哥拉斯派区分了两种平等：一种是简单的平等，亦称"算数平等"（égalité arithmétique）；另一种是比例平等，亦称"几何平等"。然而就像亚里士多德所指出的那样，这种数学上的区分被应用于思考分配公平的问题，而且成为了政治斗争的核心。算数平等，向所有公民都分配相同的份

---

① Ibid., p. 64.

② Ibid., p. 159.

③ 参阅 Fernanda Decleva Caizzi, *Antisthenis Fragmenta*, Istituto Editoriale Cisalpino, Varese-Milan, 1966; fgt 43, 100, 102, 103, 104, 169, 195。

④ 508 *a*: ἡσότης ἡγεωμετρικὴ.

额,这是民主派所要求的平等形式;而几何平等,向公民分配同其价值、贡献和地位相应的份额,这是寡头派所宣扬的平等。毕达哥拉斯派之所以创造这个概念是为了反对希隆(Cyron)的平等主张,希隆当时想要在克罗托内(Crotone)建立民主制。事实上,毕达哥拉斯派不仅是学术团体和宗教团体,在政治上是拥护寡头统治的,在大希腊化时代,毕达哥拉斯派的这种规定在政治上发挥着最重要的角色,是保守派和寡头派的政治灵感。毕达哥拉斯派认为数字 4 是正义的数字,德拉特(A. Delatte)在一本重要著作①中指出这一断言的真实含义。通常被错误地解释为四个点构成一个正方形,而正方形的每条边都是等长的。真正的解释更为复杂,是由亚纳多留斯(Anatolius)提供的:只有边长为 4 的正方形,其周长和面积相等;边长为 3 的正方形,周长大于面积;边长为 5 的正方形,周长小于面积。周长等于面积则为公平(正义),周长和面积不等则为不公平(非正义)。德拉特总结道:"在我看来,这一理论是毕达哥拉斯派用来反对政治权利平等的论战的痕迹。"②

　　苏格拉底批评卡里克里斯忽视了几何,亦即几何平均,并不是用民主的平均主义来批判卡里克里斯渴望更多的这种欲望,亦即他的"贪婪",之所以批评他是因为按照几何平均,卡里克里斯所渴望的超过了他应得的。总体来讲,他渴望更多,但是他希望通过暴力来获得,而不是通过合理衡量过的功绩

---

　　①　*Essai sur la politique pythagoricienne*, Paris, 1922, p. 82, n. 3,另外作者还将《高尔吉亚篇》中苏格拉底与卡里克里斯的对话同阿特纳奥斯所记载的阿契塔(Archytas)与波利亚克(Polyarque)之间对话进行比较:XII, 545 *a* sq.

　　②　*Op. cit.*, p. 67.

来获得。柏拉图认为这种"渴望更多"中的"更多"有点"多",这就是这种"更多"缺乏理性的考察,因此是一种不确定的"更多",是一种可以无限增长的"无定"(apeïron,阿那克西曼德用语),就像对快乐的渴望。正因如此,在柏拉图看来,权力意志直接蕴含着无限制的享乐主义。相反,"应得"乃是对应于公民的价值,虽会有多少之分,但是取决于这种价值,因此是可确定的、理性的。因此我们可以看到,几何平均就是亚里士多德对于民主政治的平等秩序的回答①。

对于卡里克里斯这个谜一般的人物的正确解读以及这些例子,向我们表明,在《高尔吉亚篇》中柏拉图将对智者派的批评同对民主制的批评混合起来,在他看来民主制必然会导致僭主制。由此我们可以总结出,柏拉图对于智者的哲学控诉受到其政治变革意图及其对雅典民主制的谴责的影响。论战的意图,或者说是论战的冲动,表现在柏拉图让卡里克里斯为使用暴力和享乐主义辩护,而这些是智者们从没有宣扬过的,但是在他看来,这些是安提丰及希庇亚斯夸大"自然"(physis)概念的灾难性后果。然而,对于这两位思想家的残篇的研究表明,他们通过质疑法律、提倡自然所获得的结论同柏拉图在《高尔吉亚篇》中借卡里克里斯之口所得出的结论乃是截然相反的②。

----

① 参阅 Dodds,*op.cit.*,pp. 338-339。他指出在《法律篇》中柏拉图的立场有细微变化,接受一定量的算术平均,但只是"为了消除公众的不满",而且限于"尽可能地少用"。(VI,757 *e*,trad. Des places, Les Belles-Lettres.)

② 参阅拙著:*Les sophistes*,Paris,PUF,coll.«Que Sais-je?»,1995,4ᵉ éd.

附录三

亚里士多德对智者派的批评[①]

一、纠正柏拉图对智者的控诉

　　亚里士多德对于智者的批评虽然没有柏拉图对话中那么壮观，但是同样激烈。他同柏拉图一样反对智者，但是反对的方式不一样。他对于智者的反对没有那么冲动，因而也就更加明晰。事实上，柏拉图对于智者的反对方式非常激烈、非常极端、一概而论，以至于失去了公正。但是在各篇对话中，智者的出现又是不可或缺的。但是这种激情，这种将情感介入到哲学论战中的做法激起了怀疑：这是不是柏拉图想要从自身思想中排斥出去的绝对他者，或者说，这是不是柏拉图在排斥某个他自身拒绝接受的柏拉图？在这一点上卡里克里斯是个令人费解的例子。用尼采评价苏格拉底的话来说，我们可以说卡里克里斯表面上是希庇亚斯加安提丰，内里则是柏拉

---

　　① Romeyer Dherbey, G., *Les choses mêmes. La pensée du réel chez Aristote*, Lausanne, Ed.L'Age d'Homme, coll.«Dialectica», 1983, 45–72.

图。尽管很多阐释者①都指出这个虚构人物的模糊性，指出
这个虚构人物为其创造者所明显带来的魅力；在卡里克里斯
身上，如同所有伟大政治人物身上一样，出场的气势胜过于论
辩的内容，说服的能力胜过于证明的能力。苏格拉底很好地
将他带入到了反诘之中，而在《高尔吉亚篇》中二者作为对手
不正是最亮丽的一道风景么？柏拉图的明确意图被这个人物
淹没了，这个人物来自很多深刻的思想，带来了很多惊喜，而
苏格拉底的胜利显得非常脆弱，以至于柏拉图不得不让他同
真正的智者塞拉西马柯再来一次同样的辩论。卡里克里斯是
一个漫画式的人物。因此卡里克里斯只存在于柏拉图自身之
内，如果说卡里克里斯对于柏拉图是个他者，不也是一个自己
身上的他者么？尼采猜测，在苏格拉底所代表的柏拉图后面，
可能有另一个隐藏的他者。这个"漂亮的人"（belle plante hu-
maine）只是部分上服从于苏格拉底的魔咒，而拒绝服从苏格
拉底魔咒的那部分就成为了塑造卡里克里斯这个人物的材
料。我们可以看到卡里克里斯出言讽刺苏格拉底：他就"不

---

① 　特别是梅欧蒂斯（Méautis）："卡里克里斯就是柏拉图本人，是柏
拉图灵魂的一部分，就像梅菲斯特（Méphistophélès）是歌德灵魂的一部分"
[Méautis, *Platon vivant*（Albin Michel, 1950, Paris）, p. 195]；还有耶格尔：
"尽管柏拉图应该完全反对后者（卡里克里斯）的这些观点，但是柏拉图把
卡里克里斯的这些观点阐述得非常畅快，带有一种同情，似乎他的身上也
压抑着同样的观点，甚至更需要表达这些观点。"[Jaeger, *Paidéia*, trad, frse
de A.et S.Devyver（Paris, Gallimard, 1964）, p. 374]文特施蒂纳反对耶格尔，
认为卡里克里斯真实存在[M. Untersteiner, *I Sofisti*（2ᵉ ed., con
un'Appendice su Le origini sociali della Sofistica, Lampugnani Nigri, Milano,
1967, 2 vol.）, tome II, p. 220, note 40]，但是在我们看来这种假设不能成
立，因为不同的阐释者给出了很多不同的答案：他们认为卡里克里斯可能
是亚里斯提布、克里底亚、伊苏格拉底、塞拉门尼斯、卡里克利、波利克拉
特斯。要符合这么多人的话，那么这个角色会是柏拉图的又一个虚构吗？

是个男人,应该抽他耳光"①,他的生活就是"躲在角落里同三四个人一起嘟哝"②,就像"那些把鸡毛蒜皮的小事挂在嘴边的人"③;像他这样的人"对统治这个国家的法律缺乏体验,对个人商讨和公共商讨所需的论述缺乏体验,对人的快乐和激情缺乏体验。总之,他们对风俗习惯毫无经验"④。这些不都是用来从根本上对柏拉图的感受性及其存在进行打击的么?

相反,柏拉图让卡里克里斯极其厚颜无耻地为暴力进行辩护,而所有智者都从未宣传过暴力;尽管卡里克里斯似乎借用了安提丰的理论,如区分"自然法"(dikaion kata physin)和"订立法"(dikaion kata nomon)——这似乎是最大的借用和使用和谐这一主题,但安提丰的理论同卡里克里斯的论述,其推理的过程是完全相反⑤。苏格拉底在普罗泰戈拉的"强论述"(discours fort)中只看到对于强力的论述(discours du fort),而没有看到,按照普罗泰戈拉原本的意思,话语是从其被人们接受的广泛程度来汲取其力量的,亦即从最具广泛潜力的意见中汲取力量。当然,一些表面看起来无无关痛痒的思想掩盖了这种严重的后果,但是其推理的严肃性无疑是揭露了柏拉图的某种愤怒。这种论战的冲动同样表现在《泰阿

---

① 485 *c.*

② 485 *d.*

③ 486 *d.*

④ 484 *d.*

⑤ 参阅 DK 87 B 58 et B 61, trad. J.-P. Dumont: "无政府状态是人类最大的病痛"。同时参阅 Untersteiner, *I Sofisti*, II, p. 70. 柏拉图在《法律篇》中会重复对安提丰的这种攻击(*Les Lois*, 889 *a* sq)。柏拉图对智者们的不公正是众所周知的,我们只用希庇亚斯来举一个例子,梅欧蒂斯写道:"柏拉图向我们描绘的东西,即使不能说是心胸狭窄的话,也明显是充满敌意的漫画式形象。"(*op. cit.*, p. 171)

泰德篇》中对普罗泰戈拉的反驳中,苏格拉底首先对智者进行夸张的赞扬,然后运用彻底的讽刺手法,从而让听众明白,智者并不比"蝌蚪"更聪明。在某些方面,智者派对柏拉图来说是某种潜在的诱惑,就像亚里士多德在《论诗人》(*Sur les poètes*)中指出的,对话体的本质乃是"在诗歌和散文之间找到一条折中之路"①,近似于散文的最初风格,散文的最初风格就是诗性的,"例如高尔吉亚的散文风格"②:柏拉图对高尔吉亚如此着迷,以至于希望在讲话的魅力上与其一较高下③。换一个角度来讲,这些智者让柏拉图深深地感到不安,因为这种矛盾内在于所有现实之中,而且使得任何论述都可以是双重的,在哲学自身内部似乎也可以再次看到这种内在矛盾,而且成了哲学上的第一个陷阱,亦即智者派本身,哲学将永远带着这一耻辱的,而且它有时还会在这一陷阱上再次跌倒。"抱着松果权杖(thyrse)的人很多,但没有几个真是酒神的女祭司"。然而,就像欧律洛科斯的肚子戳穿了嘴巴的谎言一样,真正的酒神的女祭司难道就不会有时候想要拄着她的松果权杖休息一下么? 哲学有时不也会滋生出诡辩术么? 很难阐明《智者篇》中智者派的本质,这种困难本身就表明了在柏

---

① Rose 3, fr. 73; Ross, fr. 4(D.Laërce, 3, 37).

② *Rhétorique*, III 1, 1404 *a* 24.

③ 在高尔吉亚本人看来也是成功的,因为按照阿特纳奥斯的记载,高尔吉亚在阅读《高尔吉亚篇》的时候惊呼:"柏拉图真是善于运用讽刺啊!"(DK A 15 a; trad.J.-P.Dumont, p. 63)。从这个角度来讲,反对的背后隐藏的是钦佩。我们在菲洛斯特拉托斯的一段文字中(Ep. 73)找到了关于这一点的证据,谢涅(Antelme Édouard Chaignet)引用过这段文字(*La rhétorique et son histoire*, p. 17, note 3):"这个神圣的柏拉图,他本人身上充满了智者的演讲形式,他不打算在'用高尔吉亚的方式讲话'上输给高尔吉亚本人,而且我们还能经常在他的作品中看到希庇亚斯和普罗泰戈拉的影响。"

拉图那里哲学与阐明智者派本质这种困难之间的这种暧昧关系。就像黑格尔在关于智者派的课程中所指出的那样,这或许可以说明柏拉图应该已经"完全被其吸引";事实上,黑格尔不断指出,"智者派与我们之间,并没有我们认为的那么遥远"①。

对于亚里士多德则是完全不同的情形。在亚里士多德身上看不到那种论战激情的痕迹了。论战的激情使得柏拉图时而过分贬低智者、时而过分赞扬智者的。在柏拉图身上这两个对立的方面是相互补充的。亚里士多德同时抛弃了两个方面——在他看来,智者既非如此荣耀,亦非如此让人愤慨。我们看到,《形而上学》中有一段文字指出柏拉图对普罗泰戈拉的评价太高了:"他看起来说了一些很重要的东西,其实什么也没说。"②相反,在《论哲学》(*De la philosophie*)中,亚里士多德追述了思想从最初源头开始的主要演变轨迹,他毅然摒弃了柏拉图赋予"智者"这个词的贬义色彩,而且将其用于"七贤"本身,残篇 5 中写道:"亚里士多德将'七贤'称为智者"③。因此耶格尔指出,"在柏拉图的继承者中,亚里士多德第一个摒弃了柏拉图对于智者的贬低评价。他恢复了这个词作为一个荣誉称号的正确意义,他凭借自己的历史鉴别力,认为'七贤'开创了一种伟大的思想传统,这种传统对于古希腊思想发展的影响,在他看来非常重要,应该被纳入到哲学智慧

---

① *Leçons sur l'Histoire de la Philosophie*, trad. P. Garniron, Paris, Vrin, 1971; tome II, p. 260 et 256.

② X 1, 1053 *b* 2 - 3.

③ Rose 3 et Ross.

的历史之中。"①

因此亚里士多德恢复了前柏拉图的用法,其中 sophistès 同 sophos 是同义词,例如希罗多德(Hérodote)将毕达哥拉斯称为智者②。我们顺便指出,《论哲学》的残篇 5 中很奇怪,亚里士多德完全赞同伊索克拉底,通常后者被认为是亚里士多德公开而坚定的反对者。事实上伊索克拉底在《交换法》(Antidosis)中写道:"索伦(Solon)是获得智者这一荣誉称号的七贤之一,但是今天智者这个名称已经成为控诉的对象。"③

马里奥·文特施蒂纳指出,在狄奥尼·拉尔修④所记载的亚里士多德著作中有一本是关于高尔吉亚的,因此亚里士多德应该"认为高尔吉亚是一位值得敬重的思想家"⑤。我们

------

① *Aristote*, Trad. Robinson, p. 129.我们注意到,在这段文字中亚里士多德表现为黑格尔的先驱;即使不能说是为智者昭雪,黑格尔也公正地研究了智者们的论题及其在思想发展中的角色,先于尼采,是现代的第一人。在进行这种研究之前首先要注意,必须要记住"只是因为他们是苏格拉底和柏拉图的对立面,智者们才有如此糟糕的名声(……)。我们要抛弃并忘记这种贬义"(*op. cit.*, p. 243)。在黑格尔看来这种研究的结果通常是积极的,因此,就像高尔吉亚为帕拉穆德斯辩护一样,黑格尔也丝毫不畏惧去为智者们辩护:"智者们是希腊的大师,严格来说正是通过他们才产生了文化。他们取代了之前作为渊博大师的诗人和吟游者(……)。教育是他们的兴趣,他们的职业,似乎是他们专属的领域:因此他们扮演着学校的角色,他们游走于各个城市,年轻人喜爱他们,受到他们的教育。"(p. 244)对于高尔吉亚的著作,黑格尔肯定道:"并非像人们通常所认为的那样是一种无聊的饶舌。"(p. 268)而且,由于智者们对强调否定性的现实性的对立命题的思考,尽管不完整,他将他们看做是自己的方法的遥远先驱,他在《哲学史讲演录》中总结道:"因此智者也将辩证法作为对象(……),他们也是深刻的思想家。"(p. 272)

② IV, 95.同时参阅 II, 49。

③ § 235.

④ V, 25.

⑤ *Op. cit.*, I, p. 255, note 2.

或许可以理出这一文献的线索,该文献收录在亚里士多德的
文集《色诺芬、麦理梭和高尔吉亚》(*Sur Xénophane, Melissos et
Gorgias*)中,实际上很可能是老逍遥学派的一部作品①,关于
高尔吉亚的论文似乎比其中另外两篇论文具有更高的地位。
这种较高的地位使得该文中所阐述高尔吉亚的思想有时比恩
披里柯阐述得更好②。

　　我们可以在亚里士多德的著作中找到很多对智者的援
引,且都不是贬义色彩的。我们简单举几个例子。在《论教
育》(*De l'éducation*)的残篇 2 中,狄奥尼·拉尔修告诉我们,
亚里士多德谈及了普罗泰戈拉所发现的 tulè,就像雅尼·博
尔吉埃所指出的那样③,这是一种将重物编制在一起成为一
个更易搬运的整体的方法。因此,"普罗泰戈拉的更大程度
上是几何学的,而非机械的,无论如何比手工艺人更具数学内
容"④,而且值得记录在一部论述教育的著作中。因此亚里士
多德没有鄙视这些早期智者派所重视的知识技术的应用。此
外我们有亚里士多德早期一篇对话《论高贵》(*De la noblesse*)
的残篇。高贵这一论题对于亚里士多德与智者派思想之间的
关系非常重要。因为,如果不考虑克里底亚——而且严格意
义上来说他也不是智者⑤——智者们的社会出身都是比较低
微的,他们都强烈反对建立在出身高贵基础上的贵族政治⑥。

---

① 　O.Gigon, *Gorgias*, p. 212.

② 　M.Untersteiner, *op.cit.*, I, p. 159.

③ 　Etude des fragments du *Péri Paidéias*, dans Aristote, *Cinq œuvres per-
dues*, P.U.F., 1968, p. 143–160.

④ 　关于这一点的完整论述,请参阅 p. 146。

⑤ 　参阅 M.Untersteiner, *op.cit.*, II, p. 203。

⑥ 　参阅 Antiphon, DK 87 B 44, fragment B。

此外,从这一点我们也可以看出雅典寡头派敌视他们的根源,因为,依据他们重要的论题美德,亦即精英分子通过学习而获得的卓越之处,表明领导城邦的能力不是遗传的,而是塑造出来的,因而属于技术领域。了解亚里士多德在这一问题上的态度,这使得我们可以更好地理解他对于智者思想中这一主题的态度。那么,在留存下来的《论高贵》的残篇中,亚里士多德非常赞赏地——这种赞赏足以使人推测出其语境——引用了吕科弗隆:"这位作者,同很多其他人相反,因为他谈论高贵时说高贵之美是不可见的,高贵的魅力也只是口头上的;他想要说明,人们对于高贵的偏见完全是出于偏见,而事实上在高贵和不高贵者之间不存在任何差别。"①在对话的随后部分里,亚里士多德确实同吕科弗隆分道扬镳了,他将高贵定义为"出身上的优越"。但是与此同时,就像他在残篇2中所阐述的,他参了"高贵"(eugeneia)一词的词源意义,因此他此处赋予"高贵"的是其传统意义,无疑也是最终意义。而在对话随后部分中所确定的这种意义,可能是在《全集》中两部著作所作出的区分下得出的。《动物史》②区分了 eugenès 和 gennaion;《修辞学》中再次使用了这种区分,雅克·布伦什维格指出:《修辞学》"让我们明白,eugenès 是实际上属于某个优秀血统的人,本人却未必高贵,而 gennaios 是通过自身的品质配得上自己的出身;相反大多数的 eugeneis 都不怎么出色,亚里士多德对此直言不讳"③。因此,在亚里士多德看来,大

---

① Fr. 1, trad. J. Brunschwig dans Aristote, *Cinq œuvres perdues*, P.U.F., 1968, p. 82.

② I 1, 488 *b* 17.

③ 1390 *b* 23-24; *op. cit.*, p. 90, note 1.

多数是因人的出色谈起其出身的优越、谈起其高贵，并非相反。

　　并非只有亚里士多德年轻时期的著作才饱含热情地引用智者，《全集》中论文也是如此。例如在《形而上学》中①，亚里士多德指出了几何存在（êtres géométriques）与其感性表象之间的差别，在阐述其个人见解时他引用了普罗泰戈拉："可感的线条并不是几何学家所谈论的线条，因为感官既不能给我们带来符合定义的直线，也不能带来符合定义来曲线；可感的圆也不可能与切线只相交于一点，而是像高尔吉亚驳斥几何学家是所指出的那样。"②

　　这个文本对高尔吉亚没有敌意，相反他使用了高尔吉亚对于感性存在和数学存在之间的恰当区分，来指出一些柏拉图派的概念的空虚性，他们认为作为"中介"的数是内在于可感事物的。因此普罗泰戈拉拿出常识来反对柏拉图学院提出的"空想"③。

　　还可以进一步指出智者派对于亚里士多德思想的影响，不仅是一系列的引用，更深层次上，存在于其哲学的一些主要结构上。智者的主要直觉无疑是对存在的极端模糊性的直觉，而这种对于存在的极端模糊性的直觉总是造成相互对立、无法兼容的两种论述。在他看来，普罗泰戈拉的思想从一开始就提出了"对于所有事物都有两种相互对立的论述"④。这

---

　　①　III 2,998 *a* 1-4.

　　②　Trad. Tricot, I, p. 136.

　　③　997 *b* 18. 我们注意到，智者希庇亚斯是第一个编撰奥林匹亚赛会优胜者名单的人，亚里士多德不惮于追随智者希庇亚斯的足迹，在其侄子卡利斯提尼斯的帮助下，为德尔菲赛会编撰同样的优胜者名单。

　　④　D. Laërce, IX, 51; DK 80 B 6 *a*.

种思想触及了希腊一贯的感受性的某根神经,在巴库里德斯那里,在希腊这种一贯的感受性支配下,阿波罗对阿德墨脱(Admète)说:"你只是一个有死的凡人,你的精神也会同时产生两种思想。"①这一主题也出现在普罗迪科那里,以一种生存的迟疑的形式出现,通过一个神话表现出来,就是赫拉克利斯在十字路口,面对选择什么作为一生内容那则神话②。至于高尔吉亚的理论,就像马里奥·文特施蒂纳特别指出的那样,它表现的是关于世界的"悲剧性"的看法。"悲剧性"是指它完全看不到最终的和谐,看不到张力的释放:悲剧对于所有矛盾的消除,只能是消除矛盾的双方。悲剧否定了终极答案的可能性,如果有两种可能的答案,没有哪一个可能是更好的,因为两个答案都是完全合法的。因此安提戈涅和克利翁并不代表善恶的两极,两个主角每个人的行为都是合法的;他们都是真实的人物,并非寓言。因此要怎样才能解决呢?人类的知识是无法做到的,众神本身也难以决断。安提戈涅对伊斯墨涅(Ismène)说:"你已经选择了生存,而我则选择了死亡(……)。一些方面似乎是你有道理,另一些方面是我有道理。"③我们必须要从这种角度来理解高尔吉亚所写的《海伦颂》,海伦的事情是模糊的,她的名字本身就表明了这种模糊:她是"被抢走的"(ravie)还是"主动诱惑的"(ravissante)?如果她的选择带有命中注定的意味,又凭什么说她该受惩罚呢?如果事实是模糊的,话语(逻辑)就是双重性的。此外,关于智者们的辩论术(修辞学),亚里士多德提供的那些例子

---

① III,77 sq.

② Xénophon, *Mém.*, II 1,20–34; DK 84 B 2.

③ Sophocle, *Antigone*, v. 555 et 557.

足以向我们表明智者们隐藏在词语的模糊性之下①。我们现在可以明白,对他们而言(至少对于他们中那些好的而言)这不是为了欺骗世人而搞出的单纯诡计,而是一种可以充分表达他们对事物看法的修辞学。论述都是贫乏的,因为不是双边的,早在吉奥诺(Jean Giono)之前就可以宣称:"只有不存在的东西才有唯一的面孔。"(Il n'a qu'un visage, comme tout ce qui n'existe pas.)②很明显,这样的实在无法通过真理和错误的范畴来获得。而在亚里士多德的理论中,宇宙中有一块领域,其中不存在绝对真理的必要性,而这个领域是由"偶然性",或者更恰当地说是"或然性",来支配的。这个或然存在的领域,这个可能论述的领域,柏拉图没有注意到它的独特之处,将其等同为非存在。但是对于亚里士多德来说,这种非存在并不是虚无,《形而上学》中这样指出:"正因如此,某种程度上而言,柏拉图将智者派放在非存在一方并没有错"③。这个"某种程度上而言"表明,只有将非存在理解为相对的非存在,理解为支配偶然性领域的潜在性的相对非存在,不能理解为绝对的非存在,只有这样柏拉图才是合理的④。借助于其关于偶然性的这种概念,亚里士多德对智者的定位没有柏拉图那么消极,在一个不再有伟大智者存在的时代,揭示了智者派的现实性。当然,通过或然性概念和习惯概率概念,偶然性

---

① *Réfut. Soph.*, 14, 173 *b* 19 sq; 15, 174 *b* 32; *Pol.* III 2, 1275 *b* 26; *Rhét.*, 1406 *b* 17; III 2, 1404 *b* 38:"在各种词汇中,同音异义词(模棱两可的词)对智者们是非常有用的"。

② *Le déserteur* (Gallimard),《Le grand théâtre》, p. 241.

③　VI 2, 1026 *b* 14-15.

④　id, 15-16:"事实上,智者们的论题可以说主要都是同偶然性相关的"(trad. Tricot)。

在人类事物领域获得了一种重要性,因而也使得某种行动理论成为可能。有些东西大部分时候都不是作为必然而产生的,就其而言,行动理论的合理性是不周严的,而伦理的价值只是作为一般背景,并不能深入到事物的细节来管理事物。《尼各马可伦理学》认为:"与行动和实用有关的东西,就像与健康有关的东西一样,一切都不是固定的"①。随后亚里士多德又说,要行动的人"必须根据时宜来研究事物"②。而我们知道,这里所引用的 kaïros 乃是高尔吉亚思想的一个关键。面对作为生存命运的永无休止的转换,选择需要依据 kaïros 来决定,亦即机会和时机,对高尔吉亚而言,任何理性标准都无法解决作为人类宿命的对立论述。而且,在一系列的时机下,各种选择是相互矛盾的,时间的这种波动证明了现实的普遍模糊性。因此,高尔吉亚的"人"在时间中是既无记忆亦无连续性的,他永远生活在"现在",接受"那些完全生动和鲜活的事物"③。当然亚里士多德并没有把高尔吉亚的理论整体都纳入到自己的思想中,而且他用现象的清晰程度理论取代了现实的普遍模糊性理论,就像《尼各马可伦理学》第一卷中的著名分析所阐明的那样,理论与精确程度相关。无理数就是这样被确定和解释的,同样,正方形对角线与各边之间的不可通约性,起初让"反思"大为震惊,但是通过计算,"反思"最

---

① II 2,1104 *a* 4—5.

② Id.

③ Gorgias,cité par Aristote,*Rhétorique*,III 14,1406 *b* 9.因此我们可以明白,就像《物理学》的注解所指出的那样,为什么"智者们会认为学园里格里修斯(Coriscus)与广场上的格里修斯不同,而这是因为他时而在此时而在彼"(IV 11,219 *b* 20;trad.Carteron)。

终发现这种不可通约性并不存在①。高尔吉亚的悲剧思想通
向了矛盾②,亚里士多德创造了一种从矛盾出发的反思方
法——或然判断,即首先将其构成一个或然问题。因此,亚里
士多德正是从高尔吉亚停步的地方开始思考的——这正是二
者遭遇的原因。我们还可以更确切地指出他们相互遭遇的地
点,就是正义问题。高尔吉亚研究了各种相互冲突的正义的
悲剧性主题③,在《为帕拉默德斯辩护》中,他让人们充分感受
到了谴责某人的困难性,甚至是不可能性。法律包含了整体
时间,因为其论述具有普遍性的特征,正因如此,对高尔吉亚
而言,法律是不公正的。因为对他而言,时间是一种具有节奏
变化的、离散性的实在,是众多恩典时刻的串联:因此每一个
kaïros 都要求有自己的法律。按照马里奥·文特施蒂纳的表
述,"法律已经被转换成 kaïros"④,只有如此转换过的法律才
能"在需要的时候指出好的东西"⑤。正因如此,在《葬礼演
说》中,高尔吉亚就已经做了亚里士多德在《尼各马可伦理学》
第五卷中作出的分析,依据法律和公平(équité)区分正义⑥,将

---

①　*Métaphysique*,I 2,983 *a* 20.

②　参阅 *Sur Melissos*,*Xénophane et Gorgias*,980 *b* 20,et le *Palamède*,
§ 4。

这里高尔吉亚仍然是悲剧的继承人,是索福克勒斯笔下"四处碰壁"
(pantoporos aporos)的人类的继承者(*Antigone*,v. 360)。

③　文特施蒂纳就是在这种意义上来引用埃斯库罗斯的:
Untersteiner,*Les Choéphores*,v. 461,其中奥莱斯特斯(Oreste)高呼:"这是阿
瑞斯对阿瑞斯的战斗,狄克对狄克的战斗。"(*op.cit.*,I,p. 51.同时参阅 I,
p. 257,note 12.)

④　*Op.cit.*,I,p. 279.

⑤　DK,82 B 6.

⑥　1137 *b* 12.

"正义的狂妄同公正的温和"①对立起来。同高尔吉亚完全一样,亚里士多德也感觉到了法律某种自发应用所带来的非正义,他感觉到,作为普遍论述的规则同具体案件的个性相适应从而得到公正,或者可以说,正义(le juste)就是调整(ajustement)。直接、生硬地将规范应用于现实是不可能的;对于亚里士多德而言,伦理学问题不是去发现规范,而毋宁是确定规范应用的条件。无可争议,此处可以看出对高尔吉亚的回应,高尔吉亚认为,公平(索伦的女儿)要优于实证的法律,实证的法律太苛刻了。亚里士多德关于美德的理论中也可以看出对高尔吉亚本人观点的一定重复。亚里士多德认为柏拉图同高尔吉亚在这一点上是对立的,他甚至公开承认对后者的赞同:"那些泛泛而谈地认为美德是灵魂的良好状态,抑或正直的行为,抑或类似的东西,事实上他们都搞错了。而那些列举美德的细节人,例如高尔吉亚,他们事实上比用这种方式定义美德的人表达得更好。"②

我们不可能定义出普遍的、适合一切人且适合一切场合的"卓越",就像柏拉图的《迈农篇》中高尔吉亚所指出的那样③,既然"卓越"是多样的,例如依据年龄而变化,这种计划就是自相矛盾的,因此"卓越"同样是一个 kaïros 的问题。同样,在《尼各马可伦理学》第二卷中,亚里士多德强调了作为"中道"的"卓越"的这种可塑性。"勇气"的"中道"(meson)

---

① 参阅 Untersteiner, *op.cit.*, I, p. 278。

② *Politique*, I 13, 1 260, a 25–29.将道德定义为"灵魂的良好状态"(bon état de l'âme)出现在《理想国》中(*La République*, IV, 440 *d e*)。同样,在《形而上学》中,关于另外一个问题,亚里士多德赞许地引用了高尔吉亚的学生波卢斯(Polos)(*Mét.*, I, 1, 981 a 4–5)。

③ 71 *e*; DK 82 B 19.

在战争时期和和平时期是不同的,也随着个人的年龄而变化:
壮年男子的正常勇气对老头来说已经是壮举了。我们正是需
要从这种意义上来理解《修辞学》第二卷中关于年龄的三个
年龄阶段(青年、壮年、老年)的性格学。高尔吉亚和亚里士
多德认为,在伦理上,时机就是要符合这种多元的介入,这种
观点同样见于普罗泰戈拉,普鲁塔克为此提供了证据,如果我
们认为其中仅仅是充满了智者派的诡辩那就错了。普鲁塔克
向我们讲述,有个运动员意外地用标枪伤到法萨卢的艾庇底
米斯并致死;我们知道伯利克里是普罗泰戈拉的朋友,他"用
了一整天来与普罗泰戈拉讨论在标枪、投掷标枪者和运动会
主办方中究竟谁要为这次意外负责"①。这种讨论既不是某
种消遣,也不是学院里用来训练辩论的某种疑难论题,黑格尔
从其中看到了"对于责任这个重大和重要问题的探讨"②,而
且,伯利克里这样的人也不觉得这样的问题不配亲自讨论。
我们要从中看到对于统一和普遍伦理标准之不可能性的感
触,事实上,要裁决该案件中的责任问题,会遇到多种相互对
立的观点,就像兰希③所指出的那样,三位不同的专家会将艾
庇底米斯之死归于不同的原因。对于作出法医报告的医生来
说,死因是标枪;对于法官来说,死因是投掷标枪的人;对于行
政官来说,死因乃是赛会的负责人。因此亚里士多德应该是
理解了智者们所教授的东西,因而,面对柏拉图关于善的一元
主义,他赋予了多元主义一种积极的地位,并且竭力指出,就
像存在一样,善"具有多层含义"。当然,与智者们相反,在亚

---

① *Vie de Périclès*, XXXVI；DK 81 A 10；trad. J.-P. Dumont, *op. cit.*, p. 32.

② *Leçons sur l'Histoire de la Philosophie*, trad. Garniron tome Ⅱ, p. 261.

③ 转引自文特施蒂纳：Untersteiner, *op. cit.*, Ⅰ, p. 59.

里士多德看来,这些意义是可以计数的,因此,这种多重性是具有一定限度的,是合乎理性的。因此,如果说亚里士多德是要战胜智者的话,他至少是要在智者的地盘上战胜他们①。

在政治学方面也可以做同样的分析,政治学从属于伦理学,构成了"人类学",这是智者们特别喜好的领域。在其人类学研究的开头部分,对于人类事物的模糊性和两面性,亚里士多德通过一个简短的暗示,明确地求助于安提丰:"好的事物和正义的事物,这是《政治学》的目标,结果却是,如此多样如此不确定,以至于我们只能认为它们只是依据约定而存在,并非依据自然而存在。"②亚里士多德对智者们这种现实主义政治学的让步,表现在《政治学》中的一处分析上:分析如何维护不同政体以及这些政体必须采取一些具有马基雅维利色彩的措施来保证自身政权的存在。民主制的捍卫者们习惯在他们的论述中攻击富人,而另一方面寡头派则发誓要尽力危害人民。然而亚里士多德指出,这正是因为他们都站在自己的立场上,"鼓动家总是为富人说话,而寡头派中寡头政治家

---

① 杜蒙也在同样意义上对希庇亚斯和亚里士多德进行了对比,参阅 *op.cit.* p. 148, note 2。

② *Ethique de Nicomaque*, I 1, 1094 *b* 14 sq; trad. J. Tricot. 当然, physei 与 nomô 的区分并非仅限于安提丰和希庇亚斯,但是在二者身上表现出的是断裂的对立,并赋予自然以优越性;相反普罗泰戈拉赋予法律以超越自然的优越性,而普罗迪科,像文特施蒂纳所指出的那样,试图在二者之间建立起一个连续的过度;对高尔吉亚而言,对立的张力同样地内在于二者内心,而安提丰的思想则同高尔吉亚的思想相反。我们注意到亚里士多德在《驳斥智者派》(*Réfutations Sophistiques*, 12, 173 *a* sq)中提到了柏拉图的《高尔吉亚篇》中卡里克里斯的论述,他说的很模糊,指出卡里克里斯探讨的是一个"前人发起的问题":即自然和法律的对立。这些同年轻的亚里士多德相对的前辈思想家指的就是希庇亚斯和安提丰,他们的观点总结为一句话:"对他们而言,据据自然的都是真实的;依据法律的都是疯子的意见。"(1. 15—17)

倾向于人民,这些都是有害的"①。此外,政权毁灭的主要原因就是不尊重自身建立的法律,所有政府都要防止偏离自身的法律,其手段之一就是"让臣民保持焦虑,从而公民(类似于夜间的哨兵)就会坚守自己的岗位,不敢放松自己对宪法的拥护,这样,他们就会深谋远虑"②。当然,亚里士多德补充道,政府不要被自己的宣传所陶醉,不要"因为这种诡辩"③就对自己的宣传深信不疑。因此对于亚里士多德来说,这些"政治诡辩"的某种用法似乎是合法的④,在高尔吉亚看来,在有利时机的紧急时刻幻象也成为合法的,那么这种由国家理性所决定的必要谎言同高尔吉亚的"正当欺骗"也相去不远吧?⑤

　　因此,尘世间的各种事件,在亚里士多德看来只具有相对的真理性,但是作为现实的一部分,这些尘世的事件向我们还原了智者们所描述的宇宙。这种可能性和偶然性的领域,并没有揭示作为必然真理之语言的分析性论述;其表达方式是对话式的论述(辩证的论述),其源头是可能真实的意见。我们可以理解为什么在亚里士多德那里"对话"(辩证法)失去

---

① 　V 9,1310 *a* 6-8.

② 　V 8,1308 *a* 27-31,t.Tricot.

③ 　1307 *b* 40.

④ 　1308 a 2.Voir aussi IV,1297 *a* 15.

⑤ 　我们开可以看一下高尔吉亚对亚里士多德逻辑思想的另一个影响,至少是在材料层面而言,就像迪耶斯(Diès)所指出的那样:《Notes sur l'EΛΕΝΗΣ ΕΓΚΩΜΙΟΝ de Gorgias》,*Revue de Philologie* 37(1913,192-206),他还补充道:"事实上在高尔吉亚的重叠法和叠韵法的背后,隐藏的是一种现实的逻辑。"(p.203)关于亚里士多德的辩证法和高尔吉亚的修辞学之间的有力对比,请阅读欧邦克:P.Aubenque,*Le problème de l'Etre...*,pp.261-264.

了柏拉图所推崇的尊贵地位:亚里士多德把这个位置给了智者们曾经阐述过的论述模式,但同时他也指出,这也只不过是一种论述模式而已,并不是论述的整体。由此,智者派没有被完全驱逐出哲学之外,而是某种程度上被融合到哲学之内,但只是在一个较低的层面上,但是这个层面还是有其真实性、重要性及自身的独特性,因为这个层面规定了一个关于"具体性"的很大领域。因此,用克雷芒司·拉努(Clémence Ram-noux)的话来说,在亚里士多德一方,我们可以看到在一定程度上"为智者平反",而柏拉图则是将智者打入了地狱。黑格尔在这一点上同许多其他方面一样,遵循了亚里士多德的足迹,甚至是超越了亚里士多德,因为在《哲学史讲演录》中他指出了现实中内在矛盾的积极性特征,正是智者们阐明了现实中的各种内在矛盾;而公共意识相反,只是单边地思考,这种单边性形成了公共意识的安逸和停滞。苏格拉底的同时代人通常将苏格拉底与智者混为一谈,其实他们的共同之处就是从暗中破坏这种公共意识:"意识认为自己富有真理,但是当概念破坏了这种富有的时候,意识预感到了自身真理性所承受的巨大风险(因为意识知道自己只是在拥有真理的范围内才存在),而且自己的坚实本质也被打乱了,因而意识发怒了;而当概念进入与公共真理相关联的关系中(现实),概念只会招来厌恶和耻辱。这就是反对智者运动的普遍声音,不懂得用其他方式摆脱困境的常识的声音。"①

　　黑格尔会找到摆脱困境的其他方法,知道如何超越反题,其实亚里士多德也已经知道了。在简要地回顾了亚里士多德

---

① Trad.Garniron,tome II,p. 243.

与智者之间遭遇的要点之后，我们要思考的就是在哪些具体的点上亚里士多德与智者之间进行了较量，以及他对智者说"不"的本质。毫无疑问，这种批判具有重大意义，与产生这些批判的背景一样，更加客观和公正一些。

二、亚里士多德眼中的普罗泰戈拉与实际的普罗泰戈拉

首先必须要指出，与亚里士多德交锋的最佳对话者应该是普罗泰戈拉。亚里士多德似乎认识他而且对他特别器重。他甚至很关注普罗泰戈拉的生活细节：其年轻时期的一篇对话的题目正是《智者》(*Le Sophiste*)，其中他让欧提勒士(Euathle)来控告普罗泰戈拉，关于他对诸神的论述进行诉讼①。在《尼各马可伦理学》第九卷，其中一段文字记载了普罗泰戈拉本人的论述《论酬金的支付》(*Sur le paiement des honoraires*)②，亚里士多德证实普罗泰戈拉"让学生自己来评价他所教授的知识的价格，他就是这样来收取报酬的"③。在这一点上，亚里士多德将普罗泰戈拉同"智者"④完全对立起来，"智者"指的是与其同时代的那些平庸的辩论者，他们在开始讲座之前就向听众收取金钱，应为他们料想会让听众失望！普罗泰戈拉是一位独一无二的智者，即使我们拿高尔吉亚来同他相比，在文集《色诺芬、麦理梭和高尔吉亚》中后者根本不

---

① Rose 3, fr. 67; Ross, fr. 3; D.Laërce, IX, 8, 54.

② DK, 81 A 1.D.L., IX, 8, 55.

③ IX 1, 1164 *a* 25 sq; trad.Tricot, p. 433.

④ Id, 32.

值一驳。亚里士多德无疑认为高尔吉亚的论述的魅力更多在于辩论的感染性和情感上,而非理性用途上。即使当他把自己放在推理层面时,高尔吉亚在其中追求的更大程度上是让思想茫然无措,让思想晕头转向,而并非阐明思想。我们不想证明他在其中使用了"无矛盾"原则。当然我们看到高尔吉亚在《为帕拉默德斯辩护》中明确表达了这一原则①,但是他是怎样使用这一原则的呢? 帕拉默德斯援引这一原则乃是为了驳斥指控,他只是简单地使用了爱丽亚派的驳论方法,其真理性还是时机性的真理性。两种相互对立的论述都具有严密性,但是两种自身严密的论述,放在一起的时候却不相容,面对这两种论述的迟疑中,还是存在着激烈的矛盾,无法解决。"无矛盾"只是矛盾的一个方面,而《为帕拉默德斯辩护》的结论中却明确地肯定了理性知识的不可能性②。无疑亚里士多德发觉了这一思想的游戏性③,他也探究这一思想究竟是演说家的思想还是哲学家的思想;他当然感觉到了这种雄辩中所包含的冲击力,《赞颂爱丽亚人》(*Éloge des Eléens*)就采用了这种短促重叠式的开场白:"爱丽亚,幸福之都!"④——亚里士多德在这种修辞学的冲击下有点不知所措,高尔吉亚不能成为亚里士多德与智者派之间辩论的核心对话者,因为亚里士多德没有足够领会希腊人所谓的 gorgianiser(用高尔吉亚的风格讲话)⑤,希腊人一度对此着迷,这是一种简单逻辑与一种堕落形式之间的似是而非的结合。相反,亚里士多德

---

① § 25;trad.J.-P.Dumont,p. 98.

② §35.

③ DK,82 B 10; § 21.

④ *Rhétorique*,III 14,1416 *a* 1.

⑤ DK 82 A 1.

认为在所有的伟大智者中普罗泰戈拉是最具理性和最具建设性的。在《形而上学》有两段文字（Ⅳ 5 和 ⅩⅠ 6），其中主要讨论了普罗泰戈拉的地位，将普罗泰戈拉的命运与赫拉克利特的理论联系起来，从亚里士多德的驳论来看，普罗泰戈拉似乎是赫拉克利特的必然延伸："普罗泰戈拉的论述也源自于同样的观点（赫拉克利特的观点）"①；"类似于其前辈的理论（赫拉克利特的理论），普罗泰戈拉也是这样说的"②。我们应该怎样看待这位自然哲学家与这位智者之间的这种关联呢？这种关联得到历史的证明了吗？抑或像夏尔尼斯（H. Cherniss）所说的那样，只是一种事后的构建，是由那个在阐述前辈观点时不关心历史事实和忠实性的亚里士多德所作的混合和梳理？③ 马里奥·文特施蒂纳看来，智者派的各种主题与毕达哥拉斯派之间可以发现某种亲缘关系。对毕达哥拉斯派而言，事物就是由对立的性质构成的，他们还详细梳理这些对立的性质——由此这种混杂的现实性被认为是必须要让位于两种对立论述的暧昧的④。此外，据亚里士多德讲，毕达哥拉斯将物质定义为处于流动状态的东西，而且"不断从一种状态变成另一种状态"⑤。文特施蒂纳的一句话很好地总结了他关于这一点的看法："普罗泰戈拉只是重提赫拉克利特的问题，也只是仅此而已。"⑥文特施蒂纳所做的这种对比是

---

① IV 5,1009 *a* 6.

② K 6,1062 *b* 13–14.

③ *Aristotle's criticism of Presocratic Philosophy*，不要忘记，柏拉图也在《克拉底鲁斯篇》和《泰阿泰德篇》中也对赫拉克利特和普罗泰戈拉作出了同样的混合。

④ *Op.cit.*，Ⅰ，p. 52.

⑤ Fr. 207 Rose；转引自：Untersteiner，Ⅰ，p. 80.

⑥ *Op.cit.*，Ⅰ，p. 54.

很巧妙的,但是我们首先必须要指出,必须要将普罗泰戈拉的情况与高尔吉亚的情况区别对待。文特施蒂纳在高尔吉亚和毕达哥拉斯派之间就 kaïros 概念所做的对比是很有说服力的①;高尔吉亚在适应西西里的文化环境时,在那里有很多毕达哥拉斯派者,所以他必然会受到毕达哥拉斯思想的很大影响。相反,普罗泰戈拉出身于色雷斯的伊奥尼亚,在那里赫拉克利特应该是非常著名和备受好评的,普罗泰戈拉的早期教育明显受其影响,有一篇残篇可以表明这一点②。正是在对普罗泰戈拉的一项反驳中柏拉图和亚里士多德在赫拉克利特和智者派之间建立起了承继关系。亚里士多德写过一本很重要的著作,是关于毕达哥拉斯派的③,如果普罗泰戈拉与毕达哥拉斯派之间的关系更为主要,他应该会在著作中提到普罗泰戈拉与毕达哥拉斯派之间关系,而非普罗泰戈拉与赫拉克利特之间的关系。但问题是在得出某种结论之前还需要明确一些术语。亚里士多德在赫拉克利特和普罗泰戈拉之间所作的对比有什么意义?首先这并不意味着断定这两种思想的在整体上存在某种等同。很明显,两位思想家的结论是截然不同的:还就我们的主题来讲,赫拉克利特在矛盾中看到的是暗中将其联结起来的统一性,而普罗泰戈拉相反,仍然看到一个破碎的世界和相互对立的论述。事实上,对赫拉克利特而言,

---

① *Op.cit.*,I,p. 133;参阅 Aristote,*Mét.*M 4,1078 *b* 22。

② DK 81 B 3.

③ Ross,*Fragments*,p. 129‑143.另外一方面,毕达哥拉斯派并不认为现实中存在大量无法克服的二律悖反,而是一些清晰明了的矛盾,参阅 *Met.*15,986 31‑33,阿尔克米翁(Alcméon)"认为人类事物事实上都是双重的,他的说法与他们不同,(毕达哥拉斯派)认为矛盾是确定的而且是能够掌握的矛盾"。

各种矛盾是朋友,《尤台谟伦理学》强调指出:"和谐之点事实上是既不尖也不钝的,动物也无对立的雌雄之分。"①但是这种通过斗争而取得的和解及和谐,在斗争中"友爱"(érôs)与"不和"(éris)的对立导致"丰产",在智者们看来这是不存在的,矛盾只会造成内在的分裂,因此是无法超越的。因此亚里士多德对比的只是两个不同体系的相同阶段。在《形而上学》第九卷中②,一篇旨在消除"力量"(dynamis)的麦加拉学派论文的结论让我们不期而遇地看到了普罗泰戈拉的话语,我们现在要研究的是这种对比只是偶然的么?这里涉及的东西不仅仅是偶然相遇,两种理论的内在亲缘性在于,这两种理论都质疑"无矛盾"原则的本体论和认识论价值:这两种思想都认为现实是对立的,现实遭受着本体论的模糊暧昧。因此亚里士多德所做的这种对比在我们看来似乎是完全可靠的:两位思想家至少拥有共同的基础,即肯定二律悖反。此外,在这里赫拉克利特被树立为自然哲学家的楷模:其他的自然哲学家都是在这种意义上来加以引用的,特别是德谟克里特,他可能是普罗泰戈拉的老师,而且他肯定了事物对立的可感性质的内在性,这些对立的可感性质只不过是约定俗成③,因而是显现的各种简单模式。似乎只有事物的深处的内在矛盾才能解释未来变化。正因如此"很多人认为(这种理论)事实上源自于自然哲学家的观点"④。因此,在普罗泰戈拉的思想与赫拉克利特的思想之间,亚里士多德所做的是一个合乎逻辑、

---

① 　V 1,1235 *a* 27—28.
② 　3,1047 *a* 6:"因为他们坚持普罗泰戈拉的论述。"
③ 　DK 68 B 125.
④ 　1062 *b* 22—23.

完全合法的对比,因为亚里士多德这里并不是致力于哲学史的工作,而是讨论一个问题,继而假设(而且从所引用的文本来看这种假设并不是他一个人的假设)在普罗泰戈拉与自然哲学家之间存在某种真实的继承关系。但是对于我们的问题来说,最重要的是要知道亚里士多德是怎样阐述普罗泰戈拉的思想的。符合"真实的"普罗泰戈拉么?就像我们前文力图指出的,尽管亚里士多德对智者的态度比柏拉图的态度更为科学①,但仍然是一种论战的态度,在这种意义上亚里士多德致力于驳斥智者。如果我们不能透过亚里士多德的批评而重新找到普罗泰戈拉真实而全面的态度,就像现代文献学和哲学史所描绘出来的那样,那么这种歪曲失真,或者退一步讲是亚里士多德的视角,其性质就只是对评价亚里士多德自身的思想更有意义。作为总结,我们来展现一下马里奥·文特施蒂纳对普罗泰戈拉的理论所作出的如此卓越的重构。普罗泰戈拉的思想包括三个阶段:对立命题或双重论述、人是万物的尺度(anthrôpos métron)和"强论述"(kreittôn logos),这是普罗泰戈拉思想逐渐发展的步骤。

---

① 文特施蒂纳也在同样的意义上指出,亚里士多德比柏拉图展现出更大的历史意义,柏拉图"perchè lascia intravedere spunti originali dello stesso sofista"(*op.cit.*, I, p. 137)。《形而上学》第 4 卷中(1009 *a* 17 sq)区分了两种人:一种是以实际困境的名义抛弃矛盾原则的人;另一种是以语态和词语层面的论述之名义而放弃矛盾原则的人。在第二类人中,亚里士多德针对的无疑是像吕科弗隆一样的人,《物理学》告诉我们吕科弗隆从命题中取消了系动词(185 *b* 25-32),尤其针对欧西德莫斯(Euthydème)(*Réf.Soph.*, 20, 177 *b* 12),但是他将普罗泰戈拉归入到了第一类,是为了恶意影射这位伟大智者的一个关键词:peithous(说服)(1009 *a* 18)。

对立命题

对于所有事物都存在两种对立的论述:这句话的来源头应该是在荷马的多神论,其中诸神的冲突造成了不同正义之间的冲突,在埃斯库罗斯的悲剧中,诸神对凡人所讲述的那些模棱两可的话语将人的命运投掷到了永恒的破碎之中。正因如此普罗泰戈拉钟爱神话(让我们想到了《普罗泰戈拉篇》中普罗米修斯和厄庇米修斯的神话),他使用神话不再是为了解读神话,而是史无前例地用来作为表达思想的工具①,神话是形象化的信息,其光晕使其具有模糊性,用巴门尼德的生动表达方式来说是"双头人"(mortels double-tête)之命运的模糊性②。在是与非之间摇摆,这是不能允许的,面对这种普遍的摇摆,思想和行动又能做些什么呢?

人是万物的尺度

过渡到思想的第二个阶段,这清楚地表明普罗泰戈拉的思想并不是某种怀疑主义。在这种普遍的摇摆中事实上涌现出了一些稳定和坚实的东西,某种尺度,而这种尺度就是人。在这里我们面临的是 anîhrôpos(人)这个术语的确切外延这个著名的问题,整个理论的意义似乎都取决于人这个术语的外延。指的是作为个体意义的人,抑或是作为普遍意义上的人,亦即人类? 第一种解释是古代作家的解释,尽管恩披里柯在阐述普罗泰戈拉的理论时有时也会使用复数形式

---

① *Op.cit.*I, p. 98.
② DK 28 B 6,4–5.

"人们"①。第二种解释通常算在冈佩兹（Theodor Gomperz，1832—1912）头上，但是需要指出，黑格尔已经提到了普罗泰戈拉的这条格言中可能存在的这种含义。因为他指出"人是万物的尺度"呈现了"下面这样一种模糊性（……）：

α）每个处于自身特殊性和偶然性下的人都可以作为尺度；或者是

β）人身上自我意识觉醒的理性，处于人的理性本性和人的普遍实体性中的人乃是绝对的尺度"②。

我们也不要忘记，这第二种解读也可以被纳入到康德主义中，只不过这两种含义的区分在普罗泰戈拉那里仍然处于潜在状态，而这正是黑格尔对这一问题的结论："在他们（智者）那里，处于个体性中的主体还没有同处于实体理性中的主体还没有作出区分。"③当代的阐释者们，例如尤埃尔（K. Joël）、费斯蒂吉埃（J. Festugière）及文特施蒂纳，他们的同黑格尔是一样（但是却并没有援引黑格尔）认为这个格言同时包含两种含义，或者因为普罗泰戈拉还没有作出明确的区分，或者因为"两种观点之间并不冲突。显现为整体就存在为整体，整体意义是从个体意义演绎出来的"④，再或者是因为在两层意义之间存在一种辩证发展过程⑤——这是文特施蒂纳

---

① *Hyp.Pyrrh.*，I，219："一切事物都是呈现给人的事物，没有呈现给人的事物就不存在。"

同时参阅 I，218："物质……就是它所呈现出的一切。"

② *Op.cit.*，p. 262.

③ Id，ibid.

④ *Contemplation et vie contemplative chez Platon*，p. 467 sq.

在费斯蒂吉埃所注释的这段文字中（*Méta.*，1046 b 29）我们并没有看到亚里士多德支持"唯一的普遍意义"。

⑤ *Op.cit.*I，p. 78.

的观点。通过走出对立论述之间的摇摆,亲身成为自己面前所呈现的东西的尺度,亦即从可供选择的各种分支中选定一个,选择现实的一个方面,简言之,就是采取某种意见,而这就是人的起点,继而,通过与众多意见相印证及汇合,某种普遍同意显现出来,科学(science)就浮现出来。这就将我们引向了这个体系的第三阶段。

强论述

这种向普遍的过度就是"强论述",而"弱论述"则是停留在个人论述层面的论述。因此"强论述"乃是概念的论述,乃是最简单的直接经验。通过"强论述",人强调了对于现象的获取,支配了自己的经验。这里涉及了"尺度"(métron)这个概念的最初意义,这个意义是文特施蒂纳揭示出来的:是从médô这个词根衍变而来,意为"照料、保护、管理"①。而当"技艺"(technè)这个词后面跟所有格的时候,具有很强的对事物进行统治的意思。这种统治应该怎样翻译呢? 普罗泰戈拉对 technè 这个词的使用,让我们想到了柏拉图在《普罗泰戈拉篇》中对普罗米修斯和厄庇米修斯的神话的发挥,在这里普罗泰戈拉似乎是重复了埃斯库罗斯对普罗米修斯的理解,在埃斯库罗斯对普罗米修斯的理解看来,从诸神之处盗来的火象征着使得人类自身的生活得以可能的各种技术的整体:"你只研究疾病,疾病曾经让那些有死的人类难以忍受,就像他们曾经很愚蠢一样,但是我已经赋予他们智慧及如何掌控自己的理性(……)。在我之前,他们可以看,但是什么

----

① 此处文特施蒂纳诉诸于品达:Pindare, *Pyth.*, II, 34; *op. cit.* I, p. 132.

也看不到,他们可以听到,但是却不能理解。几百年来,他们就像梦中的幽灵一样,他们将一切都模糊地混淆在一切。他们既不懂得用砖也不懂得使用架构,不能在阳光下建造出金灿灿的房子,他们藏身于地下,像灵巧的蚂蚁一样,躲避在他们的昏暗洞穴的深处。"①

但是各种艺术之首,应该是语言的艺术,或者说是修辞学。事实上话语的构成包括了教育(paidéia)、伦理、政治及宗教,亦即人类学的全部内容。

教育的主要代表就是话语,教育让公共论述在青少年的身上扎根,使得公共论述超越自发的论述,自发的论述还停留在"弱论述"层面。因此"弱论述"与自然是同一的,而是"强论述"却在因约定而存在的东西身上绽放开来。必须要在这种分析的延伸中来理解伦理规定:伦理道德是构建起来的,"它的出现乃是意志的成果"②。文特施蒂纳正是在上述意义上来理解普鲁塔克关于伯利克里在收到两个儿子战死沙场的消息时的表现的叙述:"看到他如此坚强地承受着自己的损失,每个人都会认为他勇敢而高尚,比自己坚强的多,因为每个人都很清楚自己在这种意外面前会是多么痛苦和崩溃。"③

道德准则的来源最初是态度;伯利克里这种行为,在普遍化之后,成为了成熟男人的典范,而且这样产生一种社会压力,强加到城邦中每一个男人的头上,从此以后就要坚强地承担一切命运。这种行为,起初只是个人的爆发,在成为典范之

---

① *Prométhée enchaîné*,vers 443 sq;trad.Ph.Le Bas et Th.Fix,Paris,Hachette,1867(有轻微改动)。

② Untersteiner,*op.cit*.I,p. 107.

③ DK 81 B 9;trad.J.Amyot,donnée dans J.-P.Dumont,*op.cit*.,p. 49.

后,成为了伦理道德的"强论述"。在政治领域,立法人颁布或废除法律,就是通过自己的话语说服人民投票选择自己,从而让某些言辞获得或失去法律效力。论述通过推翻那些显而易见的东西来修改法律,而掌控显现的东西就是掌控城邦内人们的生活。这就是为什么普罗泰戈拉希望讲授政治科学,我们知道,普罗泰戈拉是伯利克里的朋友,伯利克里委派普罗泰戈拉负责拟定图里乌姆宪法(la Constitution de Thurium),一部具有民主精神的宪法①。关于诸神,大家都知道他那著名的不可知论主张②,这是将"人是万物的尺度"原则应用于神性的结果,然而这样的宗教并不会因此而被摧毁,因为,在这方面同其他方面一样,只要宗教是有用的,语言就能够为其创造出某种普遍的信仰。克里底亚听过普罗泰戈拉的课,至少我们在克里底亚的一段残篇中看到了这样的理论,在这段残篇中,对诸神的信仰表现为一种虚构,是某位圣贤创造的,原因是这种信仰的社会和政治功能:

> "即使你闭口不谈你策划的行动,
>
> 诸神也会知道(……)。
>
> 他将人们限制在这种恐惧的圈子里;
>
> 他的论述的光芒
>
> 为神性指定了居处和住所。"③

然而亚里士多德对普罗泰戈拉的驳斥却没有如实地作出这种还原。首先,这个体系的第一阶段,用文特施蒂纳的话来

---

① Untersteiner, *op. cit.* 1, p. 18.

② DK 81 B 4.

③ DK 88 B 25. Trad. J.-P. Dumont, *op. cit.*, p. 211−213.

说,对相互不兼容的断言的肯定在亚里士多德看来并不是出发点,而是"人是万物的尺度"原则的后果,而"人是万物的尺度"只是普罗泰戈拉认识论的第一步,并非第二步。事实上亚里士多德指出,如果赫拉克利特和普罗泰戈拉最终在同一点相遇的话,但他们的出发点却并不相同。因为自然哲学家们看到的是事物自身内部的矛盾,由此而引出"一切皆真"的断言:"因此如果所有的现实存在物都是这样的,那么整个世界就应该是真的。"①相反,普罗泰戈拉的出发点为"人是万物的尺度","人是万物的尺度"断言一切皆为真②,因此"同一个事物必须同时既是又不是"③。因此在这里"人是万物的尺度"不是对立命题的结论,而是对立命题的前提,而且这个体系的最初阶段就不是事物,而是人,更准确地来说是"灵魂",从感觉和思考的广义上来讲,"灵魂"的内容是感受:"除去感觉以外,灵魂空无一物。"④感觉为人规定了一个确定性的范围,亚里士多德此处承认普罗泰戈拉的真正目的并不是怀疑主义:因为《形而上学》K 卷中指出,"人是万物的尺度""所讲的只是每个人感受到的事物,这也是积极的"⑤。因此普罗泰戈拉思想中打动亚里士多德的内容就是人在这最初阶段的出

---

① *Mét.* IV,5,1009 *a* 15-16.

② Id,K 6,1062 *b* 16-18.

③ 1009 *a* 13.可以在同样的意义上参阅拉尔修:D.Laërce,IX,51:"他(普罗泰戈拉)曾经以这样的方式开始一部著作:人是万物的尺度。"(DK 81 A 1;trad.Dumont,p. 24)

④ D.Laërce IX,51;DK 81 A 1,参阅 1009 *b* 1-2 对这条证言的肯定。同样,《论灵魂》在表明前人将感觉同理智等同之后又补充道:"这种理论随之而来的后果,就像一些人所说的那样,就是所有的表象都是真的。"(III 3,427 *b* 3)

⑤ 1062 *b* 15.

现,在人类灵魂体验到的确定性面前"自然"黯然失色,宣布
了"人类的主宰"。与我们推测的真实普罗泰戈拉的第二点
不同特别值得我们注意:亚里士多德似乎忽视了普罗泰戈拉
理论中具有建构性的一句话,就是"强论述"这句话,他认为
这句话只具有论辩用途①。在《形而上学》第4卷的一小段文
字中,关于智者,亚里士多德认为,像普罗泰戈拉这样深信不
疑的人也好,单纯好争辩的人也好,"事实上他们挑战的是那
些认为自己一切都好的人,及一般来说对一切事物都做正直
判断的人(qui juge droitement)"②。在这段文本中,亚里士多
德刻意地使用了 orthôs(正直、公正)这个词。正如文特施蒂
纳所指出的那样,orthon 是普罗泰戈拉的专有概念。普罗泰
戈拉是重复了希罗多德和品达所使用的意义,用 orthon 来表
达"在两种不确定性、两种选择中作出决定的活动"③;因此在
亚里士多德看来,在普罗泰戈拉的思想中这里的 orthôs
krinein(正直判断)应该是 kreittôn logos(强论述)的成果。提
到医生,这是一个很间接的影射,影射普罗泰戈拉所追求的现
实性本质上是实用的现实性。用人的目的来衡量现实,这就
是将现实简化为有用或无用的东西,就像 ta chremata(有用)
这个概念内涵上的细微差别所表明的那样,有用的东西,并非
就是 ta pragmata(实用)。我们认为,在柏拉图的《高尔吉亚
篇》的一段文字中,可以找到对普罗泰戈拉思想中 orthon 的特
殊意义的肯定。因为在这段文字中可以看到卡里克里斯指责

---

① *Rhétorique*, II 24, 1402 *a* 25.

② 1011 *a* 5-6.

③ Untersteiner, *op. cit.*, I, p. 96.

苏格拉底在一次诉讼中不能"正直地论述"①。诉讼本身就是两种相反论述相互对立的地方,是一方起诉另一方的地方,诉讼可以解决冲突。因此只要诉讼是一种巧妙的论述,它也就是一种"正直的论述"。"效用"问题和"有用"问题是智者派的普遍主题,就像《形而上学》的一段文字所表明的那样:"一些智者,例如亚里斯提布,非常轻视数学,因为他们说,在所有其他艺术中,甚至是在手工艺中,例如木艺和皮艺,人们都在不停地思考什么是好、什么是坏,然而数学却从不考虑好与坏的问题。"②

在另外一个文本中,当然还是从一种批判的视角出发,亚里士多德间接提到了"强论述"及其在政治上的建设性用途。《尼各马可伦理学》第 10 卷质疑智者们教授政治的企图,如果他们能够教授政治,"他们就不会将政治等同于修辞学,甚至是从属于修辞学。"③将政治从属于修辞学,这正表明修辞学以其说服活动创造出了那些构成法律的选票。随后的文字很有意思,因为它向我们指出了"强论述"是如何构成的,通过与大多数取得一致,"强论述"超越了各种个体的特殊性。事实上智者们认为"通过汇集那些受人尊敬的法律可以很容易就制定法律,因为人们可以选择最好的法律"④。因此,并不像柏拉图所评价的那样,在智者们看来"强论述"并不是对"强力"的论述⑤,"强论述"是普遍赞同或者是多数赞同的

---

① 486 *a*.

② II 2,996 *a* 32;trad.Tricot.

③ 1181 *a* 15-16.

④ Id.,16-18.

⑤ "智者派在生活中实际上是控制他人,而不是服务他人,就像法律的规定。"(*Lois*,890 *a*,éd.Belles-Lettres)

结果,因此应该和普罗泰戈拉的政治理想是相符和的。抑或,显现的主宰应该是有知识的人,阿尔基达玛的格言表明了这种角色:"有识之士人人尊敬。"①为什么亚里士多德没有将他的分析放在普罗泰戈拉见解中有力而积极的这一点上呢? 我们认为答案应该如下。亚里士多德在"人是万物的尺度"与"强论述"之间看到了一种不可兼容性。因为,如果每一个人都可以作为显现者的尺度②,期待众多独立个体的断言产生某种神奇的汇聚,这是徒劳的。因而,既然每个显现都具有同样的地位,拥有同样的确定性,既然每个人都有自己的真理,那么对于智者们来说,最紧要的问题就应该是为这种显现找到某种价值标准,要知道谁是"对每个事物都作出正直判断的人"③。要把"有识之士"这个回答推进的话,需要对其加以证明,因为在最初所有的意见都具有相同的确定性,因此这导致了一种荒谬,即需要去证明显而易见的事情。赋予"有识之士"以高于"无知之人"的优越地位,这样会带来一个问题,"所有的困境都可以归结为一点,我们无法知道我们现在是在梦中还是醒着"④。《尤台谟伦理学》中的一段文字证实了这种解释,看一下 1011 *a* 5 关于健康的例子:"没有人能证明健康不是一种善(除非不是医生,而是智者)。"⑤因为普罗泰戈拉通过"人是万物的尺度"将"真"放在了"真"所不在之处,所以他也不会在"真"所

---

① 转引自 *Rhétor.* II,23,1398 *b* 10.那么人是万物的尺度就变成了:"伟人是万物的尺度。"

② K 6,1062 *b* 20.

③ 1011 *a* 5.

④ 1011 *a* 6–7.

⑤ 1218 *b* 22–23.

在之处找到"真"。

三、人是万物的尺度与事物的撤销

我们现在要来研究亚里士多德是怎样看待普罗泰戈拉的以及他反对的普罗泰戈拉理论的具体内容。在他眼中,普罗泰戈拉理论的轴心是"人是万物的尺度",是对一种原初确定性的肯定:但是这种肯定立即变成了自己的反面,产生了对立命题,普罗泰戈拉试图用"强论述"来超越对立命题。但是徒劳无功,因为"强论述"需要充分证明,但是充分证明是不可能的。但是通过其结论来摧毁普罗泰戈拉的体系是不够的,还需要摧毁其根基,因此亚里士多德也要摧毁在他看来是作为其他一切的基础、也是最不可接受的东西,亦即"人是万物的尺度"。他在这个格言中究竟看到什么了呢? 在《形而上学》第4卷中对普罗泰戈拉的真正批驳开始于1010 *b* 1,紧随对自然哲学家的批评之后,而且这段驳斥的开头为:"关于真理",重复了普罗泰戈拉著作的标题。"人是万物的尺度"①这句格言被亚里士多德解释为对显现者与现实之间的巧合的肯定,即类似于某种现象论。然而,在亚里士多德看来,这种现象论的结论正是事物在其现象性中的分裂和解体:从普罗泰戈拉的角度来看"一切都没有本质"②,这种事物消失的标志就表现在必然性的所有基础都消失了③。如果事物被还原

---

① XI,6,1062 *b* 14.

② 1010 *b* 27.奥雷·拉普鲁纳(L. Ollé-Laprune)也是这样解释的:"不可否认,他们(智者们)某种程度上也倾向于让思想成为事物的主宰。"(*Essai sur la morale d'Aristote*,Paris.Belin,1881,p. 108)

③ Id.,28.

为其分裂的多个方面,事物就消失了,不能够再维持自身的形式:人成了任意性的现实的唯一裁定人①。真实的事物,是远看下的事物还是近看下的事物? 是显现在病人面前的事物还是健康人面前的事物? 是呈现给睡梦中人的事物还是清醒的人面前的事物? 由于这一系列虚假疑难,一切依据自身而拥有形式和形状的东西都瓦解了,人们却试图将这种瓦解合法化。"衡量"(mesurer)一个事物,对普罗泰戈拉而言,就是将我的感觉作为尺度用于事物,在这种操作过程中,事物不断地分裂为感觉信息的多样性,这些感觉信息都是真的,但是却都是异质的。事物自主存在的确实性也因为时间的不连续性而破碎:时间的相异性产生了变更②,时机本身是不稳定的③,产生变化和变形。在这里亚里士多德提到了智者们将时间归结为 kaïros:在他们看来时间不是一种连续性,而是一种离散性的量,是一种点状的现实性,时机的整体就是在不停地上演永恒的背道而驰。这种理解也在智者派的论述的本性中表现出来,智者派的论述是一种口头的论述,都在重大的"时刻"发表出来,都是才华横溢却转瞬即逝的论述。相反书写下来的论述,亦即哲学家的论述,让时间作为连续性。话语消失

---

① 普罗迪科的理论表达出类似的观念;文特施蒂纳(Untersteiner, *op.cit.*,II,39,n.8)诉诸于伪柏拉图对话《欧律克西亚斯篇》(397 *e*;DK 84 B 8),其中一个年轻人问普罗迪科财富是否是一种善,普罗迪科回答:"对那些懂得如何使用财富的人来说"是一种善,而且他随即总结道:"其他所有事物也都是这样的,使用者具有多大的价值,他们的事物就具有多大价值,这是非常重要的。"因此赋予人以智慧同时也是赋予其他事物以善(398 *a*)。

② 1010 *b* 20.

③ Id.,18.

了,文字留下来了(Verba volant,scripta manent)①。

　　事物的存在,是一种不会被其多种显现而削弱的存在,那么要如何反普罗泰戈拉之道而行来恢复事物的这种存在呢?首先并不是所有的显现都代表同等程度的确定性,普罗泰戈拉本人的教导也证明了这一点:一个人在利比亚梦见自己在雅典,第二天他能真的置身于去奥德翁(Odéon)的路上么?②否定事物的人仍然处于事物的包围中。当从事实驳斥过渡到理论驳斥时,亚里士多德提出了其对普罗泰戈拉的驳斥的核心命题:"想象同感觉不是一回事"③。如果人们细心的话,普罗泰戈拉对感觉和想象的混淆可以用 phantasia(想象)这个词的词源来解释,亚里士多德告诉我们④,phantasia 来自于 phaos,即光线。因此,在亚里士多德本人那里,有的时候 phantasia 也是实际显现的方式之一。普罗泰戈拉是在玩弄 phantasia 的这种模棱两可性,或者也是受骗者呢?《论灵魂》中的心理学明确指出了亚里士多德所作出的区分:"想象似乎是一种运动"⑤,这种运动是由现实的感觉所引起的⑥,因

---

①　黑格尔在《精神现象学》中说道:"真理不惧怕书写"(Hegel, _Phénoménologie de l'Esprit_, trad. J. Hyppolite, Paris, Aubier, 1939, tome I, p. 83)。参阅耶格尔一段有趣的文字:"智者们只有数量有限的一些哲学论文和科学论文流传了几十年,而且总体上来讲,这些作者都不是学者并且他们也仅仅希望影响他们的同时代人。用修希底德的话来说,他们的讲演并不代表最终的见解,而是为了使当下听众眼花缭乱的炫耀。而且,他们最严肃的教育著作也理所当然是面对同时代人的,并非为了后世的读者"(Jaeger,_Paidéia_,trad.Devyver,tome I,p. 353)。

②　1010 _b_ 12.

③　1010 _b_ 3.

④　_De Anima_,III,3.

⑤　428 _b_ 12.

⑥　429 _a_ 1-2.

此相对于现实的感觉而言是第二性的。感觉却意味着与事物及其质料的接触,而意象则相反是没有质料的。意象与感觉的混淆,其解释就是,意象构成了从可感到可理解之间的过渡,对于推论性的思想来说"意象代替了感觉"①。想象性的显现,被与事物的在场剥离开来,应此在应用于其对象本身时其意义没有必然性②。只有人们不将感觉信息限定在其领域的特殊性内,将其混淆起来,抑或人们不在正常与病态之间作出区分,感觉信息才会被看做是矛盾的。同一种酒,当我健康时对我来说显得很甜美,当我生病时对我就显得很苦涩,通过在正常与病态之间作出区分,这种变换就可以得到解释:"生病时,因为人们与健康是的状态不同,感觉性质也就表现的不同,但是至少那些可感对象本身并没有发生任何变化"③。因此所有的显现都不是真的,而 phantasia(想象)就是 doxa(意见)的源头,就是虚假知识的源头④。这种现象主义,或者说是将存在归结于感觉,在艺术流派上就叫做"理想主义",只不过这种感觉必须被理解为主体的表象。亚里士多德很有可能将普罗泰戈拉的理论一直理解到这种地步。在《形而上学》的一段文本中,亚里士多德致力于批评麦加拉学派,麦加拉学派将潜能与虚无等同,只承认现实的现实性是真实的。亚里士多德在反驳这种观点时指出,在这种观点下,"在没有正在被感知的情况下一般的可感就将是无,因而这是他们坚

①　*De anima* III 3.

②　*Méta*,K 6,1 063 a 1–3.

③　Id.,1063 *b* 1–3;《论灵魂》提供了对现象的科学解释:"所有味道在病人嘴里都是苦的,因为他们是用充满苦水的舌头来知觉味道的"。(II 10,422 *b* 8–10)

④　Id.,1062 *b* 34.

持普罗泰戈拉的论述的结果。"①事实上,如果现实与可感巧合的话,即与被知觉到的巧合,那么这个世界就只是依据知觉着的主体的在场而存在的,没有知觉着的主体,世界就崩塌为虚无了:"一般来讲如果只存在可感的话,如果拥有灵魂的人不存在的话,那么就什么都不存在。因为将没有对可感的感觉。"②在亚里士多德看来相反,思想对已经存在的存在进行操作,在认知中事物具有有限性,而并非相反;进行认知的人介入的是一个已经存在而且依据自身而存在的世界。在一切知觉和一切思想之前,世界就矗立起来了,而且正是宇宙的存在使得人们可以思考它;像普罗泰戈拉那样将存在从属于其显现,这就是在说"除非预先被人思考到,一切都不曾存在也不会存在"③。在普罗泰戈拉的观点看来,世界的存在依赖于将会成为主体的东西;亚里士多德也用另外一种方式肯定了这种依赖。普罗泰戈拉提出,所有显现出来的都是真的;但是亚里士多德强调指出,"显现的东西乃是对某人的显现"④,因而这个某人就恰好成为了真理的核心。因而可以得出结论,事物的存在不再是"自身依据于自身"⑤而存在着的存在,而仅仅是一种与其显现对象的关系;即使把其与各个不同的知觉者的关系都叠加起来,我们所能的得到的也不过是一堆关系,一团联系,而并不是某个真正的事物。因此人么可以结论说,普罗泰戈拉"将各种事物变成了各种关系"⑥。人与事物

---

① IX 3,1047 *a* 6-7.
② IV 5,1010 *b* 30-32.
③ IV 6,1011 *b* 6-7.
④ IV 6,1011 *a* 19.
⑤ Id.,18.
⑥ Id.,21.

之间的这种关系,亚里士多德从其自身的观点来看并没有明确将其否定,在他看来这种关系构成了对事物的认知,但却不是构成了其存在。一切存在都消融于关系之中,但是关系并非存在而只是某种关系,并没有免除人类主体自身,就像亚里士多德在一段富有简洁力度的晦涩文字中所证明的那样①。如果像普罗泰戈拉所认为的那样一切存在的存在都是相对于思考着的人的存在,如果思考着的人们涉及的对象是另外一个思考着的人那会发生什么? 这个思考着的人将会被分割成无数不同性质的碎片,以至于不可能将其重新组成一个单一的实在。但是这个思考着的人的命运也是其他所有人的命运,只要他们也被别人思考。因此所有的"意见持有者"(doxazon)都消散在其呈现给其他人的无数视角中,也只不过是一堆关系而已,亦即无,因此普罗泰戈拉理论的核心"人是万物的尺度"被理论自身的推论所推翻了。人远非万物的尺度,同样特定的人也不能成为自己的尺度。

　　如果说智者们与现代观念论的论题相近的话——至少从亚里士多德的描绘看来是这样,但无论如何要承认他们忽视了主体对于自身的"自我定位"(auto-position),"我＝我"奠定了"我"外在于一切关系的存在继而在绝对的基础上构建了"我"。因此,除了细微差别,我们的解释与黑格尔在《哲学史讲演录》中的解释相吻合,其中他认为,智者"开始了主体性反思的时代,开始了主体作为'绝对'的地位。现代阶段的原则都始于这一时期"②,而且这种原则带来了黑格尔所谓的

---

①　IV 6,1011 *b* 10–13.

②　Trad.Garniron,tome II,p. 239.

"现代的蹩脚观念论"①。在他看来明确的雏形出现在高尔吉亚的《论非存在》，高尔吉亚指出了感觉与被感觉到的事物之间、事物与表达事物的论述之间无法逾越的鸿沟②，但是普罗泰戈拉的"人是万物的尺度"乃是对此最直白的断言，黑格尔写道："因此，从此以后一切都将以其为中心的伟大原则就是在这里讲出来的，（……）这是一种巨大的转变，一切客体内容和元素都是相对于意识的，因而思想成为了一切'真实'的本质阶段，由此'绝对'具备了思考着的主体性这种形式。"③

这样可以解释语言在智者们那里的至高无上的地位：在事物的本体论消解之后，为了事物的多重显现，依据自身而存在的唯一实在就是这些显现的媒介，这是事物唯一的外在表现方式，某种程度上构成了这个世界，但是从言语的层面上讲，语言从此以后乃是唯一的。因此语言的作用乃是阻断与事物的接触而非向事物敞开，语言取代事物并成为事物本身，成为唯一的事物。皮埃尔·欧邦克（P. Aubenque）研究了高尔吉亚《论非存在》第三部分中断言与他人交流的不可能性所蕴含的语言概念。欧邦克写道，对高尔吉亚而言"论述是同其他可感现实一样的一种可感现实（……）。这正是因为它是同其他存在一样的存在，它只能表现为其所是，只能表现为高尔吉亚用 hypokeimenon（实体）这个术语所表达的双重意义：'因为它是一种事物而且它存在，所以论述就不可能向我

---

① Id.

② P. 272.

③ P. 262.关于这个问题，黑格尔给出了很好的结论："人们注重的并不是事物本身，相反人们将其同感受联系起来。"（p. 257）

们揭示支撑论述而且存在的事物'。因此论述只依据于自身"①。因此亚里士多德所竭力拒绝的乃是从语言对人的用途中取消其对事物指称和所指，精神分裂症的话语就是由这种取消所造成的。取消事物的正是"泛事物论"，即将不是事物的东西放在事物的行列中。语言的事物化导致了高尔吉亚在《海伦颂》中对论述所形成的不可思议但很有害的用法："语言力量对于灵魂的作用就如同药物对于身体的治疗。"②就像药物是一种特定的实体一样，语言也有其躯体，而且这并不是比喻，因为高尔吉亚明确指出这个躯体是"最微小且最不可见的"③，这就是指 flatus vocis，亦即声音所带动的空气。对语言的这种事物化同样也导致了普罗泰戈拉对言语的十足崇拜，就像他对《伊利亚特》(Iliade)的开头所做的阐发所表

---

①　*Le problème de l'Etre chez Aristote*，P.U.F.，Paris，1966，p. 102.所引用的这段文字出自于恩披里柯对高尔吉亚的《论非存在》的陈述(Sextus Empiricus，*Adv.Math.*，VII，86.同时参阅 p. 95 及 p. 123)："智者们将对手们限定在语言范围内，或者说是希望将其限定在语言范围内，让他们相信语言只诉诸于自身而不诉诸于他物；但是亚里士多德发现了语言的所指，即人类通过语言指向事物的意向"。

②　Fr. 82 B 11 DK，§ 14.
　　亚里士多德也会重提语言治疗功能这种思想，但是目的却与高尔吉亚的目的相反。在 pharmakon(药物)这个词中高尔吉亚看到的毋宁是 让人深神魂颠倒的"毒药"，而亚里士多德从中看到的则是用于净化激情的"解药"。因此像叙艾斯(Suess)和内斯特勒(Nestle)那样认为在这一点上高尔吉亚是亚里士多德的先行者，恐怕事实并非完全如此(关于这一点请参阅 M.Untersteiner，*Le origini délia tragedia*，Milano，1942，p. 90 sq)。无疑更应该拿亚里士多德同高尔吉亚的对手安提丰来比较，安提丰对论述的宣泄作用的使用已经能够让人联想到精神分析了(参阅 *Les Sophistes，fragments et témoignages*，PUF，1969，trad.J.-P.Dumont，fr.A 6，p. 161)，更可信的比较是安提丰似乎是一个非常出色的释梦者(Id，fr.B 80，pp. 187–188)。

③　DK 82 B 11，§ 8，ligne 17.整句话如下："语言是个伟大的君主，以微小最不可见的躯体完成了最神圣的业绩"。(lignes 17–18)

明的那样,亚里士多德在《诗学》惊讶道中:"人们怎么可能接受普罗泰戈拉对荷马的批评,批评他在祷告的词句加入命令——'歌唱吧,愤怒女神',因为他认为吩咐做某事或不做某事是一种命令。"①因此在智者身上存在一种虚假的现实主义,语言的现实主义,即关于并非实在的东西的现实主义。

我们还需要简短地指出亚里士多德对于这里提出的这个问题的解决方式。当然,就像欧邦克所指出的那样,一定意义上讲,亚里士多德全部哲学都是对智者派所造成的普遍危机的回答②。这个整体回答反驳了这种提问方式的根本性,这种提问方式的目的就只是摧毁哲学自身的可能性:当高尔吉亚在《海伦颂》中列举了各种使得真理摇摆不定的相互冲突的论述时,他首先引用了自然哲学家的论述和律师的论述,然后引用了"哲学家们的论述斗争"③。因此,在高尔吉亚看来,哲学体系的多样性表明哲学与现实相反的状态,表明不可能用一个严密的论述来说明这种多样性。指明这些多样的理论都是一个更大真理的简单面,证明每个理论都是在嘟囔一些亚里士多德哲学明确说明了的东西,这样就可以消除双重论述这个丑闻。从而我们可以明白,就像欧邦克所写到的那样,"对亚里士多德而言哲学并不是众多哲学中的某个哲学"④。我们前文说过,亚里士多德对于智者们是相对比较公正的,但是公正并不意味着喜欢。在其与普罗泰戈拉的对抗中,亚里士多德要求我们进行一些更具体的讨论,即对"人是万物的

---

①　19,1456 *b* 15;trad.J.Hardy,Belles-Lettres,1969.

②　*Op.cit.*,p.94.

③　§ 13.

④　*Op.cit.*,p.94.

尺度"的讨论。这条格言所带来的诸多荒谬如何才能得到消除呢？首先要恢复意见与知识的区分，"人是万物的尺度"摧毁了这种区分。例如高尔吉亚，谈话中别人严肃时他玩笑，别人玩笑时他严肃①，这位智者将知识当做意见，将意见当做知识。在真与假之外去思考，这种企图事实上只有当人们满足于意见领域的时候才有可能；事实上只有在意见的层面上人们才能够同时既坚持黑又坚持白：意见没有意见，只有科学才不再犹豫。恢复这种区分②，这就是从此以后要区分虚构与真实，同时也使得人们可以将只拥有表面智慧而无实际智慧的智者驱逐出去③。在具有分量的辩论与单纯的文字争斗之间重新确立了界限，这种界限的确立表明在智者派那里只是一种辩论技巧，亚里士多德对此的表达方式让人印象很深刻，在《修辞学》中他指出，"只与事物本身争斗，这再正确不过了"④。也不要使用只关注情感的论据。亚里士多德这里反对的是高尔吉亚的辩论术（修辞学），高尔吉亚的辩论术故意只追求情感效果：在《海伦颂》中语言就被称为"药物"⑤，高尔吉亚之所以选择 pharmakon（药物）这个词是因为其模棱两可性，同时既表示"良药"又表示"毒药"。因此如果我们想在知识和意见之间重新建立起区别，人们的所有感受就都不是同一的"尺度"，一切就都不会是真的。应该可以这样说，通过《尼各马可伦理学》第 10 卷的一段文字，我们可以逐渐理解对智者派的这种超越，亚里士多德在其中分析了快乐的本

---

① 　DK，82 B 12；Aristote，*Rhét.* III 18，1419 *b* 3.

② 　*Anal. Sec*，I 33，89 *a* 26.

③ 　*Réfut. Soph.*，I，165，*a* 21.

④ 　III 1，1404 *a* 5.

⑤ 　§ 14.

性,承认不同种类的动物具有不同的构造和行为,也具有不同的快乐。亚里士多德用赫拉克利特的一句话阐明了对其生物学著作的这种隐含注释:"金子与垃圾,驴子更喜欢垃圾。"①在同一物种内,快乐的这种多元主义也存在于个体身上,例如在人身上,从中可以看出某种普罗泰戈拉式的相对主义。但这不是亚里士多德的结论,亚里士多德通过将其划分等级整理了这种复多性,随后提出了这种划分等级的标准从而驱除了普罗泰戈拉的恐怖阴影:"卓越和优秀的人是万物事物的尺度。"②真正的快乐就是有价值的人(spoudaîos)看来快乐的快乐。亚里士多德回避了普罗泰戈拉的相对主义,他采用一种简单的办法,即用一种超越的标准来决定好的快乐和坏的快乐:spoudaîos 是肉身化的标准(la norme),如果 normal(正常的)这个词没有偏离其本义的话,spoudaîos 就真可以被称为 normal 的人。

其次,关于感觉普罗泰戈拉没有区分潜能与现实。因为,普罗泰戈拉只是把知觉过程中的感觉性质放在了人身上,此时他考虑的只是现实的(正在进行的)知觉;他没有想过在事物没有被知觉到的时候事物的存在应该是什么③。外在于一切现实知觉的事物乃是"可被知觉的",感觉性质永远潜在于其上。《论灵魂》中有一段文本正是关于这一点的:"最初的那些自然哲学家们错误地认为视觉之外不存在白与黑,味觉之外也不存在味道。一定意义上他们的话是对的,一定意义上他们又是错的。因为人们从两种意义上来理解'感觉'和

---

① DK 22 B 9.
② 1176 *a* 17−18.
③ *Met.* IX 3,1047 *a* 5 sq.

'可被感觉',亦即从潜能意义上或从现实意义上来理解。"①
因此人类的感觉作为"尺度"并不能创造感性性质,只是记录
感性性质。

最终普罗泰戈拉没有能够深化"关系"(relation)概念。
事实上感觉是两个相关术语的同时在场,即人和事物,而普罗
泰戈拉只看到了两个相关术语中的一个,即人这个术语,或者
说是一个被合并到另一个中,即"可被感觉者"被合并到"感
觉者"之中。《范畴篇》中认为相关的事物"天然地在一起",
而"可被感觉者"与"感觉"是例外,"可被感觉者"可以先于
"感觉"而存在,反之则不然②。《形而上学》第5卷中对"相
关"的各种意义的研究证明了这一特例③。

亚里士多德区分了"相关"这个术语的两种类型:第一
种,例如数字的相关,"其自身的存在确定是因为它对某个他
者的依附"④而并非"因为某个他者依附于它"⑤;另一种相关
是"因为某个他者被认为与其相关"⑥,亚里士多德将这种相
关命名为"可被测量者"。"可被认识者"就是这种类型,而且
通过这种区分,亚里士多德特别维护了知觉过程中"可被感
觉者"的本体论自主性和完整性。"被感知者"和"感知者"是
一对相关术语,但是被感知的事物的存在并不是完全取决于
某个感知者;更准确地说,从某种角度来看是"感知者"同"被
感知者"相关。亚里士多德用一条非常有意思的论据来确证

---

① III 2,426 a 21 sq;trad.Barbotin,Les Belles-Lettres.
② 7 b 15–8 a 12.
③ 15,1021 a 27 sq.
④ Id.,28.
⑤ Id.,29.
⑥ Id.,30.

这一点：如果我们像普罗泰戈拉那样将事物的存在归结为一种显现，而人是这种显现的尺度，例如人的感觉，那么我们就把认知变成了一种重言式的活动，就摧毁了认知。如果就其本质而言事物并不是被人认识或感知的东西，那么"认知"所认知的就不是某物而是"认知"，"知觉"感知的就不是某物而是"知觉"。这就是亚里士多德的真正意思，但他的表达很简略："视觉是对某物的视觉，并不是对视觉的视觉。"①当然说视觉是对视觉的视觉这并没有错，但是这只是"同样的东西说两遍"②，但是断言视觉是对"某物"的视觉，这是确立了事物相对于知觉和认知过程的本体论独立性。只是这种本体论独立性使事物成为了无限的容器，提供给永远开放、永不完结的认知，这种本体论独立性还使事物成为可被连续认知的，而非仅仅是已经被认知的。因此事物的现实性永远大于人对于事物的"测量"，这种"测量"就像德尔斐的刀匠，总是过于"小气"③。对普罗泰戈拉提出的这个问题的解决方式最终就是彻底颠覆"人是万物的尺度"这个表达。在这个表达中，人是作为知道和感觉的人提出来的④；但是，当人们说科学或感觉是事物的尺度时，在亚里士多德看来必须要明白，事实上"与其说事物被测量不如说事物可以被测量"⑤。还是《形而上学》这一卷中，亚里士多德再次重申并申明"认知是以可被认知者为尺度的"⑥。就用这几个简单的词，一切就都轻松解决

---

① 1021 *b* 1.
② Id.，3.
③ *Polit.*，I 1，1252 *b* 3.
④ *Mét.*，X 1，1053 *b* 1.
⑤ 1053 *a* 33.
⑥ 1057 *a* 13.

了,人不在是主动去衡量事物,而是相反等待事物"亮出自己的尺度"。在普罗泰戈拉的思想中,在亚里士多德思想中也是这样,事物不是主体(hypokeiménon)①,而毋宁是服从的,服从于作为其尺度的人的命令,即掌控事物,事物是人所希望的样子,即是说归根到底是无足轻重的;现实更大程度上不是由事物构成的,而是由某些事物构成的,即那些人让其出现并呈现各种形式的事物。亚里士多德对普罗泰戈拉的颠覆,其目的是恢复事物的存在,作为其自身本性的基础;事物自身的本性,从其本质的深度来讲,归根到底是反对意志的复多性的,只要亚里士多德真的说过斯托比亚斯(Stobée)归在其名下的那则箴言:"既然事物不是像我们期望的那样而发生的,那么就应该按照事物发生的样子去期望事物。"②这正是为什么在智者们那里论述的必要性取代了对必要性的论述。

在《法律篇》中,柏拉图提出了他认为与普罗泰戈拉"人是万物的尺度"相反的断言:"神是万物的尺度。"③然而从某种角度来看这两个格言是一样的:在这两个表达中事物都从别处获得标准。"人"和"神"这两个术语的角色是一样的,都是人的命令或神的命令决定事物的存在,即意味着事物并不是依据自身而拥有存在。亚里士多德同时抛弃了这两个表达,因为在他看来事物的存在乃是内在于事物的;通过知识的途径这种存在变成了人的认知;知识是由事物衍生而来,事物在呼唤我们,而我们需要推翻普罗泰戈拉的提议与柏拉图的

---

① 1053 *b* 2.

② *Flor.*, 3, 53. 1. 杜凌(Düring)倾向于这句话的真实性:Düring, *Aristotle in the ancient biographical tradition* p. 403.

③ 716 *c*.

提议的共同结构,我们需要说:"事物是人对事物的知识的尺度。"人不是存在的基础因为人从其本性而言不能构成一个本体论的中心;普罗泰戈拉将人作为一切的中心,但是《尼各马可伦理学》中的一个表达明确地表明了与普罗泰戈拉的人类中心主义的决裂:"在这个世界上人并不是最好的存在物。"①

我们最终可以在《物理学》第 4 卷中关于时间的分析中看到对这个由智者开始的危机的回答,虽然有点遥远,但是非常果断。因为在这里时间被表述为连续的,而智者派却差不多将时间公设为某种根本不连续的时间,将时间归结为kaïros,一系列受神庇佑的时机。这种归结是智者们在矛盾问题上立场不充分的必然结果。我们知道,在智者们反思的出发点,可以看到存在的基础是双重的,因此是模棱两可和摇摆不定的。言说(logos)诚然赋予存在以形式和面目。但是事物身上根本的模棱两可性与言说(logos)相反,这种模糊性在具体化的时候产生的不是某种单一的论述而是两种论述(由此产生了"双重论述"的实践),各自独立,但是放在一起却构成问题。理性在这种选择面前犹豫了。人偏好其中某一方而斩断了这种选择,将被语言展示出来的一面推出来,将另一面抛在深处,从而决定事物的存在。这种选择是非理性的,根本无法称其为合理的,至多只是人们尝试为其辩护,所以高尔吉亚明确地用辩护思想取代了正义思想。而对于普罗泰戈拉,他认为在实用中找到了标准,但是亚里士多德指出,实用不是事物的固有本质;《规劝篇》(Protreptique)已经指出,实用就

---

① VI 7,1141 *a* 22.同时参阅 1141 *b* 1—3。

像是事物旁边的东西①。实用时刻都在变化,必须要在所有变化中追寻实用,而这构成了矛盾的不断出现:曾经的底部成了表面,原来的表面沉入底部并被掩盖起来,在这种颠倒过程中并没有什么支配性的法则。智者们没有去回避或超越矛盾,而是通过打破时间的纹理来摆脱矛盾,时间变成了由众多时机构成的破碎形态,时间的延续是一系列受神庇佑的时机的并置。各种选择是相互对立且连续的,其矛盾在时间过程中消失了,因为为了唯一的 kaïros,时间过程被取消了。这就是智者们将时间归结为时机的最终理由,要想驳倒智者们,最终就要像亚里士多德那样,指出时间的本质乃是连续性。

因此我们看到,亚里士多德对智者们是十分公正的,他极力反对他们,特别是反对他们的领袖普罗泰戈拉,因为他们的理论在他看来伤害了事物的本体论存在。在亚里士多德看来普罗泰戈拉思想的中心是肯定"人是万物的尺度";但是我们看到,这个错误的出发点导致产生了一系列混乱,关于感觉的本性、科学的本性、时间的本性及关于语言的角色的一系列混乱。总之它带来了事物自主存在的毁灭,事物爆裂成多样性的感知,爆裂成每个感知者的感知。事物的存在不再寓居与自身之上,而是从外部获得标准。"人是万物的尺度"这个反话是智者派主要诡辩的来源,这些诡辩总体上导致了现实的消失,导致了对被视为存在的表象的操纵,简言之就是事物的消解。

---

① Fragment B 42 Düring.

附录四

黑格尔哲学对
普罗泰戈拉的接纳[①]

致贝尔纳·布尔乔亚[②]

　　在很长的一段时间内,智者在哲学史上都被看成是瘟疫。应该向黑格尔致敬,因为毫无疑问是他先纠正了传统加诸在智者身上的这种负面评判。

　　英国历史学家乔治·格劳特,在其巨著《希腊史》(*Histoire de la Grèce*)中,致力于为智者彻底昭雪,特别是驳斥那种指责他们伤风败俗和贪得无厌的控诉,这种指责的典型代表是施多鲍姆(Stallbaum),例如在他所编辑的柏拉图对话

---

　　① Romeyer Dherbey, G., *Aristote thélologien et autres études de philosophie grecque*, Paris, Les Belles Lettres, coll. «Encre Marine», 2009, p. 49-60.

　　② Bernard Bourgeois,生于1929年9月2日,法国著名哲学家,法国哲学协会前任主席(1991—2009),法国著名的黑格尔专家和德国古典哲学方面的专家,2002年当选法兰西道德与政治科学学院院士。

《普罗泰戈拉篇》的序言中，他极力提高这种指责①。但是格劳特直到1846年才发表其著作的第一卷，而我们下要讲到的黑格尔的《哲学史讲演录》，则已经于1833年由卡尔·路德维希·米希莱特（Karl Ludwig Michelet）出版。米希莱特告诉我们，黑格尔重复讲授这个课程达十二年之久，而且，1831年冬季学期之初，"就在死神突然降临之前，他还十分从容地就哲学史做了两个小时的讲演"②。因此，黑格尔，先于格劳特，也先于尼采，就开始为智者昭雪，但这种昭雪在当时还远没有什么实际意义，尽管黑格尔讥讽地指出："今天高度发展的科学随意地教训着古人，但正是因为知道的太少才觉得自己太渊博。"③

　　首先，黑格尔要推翻一直以来直接加诸在智者派之上的贬低意义，这种贬低意义还有一个专门的词来表达，这个词就是"sophistiquerie"（"智者之流"）："'sophistiquerie'这个词是作为贬义来使用的，特别是相对于苏格拉底和柏拉图而言，智者的这种糟糕名声就是他们评价出来的［……］。应该摆脱并忘却这种贬低意义。④"

　　对于黑格尔的文本，我将仅就《哲学史讲演录》中关于智

―――――――

　　①　*A history of Greece*, new ed, in twelve volumes, London, J. Murray, 1869, tome VIII, p. 164. n.I.格劳特在后文中指明"卡里克里斯不是某个智者"，他写道："很多作者都认为［卡里克里斯］这种反社会的逻辑［……］代表着雅典在所谓智者的教育下的普遍公众道德状态，但是我绝对否认这种断言。"（*op.cit.*, VIII, 189-190）对普罗泰戈拉的主要注释见于第8卷：VIII, p. 165 sq., 181 sq., 184, n.I.

　　②　Hegel, *Leçons sur l'Histoire de la philosophie*, trad. française P. Garniron, Paris, Vrin, 1971, I, p. 13.

　　③　Ibid., I, p. 41.

　　④　Ibid., II, p. 243（本人观点）

者的章节来进行研究。《哲学史讲演录》的第一篇为《古希腊哲学》，其中的第一阶段为"从泰勒斯到亚里士多德"。

这个第一阶段的第一部分是"从泰勒斯到阿那克萨戈拉"，第二部分为"从智者派到苏格拉底派"，其中理所当然地带上了苏格拉底。关于智者的章节前面，首先用很长的篇幅对智者时代进行了总体阐述，然后特别研究了两位最著名的智者，即普罗泰戈拉和高尔吉亚。黑格尔原本还想论述普罗迪科以及其他人，但是对此他说："那我们就会扯得太远了。"①那我在这里将仅就普罗泰戈拉进行研究，辅以一些对于智者的整体评述。这一次我把高尔吉亚放在了一边，原因很简单，因为"我们会真的扯得太远"。

我们首先来研究普罗泰戈拉的思想，尽管黑格尔是通过两个来源来理解他的：首先是对智者"抱有太多先见"②的柏拉图；其次是恩披里柯。

一、黑格尔眼中的普罗泰戈拉

1.1　总体地位

通过整个章节，黑格尔想要做的就是要研究"希腊时期智者的地位的积极和正当科学的方面"③。

他首先强调指出了智者的现代性，因为正是他们"开始了主体性反思的时代，开始了主体作为'绝对'的地位。现代

---

① Ibid., II, 259.
② Ibid., II, p. 260.
③ Ibid., II, 243；黑格尔的观点。

阶段的原则都始于这一时期"①。

　　陈旧的"朴素思想"（penser naïf），已经被客体溺杀，它"现在要面对意识"②。从这一点来讲，智者的知识比现代实证主义科学的那些学者的知识更优越，因为对于这些实证主义科学的学者来说"发现某种新的形式，发现某种新的蛆虫、臭虫或者垃圾，都被看做是一种极大的幸福"③。

　　现代学者毋宁是站在陈旧过时的一面，因为他们始终徘徊在自然意识的非批判、非反思的经验主义之中。相反，智者则允许"单独的主体性一面，自身构成原初的、坚实的现实性，将一切都归于自身"④。

　　在古希腊，智者通过教育进行交流，他们都应该是文化（culture）大师；这里 culture 这个词，应该被理解为一种自由研究，这种研究拒绝接受一切旧的信仰，也不认为符合自身的信念就算真实。因此这里 culture 指"现在 lumières 这个词所指的内容"⑤，也就是反思的时代，这个时代使得人"不再像服从权威和外在必然性那样服从法律"⑥。

　　不过，必须要指出，智者派不过是 lumières 的某种先驱性的预兆，某种警示；它还是单方面的，因为"我们现代这种源自于思考着的意识的那些最终原则得以建立的时代还没有到来……"⑦

----

①　Ibid.，II，239.

②　Ibid.

③　Ibid.，II，241.

④　Ibid.，II，243.

⑤　Ibid.，II，244.同时参阅 p. 255。

⑥　Ibid.，II，p. 246.

⑦　Ibid.，II，p. 253.

尽管时代还没有带来,理性却成为宗教性的:"想象的宗教",亦即多神教,必须要让位于某种"精神的宗教",亦即一神教的基督教①。

因此,如果说古代的智者派乃是现代和 lumières 的前兆的话,那么我们可以得出结论,"智者派与我们之间并没有我们所想象的那么遥远。"②

1.2 普罗泰戈拉的理论,归结为两点: 主观主义和相对主义

1.2.1 主观主义

同柏拉图一样,在黑格尔看来,普罗泰戈拉的主要论题是"人是万物的尺度"。它的内容是这样的:

Πάντων Χρημάτων μέτρον ἄνθρωπον εἶναι, τῶν μὲν ὄντων ὡς ὦστι, τῶν δὲ μὴ ὄντων ὡς οὐκ ἔστιν. (人是万物的尺度,既为'是其所是'的尺度,亦为'非其所非'的尺度。)③

在黑格尔看来,"这是一个伟大的原则"④,"今后一切都将以这一原则为中心"⑤。这意味着什么? 首先这是一个"非常重要的转变"⑥,因为,此前的主流乃是一味关注内容,而今

---

① Ibid. , II , p. 254.

② Ibid. , II , p. 256.

③ Frgt BI Diels-Kranz,柏拉图的《泰阿泰德篇》中的文本。恩披里柯的文本基本相差无几。

④ Hegel, *Leçons sur l'Histoire de la philosophie*, *op.cit.*, II , 261.

⑤ Ibid. , II , p. 262.

⑥ Ibid.

后将关注"内容的提供者"①,关注价值的标准,简言之就是
"主体"。所有客观存在的东西,都只不过是对于人的意识而
言的,都是主观的。通过人是万物的尺度,"'绝对'获得了主
体性的形式"②。因此主体成为了"内容的创造者",由此主
体变成了"本质上的能动的"主体,在将智者同启蒙时代作对
比的时候,黑格尔援引了康德,对其而言"主体乃是决定性的
能动因素,创造了内容"③。

　　与此同时,黑格尔指出了普罗泰戈拉主要论题的不足之
处。这种不足来自于"人"这一术语的模糊性和模棱两可性。
"人"可以指"个体",而个体的人作为尺度时,这种尺度乃是
偶然的。而"人"也可以指"人类",因而"人,从其理性的本性
及其普遍的实体性而言,乃是绝对的尺度"④。前一种含义无
疑是"[人是万物的尺度]这一格言的错误含义"⑤,而这种含
义玷污了第二种含义,因为在智者那里,"作为个体的主体与
本质上理性的主体,他们的各自利益还没有被区分开来"⑥。
在黑格尔对普罗泰戈拉的解读中,这一主题占据了非常重要
的分量,因为它直接引出了黑格尔对于普罗泰戈拉理论的第
二条解读。这第二条解读就是"相对主义"。

1.2.2　相对主义

黑格尔主要依据于苏格拉底在《泰阿泰德篇》⑦中的著名

---

①　Ibid.,II,p. 261.

②　Ibid.,II,p. 262.

③　Ibid.

④　Ibid.

⑤　Ibid.

⑥　Ibid.本人观点。

⑦　Platon,*Théétète*,153 *a sq.*

阐述来指出"人是万物的尺度"这一论题中所包含的相对主义。因为这一论题将"存在"和"显现"等同起来,并且,既然这种"显现"乃是主观的,"显现"就会依据每个个体而变化。因此,风使得一个人哆嗦,而另一个人不哆嗦,这个风到底是冷还是不冷呢?"我们接受普罗泰戈拉见解:对于哆嗦的人来说是冷的,而对于不哆嗦的人就不冷。①"后果是客体蒸发成了主体用以印证客体的客体表象。苏格拉底因此得出结论,"依据自身而自在存在的整体,根本就不存在"②。恩披里柯也得出同样的结论,在他看来普罗泰戈拉"认为所有的显现和意见都是真的,而真理恰恰属于相对者"③。

黑格尔指出,"后来的怀疑主义者们又重复了"④这种立场,随即黑格尔指出了这种立场的缺陷,因为它导致了"现代的蹩脚观念论"⑤:还原到其自身的话,意识阶段乃是单边性的;而它的反面,"自在阶段,则完全是必要的"⑥。这里所见到的对于智者的这种褒贬交错并非是偶然发生的,这只不过是精神在追求"绝对"的漫长路上的一个阶段。

二、历史记载的普罗泰戈拉

现代历史学能够摆脱上面的这种阐述么?尽管我们非常欣赏黑格尔的分析,但是我们的回答是肯定的。就像布朗蒂-

---

① Ibid., 152 *b*.
② Ibid., 152 *d*.
③ Frgt BI; Sextus, *Adversus Mathematicos*, VII, 60.
④ Hegel, *Leçons sur l'Histoire de la philosophie*, *op.cit.*, II, 265.
⑤ Ibid., II, 240.
⑥ Ibid., II, p. 266.

邦汝(Guy Plandy-Bonjour)所指出的那样,"完全可以说,从整体上而言,黑格尔过多地发掘了前人身上不明确的东西。"①或许黑格尔也没有发现其中所埋藏的东西,没有发现我们真正应该发掘的东西。我们首先要指出的是,普罗泰戈拉的著作乃是一系列连续的论文,而并只是非迪埃尔和克兰茨所提供给我们的那份目录,即一份残篇目录。这表明我们不能孤立地研究每个残篇,而是尝试将它们还原到一个整体思想中去。如果古生物学家只是提供一堆散乱的骨头,而不尝试重构骨架并用铁架代替缺失的部分,我们对此会怎么看呢? 我的假设是,普罗泰戈拉的思想应该具有严密性,此外,他的思想还应该具有建构性,不应该仅仅归结为一种怀疑的相对主义。普罗泰戈拉的理论似乎应该由三个阶段构成:对立命题、人是万物的尺度、强论述。

2.1 对立命题

Δύο λόγους εἶναι περὶ παντὸς πράγματος ἀντικειμένους ἀλλήλοις.(对任何事情都可以有两种对立的论证。)②柏拉图的《普罗泰戈拉篇》中所记载的普罗泰戈拉的宣言印证了这一残篇:ποικίλον τί ἐστιν τὸ ἀγαθὸν καὶ παντόδαπον.("善"乃是杂糅的、多种形式的。)③

柏拉图和亚里士多德都将普罗泰戈拉归属到赫拉克利特一派中,而对于赫拉克利特而言,在一切存在的内部,矛盾双

---

① *Hegel et la dialectique selon les Grecs*, in *Revue internationale de philosophie*,《Hegel et la dialectique》, n°139–140, 1982, p. 18.

② Frgt B6 *a* DK(D.L., IX. 51).同时参阅 Frgt A 20.

③ Platon, *Protagoras*, 334 *b*.

方共同存在。因此,"logos"表达的就是这种对立和自相矛盾。如果说"logos"表示战争、公民大会(ἐκκλησία)上的辩论、诉讼、悲剧力量、普罗迪科的寓言中赫拉克利斯所面临的那种生活选择,那么现实的双重性和论述的二元性让人陷入不确定,将人撕裂。这样就出现了第二个阶段。

2.2　人是万物的尺度

在这种自相矛盾的话语的深处,展现给个人的东西已经是一种稳定的东西;人们可以去依靠某种坚实的显现,而不是在两极之间摇摆不定。如果说普罗泰戈拉在其格言中没有明确"人"这个术语的外延,这乃是故意的,因为这样这个术语可以同时拥有两种外延,实现从个体到多数、从多数一直到整体的跨越。因此,城邦的构成者①乃是城邦中所有人的尺度。构成这个尺度的人数越多,其论述就越有效。这就是第三个阶段。

2.3　强论述

残篇 B 6 *b* DK(迪埃尔和克兰茨所编辑的《前苏格拉底哲学》中普罗泰戈拉部分 B 6 *b*):τὸν ἥττω λόγον κρείττω ποιεῖν,强化无力的论述,不仅仅具有修辞意义。如果论述使得一个尺度为最大多数人所接受,那么这个论述就发挥了其最大力量,亦即接近了其普遍化。这种普遍化乃是通过教育和法律来达到的,教育和法律为了所有人所共有的东西而磨平了每个人身上的特殊性。如果我们通读《泰阿泰德篇》的

---

①　参阅 Platon, *Théétète*, 168 *b*。

话,至少也要读到 166 *a*—168 *c*,那么我们就可以摆脱怀疑的相对主义。其中苏格拉底本人为普罗泰戈拉做了辩护,他指出普罗泰戈拉既不否认贤明之人(sage)也不否认贤明之智(sagesse)①。

事实上,一些现象是有用的,而另一些现象是有害的,但二者都是真实的,例如健康和疾病。医生让健康战胜了疾病,那么他是将有害转化成了有用,用正面的现象取代了负面的现象。而智者在教育中通过其论述所实现的东西,就相当于医生用药物对健康所作出的治疗②。苏格拉底又补充道:"同样,那些明智而善良的演说者,他们的论述对于城邦乃是有益的东西,而不是表面看起来正义却有害东西。"③如果人们反对说有用性乃是一种变化的尺度,那么普罗泰戈拉的回答是,这些变化的尺度可以通过 καιρός,亦即行动的实际时间,来证明自己。因此,如果非要这样说的话,普罗泰戈拉的相对主义确实是相对的,但是它无论如何都不会导向怀疑主义。最后我们还可以回忆一下关于诸神的问题来证实这一点。著名的残篇 B4 曾经被看成是一篇无神论的声明,但只不过是一种不可知论。残篇的开头是这样的:Περ ἱμὲν θεῶν οὐκ ὠχω εἰδέναι, οὔθ'ὡς εἰσὶν οὔθ'ὡς οὐκ εἰσὶν, οὔθ'ὁποῖοί τινες ἰδέαν. (关于诸神,我们既没有办法知道他们存在,也没有办法知道他们不存在,更没有办法知道他们长成什么样子。)④

这就是《论诸神》的开篇,而我们知道这也是对立命题风

---

① Platon, *Théétète*, 166 *d*.
② Ibid., 167 *a*.
③ Ibid., 167*c*.
④ Frgt B 4 DK(Eusèbe, *Prep. Evang.*, XIV, 3, 7.)

格的开端。因此,这种双重论述的体系从普罗泰戈拉体系的第一阶段就开始了。而理论的终点似乎就是关于厄庇米修斯和普罗米修斯的著名神话,柏拉图借普罗泰戈拉之口讲述了这则神话,而这则神话明确地肯定了诸神的存在:"从前有段时间诸神已经存在了,但是有死的人类尚未存在①。"这就是"强论述"阶段,亦即几乎所有希腊人都承认这一点。

在这两个阶段中,人是万物的尺度这个阶段,它可以从个体和整体层面决定存在和非存在,而它却选择了承认诸神的存在,而其目的无疑是诸神的政治用途,没有代表 δίκη(正义)和 αἰδώς(友爱)的宙斯,城邦就无法存在。从一篇有时归到克里底亚名下有时归到欧里庇得斯名下的残篇中②,我们可以看到普罗泰戈拉的理论对于宗教的响应。残篇中作者指出,城邦的礼节要求人们严格管制自己粗暴的本能。因此"某个谨慎而聪明的人发明了诸神让人们来恐惧"③。

如果说在柏拉图的对话中普罗泰戈拉是通过神话的形式而非 logos 的形式来表达自己,这是故意为之,是为了借助普罗泰戈拉的讲述指出对诸神的发明。正是出于对于这一点的理解,克鲁瓦泽(Alfred Croiset)在其所编辑的柏拉图的《普罗泰戈拉篇》中删掉了一节文字,其中普罗泰戈拉表明,人敬畏诸神乃是由于"人与神性之间的亲缘关系"(διὰ τὴν τοῦ θεοῦ

---

① Platon, *Protagoras*, 320 *c*.

② 这是一部题为《西西弗》(*Sisyphe*)的剧本中的文字,由恩披里柯转述。我倾向于将其归于欧里庇德斯名下,普罗泰戈拉就是在欧里庇德斯的家中宣读了自己的论文《论诸神》。

③ Critias, B 25 Diels-Kranz, vers 12-13.

συγγένειαν)①。因此,无论诸神存在与否,政治都需要对宗教的强论述。因此总体上来讲,我认为普罗泰戈拉的理论既不是主观主义,也不是相对主义。他的理论完全建立在有用性标准之上②,更多的是建设性和追求普遍性。

我们很惊讶地看到,那种严格而传统的阐释,具有源头上的曲解:柏拉图带来的论战式的曲解、恩披里柯带来的怀疑论式的曲解,而黑格尔从这种阐释出发,却对普罗泰戈拉和高尔吉亚进行了颂扬,他说:"这些智者都是深刻的思想家③。"应该如何理解黑格尔对于这些传统上一贯予以谴责的智者的颂扬呢? 我认为,这是因为黑格尔重新认识到了"否定"的地位,事实上"否定"乃是精神进步的动力,哲学史的动力,而哲学史乃是历史哲学的最深核心。综上所述,智者阶段标志着主体性原则(尚未终结)④的飞跃。

"主体性乃是永无休止的否定性"⑤,这是指主体性具有"思想的力量[……]这种力量动摇了一切"⑥,此外我们还会看到,这种力量使我们陷入了相对主义和视角的多重性。事实上,"可以轻易地变换不同的视角,这种能力动摇了古希腊的风俗和习惯(宗教、义务、不成文法):这种牢固的现实性失去了其有效性,至少是失去了其绝对性。"⑦智者派的这种否

---

① Platon, *Protagoras*, 322 a, éd. Les Belles Lettres, p. 36. Le passage figure entre crochets droits.

② 我们要注意 Χρήματα 表示"有用的东西"。

③ Hegel, *Leçons sur l'Histoire de la philosophie*, op. cit., II, 272.

④ Ibid., I, 35.

⑤ Hegel, *Science de la logique*, II, 509.

⑥ Hegel, *Leçons sur l'Histoire de la philosophie*, op. cit., II, 258.

⑦ Ibid.

定性被看做是毁灭性的,因此柏拉图坚决地将其抛弃。但是黑格尔对否定性的处理不同:黑格尔任由否定性自我展开,因为否定性也是真实的,然后通过对否定的否定,黑格尔超越了否定性。

因此,为了拯救城邦的道德底线,柏拉图将卡里克里斯及其贪婪(pléonexie)驱逐出去城邦。黑格尔则截然相反,利用这种无止境的自私欲望,出于大众的利益而将其视为个人旨趣所带来的丰富成果的一部分。柏拉图抛弃了智者,在他看来"肯定可以绕开否定"。但是精神的真正肯定性却"直视这种否定,进驻到这种否定中。这种进驻是一种神奇的力量,它将否定转变成了存在"①。

---

① Hegel, *Phénoménologie de l'Esprit*, trad. fr. Bernard Bourgeois, Paris, Vrin, 2006, préface, p. 80.

附录五

安提丰的宇宙论和政治学①

对于一些智者,他们政治思想的一个共同特征就是质疑
nomos(法律),只是质疑的程度不同。首先,我们用吕科弗隆举
几个例子,他质疑的程度是最轻的。对于吕科弗隆而言,法律
没有任何绝对或者是神圣的特征,法律是人的决定的一种表
达,是一种暂时的协议,法律是可以被废除或者是修改的。因
此法律完全是人的创造,是一种协议(convention, συνθήκη)。例
如在吕科弗隆看来,政治团体(κοινωνία)就如同军事联盟
(συμμαχία),而且也不过如此而已(fgt 3 DK),因此就像智
者吕科弗隆所说的那样,"法律就是一种协议,亦即相互权利
的一种保障,但是不能给予公民以善和正义"。因此法律的
特征就是在伦理上的软弱无力。

另一方面,高贵(la noblesse, εὐγένεια)的贬值是由于它
是法律所规定的,是"完全空虚的东西"(fgt B 4),吕科弗隆

---

① Romeyer Dherbey, G., *La parole archaïque*, Paris, PUF, 1999, pp. 40-55.

对 doxa(意见)和 aléthéia(真理)作出了区分,用来指出人们对于高贵的偏好向选择乃是出于"意见",而依据"真理"非贵族和贵族之间没有任何区别。

塞拉西马克也对法律进行了去神秘化:法律远非人们所认为的那样是对抗非正义的壁垒,法律经常被非正义所玷污,经常被歪曲。法律不是理性的阐述而权力的工具,因此法律总是分党派的,带着整体利益的面具服务于个别的利益:"所有的政府永远都是按照自己利益来进行立法"(*République*,I,338 *e*)。因此法律根本不是道德的保障,而是暴力的工具;法律不是正义,而是辩护。

现在让我们看一下希庇亚斯,我们会看到他对法律的批评是用一个积极的术语 φύσις 取代了法律。我们可以引用柏拉图的《普罗泰戈拉篇》中希庇亚斯的论述:"法律,人类的僭主,经常暴力地对抗自然"(337 c)。法律乃是城邦的法律,其目的总是每个城邦政权(la polis)各自的利益;正是出于这样的看法,希庇亚斯更喜欢自然:自然(la physis)直接具有普遍的意义,自然背后所隐藏的亲缘性远大于同胞关系所包含的亲缘性,自然创造了一种超政治的联系。自然建立自然在相似性的本性原则基础上,这种原则下同性相吸。我们可以引用柏拉图的《普罗泰戈拉篇》中希庇亚斯的话:"所有在场的人,大家成为家人、亲戚和同胞,这是出于自然而不是出于法律。因为同性之间本性上就是相似的。"

依据自然的这种普遍性可以定义一种自然法,这种自然法摆脱了实证性法律所具有的武断性和可塑性的特征,这种自然法是由不成文法组成的,希庇亚斯用乱伦禁忌来举例(*Xénophon*,*Mémorable*,IV,4,§14-22)。内在的正义保证了这种自然法得到遵守(后代的退化),因而这种自然法具有普遍的意义。

我们现在面临一个问题:在自然—法律这对概念中同法律相对的这种自然,其本性是什么? 智者们是否用某种物理学或者是某种宇宙论来充实这种自然的内涵? 回答应该是否定的。

人们通常将苏格拉底及智者同伊奥尼亚的思想家们(泰勒斯、阿那克西曼德、阿那克西美尼(Anaximène)、赫拉克利特……)对立起来,认为后者基本上属于"自然哲学家",亦即他们主要专注于"自然";而前者则专注于人,就像在柏拉图的《斐多篇》中苏格拉底所说的那样,专注于"生活在城邦中的人"。这种判断整体上来说是正确的,但是还需要进行严格的区分,因为智者中并非没有宇宙论思想,普罗迪科和希庇亚斯很有可能有宇宙论,而安提丰是确凿有宇宙论的。我们将依据流传至今的一些残篇来勾勒其宇宙论思想的轮廓,这些残篇归属于《论真理》(共两卷)的第二卷。安提丰构想自然的方式非常希腊化,构想成普遍、秩序、井井有条。安提丰喜欢用 διάθεσις(布局)这一概念来表达这种秩序,而这种构造包含了两项基本原则:ρυθμός(tournure,表达)和 ἀρρύθμιστον(sans pourtour,无结构)。也可以说成是外形(figure)和基质(fonde)。我们下文的第一部分将展现安提丰的这种宇宙论,然后第二部分揭示其后果及在政治思想中的应用。

一、宇宙论

外形和基质

亚里士多德在《物理学》第二卷（1，193 *a* 9 sq.）中写道：
"有些人认为，自然及依据自然而存在的存在物的本质，乃是
存在物最基本构成部分，自在存在，没有结构，例如床的本质
是木头、雕像的本质是青铜。安提丰提供的证明是，如果把床
埋在土里，腐烂可以滋养新的发芽，新芽将成长为树木而不是
床：偶然的存在是依赖于法律和制造的一种安排，而本质则能
够持续存在并保持其形态"（fgt B 15）。

在这段文字中，亚里士多德将安提丰原本的概念重新解
读，融入到自己的质料和形式的理论中。如同亚里士多德思
想中的质料和形式概念一样，安提丰的概念中也有两个相互
对立的概念：ῥυθμός 和 ἀρρύθμιστον。

ἀρρύθμιστον 似乎完全是安提丰自己的概念，因此，像本
沃尼斯特那样①认为是亚里士多德依据 ῥυθμός 基础上"构造
了 ἀρρύθμιστον"（他是依据于 *Métaph.*，1014 *b* 24），这是错误
的。《物理学》第二卷中这段文字向我们表明，这个词事实上
是安提丰构造的，人们有时也称安提丰为"语言大厨"
（cuisinier du langage，fgt A 1）。"有形"（figure）和"无形"
（sans figure），这对概念乃是《物理学》中这段文字的关键。
为了阐明这两个概念，我们要求助于耶格尔，耶格尔在《论教

---

① *Problèmes de linguistique générale*，I，chap. 27，Galllimard，coll.《Tel》，
pp. 327-335.

育》(*Paidéia*)中指出，ῥυθμός 和 ῥυσμός 最初并没有"节奏"（rythme）的意思，直到柏拉图在《法律篇》中将其用于舞蹈姿势才具有了"节奏"的意思。rhythmos 并不是某种"流动"（flux）。传统语义学认为 rhythmos 一词源自于动词"流动"（couler，ῥέω），但是耶格尔质疑这一点。他写道："这个词的历史让我们反对类似的解释。这个词应用于舞蹈也音乐属于附属用法，而且同其本义偏离"（p. 162）。那么这个词的本义是什么呢？耶格尔在亚基古罗斯（Archiloque）的残篇 67 中找到了："胜利时不要过分狂喜，失败时也不要哀叹，享受身边的快乐，但要防止乐极生悲，要懂得 ῥυσμός 是如何支配人的。"

耶格尔翻译为："ῥυθμός 如何在其关系中维护人性"。他引用埃斯库罗斯的悲剧《普罗米修斯》(*Prométhée*)（v. 245）来为自己的解读辩护：被铁镣永久锁住之后，普罗米修斯高呼：ὧδε ἐρρύθμισμαι，"我被束缚在这种 rythme 之中"（菲克斯（Fix）翻译成："看啊，他们是这样对我的"）。在《波斯人》(*Les Perses*)（v. 747）中也是同样的意义，埃斯库罗斯在谈到薛西斯架桥穿越死海而改变了水时说："他用坚固的缆绳捆住了水流（πόρον μετερρύθμιξε）"。因此耶格尔认为 rhythmos "乃是束缚事物运动、锁住事物流动的东西"(*ibid.*)。按照亚里士多德在《物理学》中的阐释，德谟克里特在描述原子特征的时候使用的应该就是该词的最初意义：原子的 ῥυθμός 不是它们的运动，而是它们的轮廓、外形、σχῆμα（schéma，结构）(I, 4, 985 b 16；在《物理学》第七卷(*Physique*, VII, 3, 245 b 10)中，亚里士多德将 σχηματιζόμενον 和 ῥυθμιζόμενον 作为同义词来使用，意指"已成形"（figuré）和"已成样"

（façonné））。因此，当希腊人谈论建筑或雕像的 rythme 时，并不是在做某种音乐化的比喻，ρυθμός 讲的不是"流动"，而是"停止"。本沃尼斯特没有参考耶格尔，但是却得出了同耶格尔相近的结论："［rhythmos］的主要意义为：独特的形式，恰当的外形，布局"（op.cit., p.332.），因此 rhythmos 同 diathésis 确有相近之处。

因此，arrythmiston 是指不停留在某种特定的形式上，没有限制自身和提供形式或表形的固定边界。因此其本性就是"无表形"、"无形态"。

亚里士多德保留了安提丰这些概念的词形，将自己的概念加注其中。其中包含两个层面：arrythmiston 相当于质料（ὕλη），rhythmos 相当于形式（εἶδος）；这两项原则完全符合亚里士多德的思想，但是二者之间的相互关系却完全不同：在安提丰看来："无形式"才是本质（οὐσία），而形式则属于某种偶然（συμβεβηκός）。

因此 arrythmiston 具有本体论上的优先性，安提丰对此的证明诉诸于自然（physis）和技艺（technè）之间的对立，亦即一些 rhythmoi 源于自然，一些 rhythmoi 源于技艺，二者之间存在对立。源于自然的 rhythmoi 是由 arrhthmiston 产生的，安提丰将 arrythmiston 看成是创造性的、构造性的"自发性"（spondanéité）；源于技艺的 rhythmoi 是由人产生的，亦即其背后没有 arrythmiston 的根源，只是一种借用（工匠从质料中借用某种形式，应用到已经存在的无形式上）。换句话说，艺术笨拙地模仿着自然（亚里士多德对技艺自然就不那么严肃了）。

安提丰所要说明的内容的关键就是生成的经验，就像亚

里士多德随后的文字中表明的那样,我们此处引出该段文字:
"这就是为什么他们要说床的形状不是床的本性,而木头才
是,因为,如果床能够发芽的话,长出的不是床,而是木头"
(193 b 9–11: διὸ καίφασιν οὐ τὸ σχῆμα εἶναι τὴν φύσιν
ἀλλὰ τὸ ξύλον,ὅτι γένοιτ̓ ἂν,εἰ βλαστάνοι,οὐ κλίνη ἀλλὰ
ξύλον.)

此处举出技艺做例子就是要证明 rhythmos 本体论上的深
层性。艺术,作为改造(trans-formation,转移形式),抬高了纯
形式,忽视了原初质料;自然,作为"塑造"和"塑造者",本身
并不是某种形式。自然本身不是形式,但它不但生成形式,而
且不会象形式一样毁灭。作为最根本的源头,自然被完全隐
藏在其存在中,是不可接近的,但是又可以适应一切形式。

时间与永恒

时间问题是研究 arrythmiston 的规定性的基本问题。

Arrythmiston 作为原初的基质,世上的一切形式都是由其
构成的,为什么 arrythmiston 具有本体论上的优越性呢? 因为
它可以经受得住制造带来的改变:木头比床更持久。因此安
提丰区分了 ἀειεστὼ(l'être eternel,永恒的存在)和 Χρόνος(le
temps,时间)。

存在的最基本属性:持存和真正的幸福,安提丰称之为
ἀειεστὼ,因为安提丰创造的这些词,其构造的一致性揭示了
某种概念上的联系:"安提丰在《真理》的第二卷中使用
ἀειεστὼ 取代了 αἰδιότητα(éternité,永恒)[……],就像他将
εὐδαιμονία 称为 εὐεστὼ(幸福)一样"(fgt B 22)。而这就是
arrythmiston 的命运。

相反,arrythmos 的命运是时间,残篇 B 9 中说,时间不过是一种心理上的存在,并非一种现实:"时间只不过是思想或尺度,并非基质"(νόημα ἤμέτρον τὸν Χρόνον, οὐΧ ὑπόστασιν)。

凡是在时间中得以实现的形状都是不能留存和持久的,获得这些形状的东西还会参与别的活动,参与其他布局。这种回到基质,回到没有任何面孔的本质中去,安提丰将其解释为控制的消亡,体现在在残篇 B23 中关于"脱节"(diastasis)的论述:"在《真理》第二卷中,安提丰使用 διάστασις 来指称支配性的布局(νὰτὴν τοῦν κρατούσης),而不是用'宇宙的秩序'(διακοσμήσις)。"①

完满与完备性(plénitude et complétude)

相对于 rhythmos 而言 arrythmiston 是完满的,rhythmos 只不过是某种制造,源自于某种秩序,源自于某种关系。如果"无结构"(sans-figure)本身就像其字面所标明的那样,摆脱了形式,那么它就是"变化的源泉",就好像《蒂迈欧篇》中"领土"(chôra)这个概念。"美"就在于有序化(diathésis),但是没有 arrythmiston 就没有 diathésis,也不可能能有美。残篇 B14 表达的正是这样的意思:"在失去所有贮备之后,[自然]会将许多美的存在艰难地结合在一起(ἂν διαθεῖτο)"(《真理》第一卷)。

作为一切形式的储存器,"无结构"并不是因为缺乏形式

---

① 我赞同文特施蒂纳的解释,而并非杜蒙的解释,因为这里 diastasis 并不表示其惯用意义"分离",因为在这段文字中它作为 diakosmèsis 的同义词来使用。

而不具备形式,而是因为富有形式而不具备形式;"无结构"不是某一种形式,而是所有形式的集合,而这种性质是我们理解安提丰一系列惊人表达方式的关键:带有否定前缀"α-"的词,在他那里意义都是相反的——"安提丰用 ἄβιον(无生活方式)表达 πολύνβίον(很多生活方式)的意思,就像荷马(*Il.*, chant XI, v. 155)将森林称为 ἄξυλον(无树),表达的是 πολύξυλον(很多树)"(fgt B 43)。因此,arrythmiston 某种意义上是全部形式凝结在一起,只有 arrythmiston 才能形成这样或那样的表达。

自然的这种两极化结构似乎在人的灵魂(pstchè)中也可以找到;事实上残篇 B 24 告诉我们"安提丰使用'有序化'(diathésis)表示'理智'(gnômè)和'思想'(dianoia)。在《真理》第二卷中他还用它来表示宇宙的秩序(diakosmèsis)"。

人的思想各不相同,有形式和形状,但人的思想同样也有一个模糊的基质,这个模糊的基质乃是思想的源泉,概括来说就是有意识和无意识。因而,作为一个释梦者,安提丰懂得表面内容和潜在内容的区别。

Arrythmiston 与 apeïron("无结构"与"无定")

从安提丰的 arrythmiston 人们自然马上想到了阿那克西曼德的 apeïron,似乎完全受其启发而来。此外,apeïron 这个词在残篇 B 10 中也有提到,用来强调 arrythmiston 的完备性(并非像文特施蒂纳所认为的那样用来指埃利亚派的"存在"或"神"):"因此它什么也不需要,也不需要人添加什么东西,它是'无定',什么也不缺"(《真理》第一卷:διὰ τοῦτο οὐδενὸς δεῖται οὐδὲ προσδέχεται οὐδενός τι, ἄπειρος καὶ ἀδέητος)。

通过与阿那克西曼德的比较我们明白为什么arrythmiston是"自足的"。我们知道,对于古希腊的物理学家来说,万物的根源都在于四种基本元素。他们都阐明了各种元素之间是如何相互循环转化的,他们之间的分歧就在于那种元素是基本元素,而其他元素只不过是这种基本元素的偏离变形。我们知道,对于泰勒斯和希朋那克斯(Hippon)来说,基本元素是水;对于阿那克西美尼和第欧根尼(Diogène d'Apollonie)来说,基本元素是气;对于赫拉克利特来说,基本元素是火。就像亚里士多德在《论灵魂》中所指出的那样,只有土没有人认领。因此,在这种大背景下,阿那克西曼德的解决方式无疑具有原创性,他认为万物的本源不是四种元素中的某一种,不然的话就会偏向某一种元素而造成失衡,获得偏向的元素就会支配其他所有元素(斯多葛学派的大火思想证实了这种后果)。四种元素的本源不是某种元素,而是包含所有四种元素并控制这些元素的东西(Aristote,Physique,203 b 11:περιέχειν ἄπαντα καὶ πάντα κυβερνᾶν)。它是神圣的(θεῖον),而且它不同于各种元素,这样它才能够使各种元素相互转化。因此我们掌握的关于安提丰宇宙论的残篇应该包含在各种元素相互转化的背景下。因此对于光线运动的解释借助于火以水或湿气为给养,同时也带走了烧干的泥土:"火[的光线]将地面附近的湿气转化,有些上升有些下降,那些被烘干而抛弃的东西,又会重新粘着在下面潮湿的东西上"(fgt B 26)。同样还论述了在火的作用下从土到水的变化:"火烧烤土,使其熔化……"(fgt B 30)。最后,冰的形成向我们表明了在气的作用下从水到土的变化:"空气中形成雨和风两个对立的部分,较大的水滴凝结并变硬。在这些演变中,原来被支配的东西变硬凝结,在风和自身力量的作用下转动起来"(fgt B 29)。

本体论上的优越性

这个问题非常重要,就像亚里士多德在《形而上学》Z 卷中证明真正的"本体"(ousia)乃是"形式"并非物质"基质"(hypokeiménon)时所碰到的那些难题所表明的那样。事实上安提丰的观点显然更易理解,就像龙萨所指出的那样:"质料留存下来而形式消失了。"

以柏拉图-亚里士多德式的形而上学为代表的希腊主流传统,认为存在乃是有限度、有边界、有形式、有规定性的东西。从这种意义上讲,希腊文化乃是一种阳光文化,其最美的表达恐怕就算是品达《皮西安赛会颂歌》第八篇中的第五段了(95—97):

> "朝生暮死的人啊!何所是?何所非?人,
> 无非影子的梦。光华突现,那是神!
> 灵光从天而降,甜蜜充满人生。"

但是也存在一种相反的传统,其最古老的证据就是赫西额德神谱中的"黑夜女神",这种传统的主题是 apeïron 和 arrythmiston。我们不要被这两个概念的最初形式所欺骗,因为 péras 和 thythmos 对于阿那克西曼德和安提丰来说并非正面的术语,我们可以看到后来在普罗提诺的思想中"无限"(infini)重新成为正面的术语。

亚里士多德和安提丰之间冲突的症结就在于"形式"和

"无形式"在本体论上的优越性问题。对于亚里士多德来说，"形式优先，形式比质料更真实"（*Mét.*, VII, 3, 1029 *a* 6）。形式造就了混合物（sunlon, synthéton），形式本身比单纯质料更本质。对于亚里士多德，质料的存在没有积极意义，因为"它的存在就是缺乏"（*Mét.*, VII, 7, 207 *b* 36）。就像亚里士多德指出的，实施包裹的不是质料，他明确指出"实施包裹的是形式"（*Phys.*, 207 *a* 35; cf. aussi 208 *a* 2）。通过哲学，希腊文化很快成为一种关于光明的本体论，并且贬低了起源处的黑暗，用埃斯库罗斯在《女祭司》（*Choéphores*）中的话来说，希腊文化"软弱得一无是处"（v. 65: ἄκραντος νύξ）。

二、人类学结论

这种宇宙论导致了安提丰的全部的人类学内容；这种宇宙论可以解释他对人的命运及城邦生活所形成的观念。

人的命运

我们知道他极力反对神意的存在（fgt B 12）。因此诸神不理会人类的事务，而个人的命运则取决于 rhythmos 和 arrythmiston 的游戏。

每一个个体都是一个 rhythmos，一个由"无边界"的创造性自发性所引起的短暂形象。他来到光线之下因为他是一种形式，而且他会在光线下做短暂的停留。但仅仅是一瞬间，因为形式并非是自在的，很快形式就会消失在基质之中，重新回到形式自身的来源无形式中去。这里我们想到了《奥德赛》里面的普罗透斯（Prothée），"他的名字意味着原初或原则"而他"有个女儿叫厄多忒亚(Eidothéa),也就是形式女神"
(Louis Ménard, *Histoire des Grecs*, I, 290-291)。具备表形的个
体,亦即我们中的每一个人,都涌到表面上来,但是很快会重
新沉入到无名的"无形式"中去,"无形式"既是个体的摇篮也
是个体的坟墓。个体不会再回来了,因为如果他再回来,也是
以另外一种形式回来,也就是说他将是另外一个个体,一个不
同的个体。以这种方式回来的已经不是原来的个体,而是 ar-
rythmiston。但是这种不断重新归来的 arrythmiston 并不是重
新归来,因为严格来讲它就从来没有离开过。让我们来聆听
一下安提丰的一段深刻文字(残篇 B 50):"生命就像是一天
的岗位,生命的长度也只有一天,抬眼看看时光,然后交接给
后来者。"①—— τὸ ζῆν ἔοικε φρουρᾶι ἐφημέρωι τό τε μῆκος
τοῦ βίου ἡμέραι μιᾶι, ὡς ἔπος εἰπεῖν, ἧι ἀναβλέψαντες
πρὸς τὸ φῶς παρεγγυῶμεν τοῖς ἐπιγιγνωμένοις ἑτέροις.

　　其中安提丰重现了对人的死亡的一种非常希腊式的情
感。永恒的生命属于 arrythmiston, arrythmiston 就好像是宇宙
的躯体;永恒的生命不属于我们,我们只是其转瞬即逝的形
态,是短暂的形式。正因如此,"生命不可能像掷骰子一样重
来一次"(fgt B 52, *De la concorde*: ἀναθέσθαι δὲ ὥσπερ
πεττὸν τὸνβίον οὐκ ἔστιν)。

---

　　①　关于用守卫这种形象来比喻人的命运,柏拉图在《斐多篇》的一
段文字中给出了其起源:"不过神话中有对这些问题(弃生赴死是否更
好?)的论述,这就是我们人类处在某种守卫的岗位上(ἔν τινι φρουρᾷ),
因而既不应该自己放弃这个岗位,也不应该逃走,在我看来这种论述非常
伟大。"

自然与法律

安提丰的政治观念表现在残篇 B 44 中,我们首先来确定安提丰是民主派还是寡头派,然后来解读该残篇。这也正是为什么安提丰的身份问题让评注家们非常头疼的原因。如果智者安提丰就是《四幕悲剧》(*Tétralogies*)的作者本人的话,那么他就应该是民主制的反对者,就应该能够在残篇 B 44 中找到对贵族价值的表现;如果该残篇的内容是民主派的,那么就可以认为有两个安提丰存在。最新的研究,玛丽雅·塞莱娜·冯济对奥克西林库斯出土的草纸的重新解读,倾向于认为智者安提丰和演说家安提丰为同一人。这些研究当然有它们的优点,但是与单纯为其政治活动辩护相比,对安提丰的理论反思却可能会有不同的意义。如果这种反思是哲学的,人们有理由期待,这种反思应该与其余的理论是一致的。我们前文刚刚概括了安提丰宇宙论的特点,而我们在其政治残篇中看到的是似乎是对宇宙论的延伸。

我们前文的分析以《物理学》第二卷中的文本为基础(*Physique* II,1,193 a 9),这段文本中有一个假设的实验:"如果人们将一张床埋入土里……"。我们现在将要看到,安提丰的政治分析基础中还有一个假设实验:"'如果'有人在场的时(εἰ μετὰ μὲν μαρτύρων...)就非常遵守法律,而独自没有人在场时就遵守本性的意愿",那么他就会"按照自身的利益"来实践了正义,因为正义被定义为"不要违反所在城邦的法律"(B 44)。

这个实验的进程表明 nomos(法律)应该受到指控和贬低,因为它是人为的,只是人类技艺的产物。Physis(自然)和

nomos(法律)的对立,在政治层面变成了 physis(自然)和
technè(技艺)之间的对立。在亚里士多德对安提丰的证词
中,法律和制造($φύσις\ καὶτέχνη$)被明确放在一起加以比
较,这种比较将"自然"同"政治"联结在一起。法律的形成同
制造的形成具有同样的现实性(或同样的可靠性):法律对人
的影响就如同桌子的形式或床的形式对木头的影响。法律只
是出自某种约定,契约双方的一种协议。只有在他人的足够
监督下、在他人的目光能够注意到我的情况下,对契约的遵守
才会有保证。但是因为没有办法无时无刻地监督所有人,遵
守法律条文所带来的正义只是一种脆弱的正义,可能会遭到
各种损害。真正坚固且不可违抗的正义是由自然来保证的正
义:"因此,对于那些违背了法律规定的人而言,如果没有被
那些参与约定的人发现,就躲过了耻辱和惩罚;如果被发现
了,就逃避不了耻辱和惩罚。但是对于那些源于自然的规定,
是不可以违背的,因为,即使没有被任何人看到,恶果也不会
减轻,即使被所有人看到,恶果也不会加重。因此这种惩罚不
表现在舆论上,而表现在实际上"(B 44 A Diels,B Funghi)。

　　另外一方面,司法机构本身,即法院,并不能保护正义者、
惩罚非正义者。首先法律没有任何预防性特征:"法律完全
是让遭受痛苦者痛苦、让犯错者承担错误。"

　　其次,镇压可能会打击受害者、放走罪犯:"原告必须要
向法官证明自己遭到冒犯,证明自己的辩护词具有伸张正义
的力量。但是在指控中,是允许被告来否认这一切的"。可
以推断,安提丰暗示的无疑应该是给予原告和被告以同样长
度的发言时间,就像凯兹所认为的那样:"遭受错误者和犯错
者的辩护时间是一样的"。

由此我们可以看到,诉讼就是一场战斗,一场制度化的战斗,强者胜利,并非正义者胜利。因此自然并不是暴力的庇护者,反而法律才是暴力的庇护者。此外,法律像 rhythmos 一样,是限制性的;法律同自然冲突,就像形式同基质冲突一样。法律只知道禁止、压抑本性及强制。法律规定眼睛看什么,规定耳朵听什么,规定舌头说什么,规定精神想什么。法律是对生命的颠倒,"因为,关于什么东西有用,法律的规定是对自然的桎梏,源于自然的规定才是自由的。正因如此,简单地来讲,带来快乐的东西比带来痛苦的东西更符合自然。正因如此,让人不快的东西没有让人快乐的东西有用。事实上,真正的好东西不应该有害,而应该有用"。

必须要看到,安提丰对自然的颂扬,并非对暴力及野蛮本能的辩护,恰恰相反,作为一个思考和谐的思想家,他颂扬平和的自然。在他的论文《论和谐》(Sur la Concorde)中,安提丰列举了单腿大脚族(Skiapodes)、大头族(Macrocéphales)和穴居族(Troglodytes),这些都或多或少是传说中的民族,在安提丰看来他们是生活在自然状态下的民族。在他看来,只有在这种自然状态下,"这些野蛮人才最像神"(fgt B 48)。

自然建立起一种人的普遍性,这种普遍性超越了法律所带来的社会分歧;此处,更深刻的是来自于基质、来自于 ar-rythmiston 的东西;惯例和法律的形式主义显现出一种无形式、无边界的普遍性:"我们彼此视对方为蛮族①,但至少从自然上来讲,我们出生时都是一样的,无论我们是蛮族还是希腊

① 也可以将 bebarbarômetha 翻译成"我们相互不理解",因为根据斯特拉波(Strabon),这个动词表示"用不可理解的方式讲话"(Strabon, XIV, 2,28)。

人。那么这提供了一种观察方法：一切必然的自然现实，都是有相同的力量带给所有人的，而在这些相同的东西上面，无论是蛮族还是希腊人，我们是不分彼此的。

　　事实上，我们都用嘴巴和鼻孔呼吸空气；我们都是快乐的时候笑、伤心的时候哭泣；我们都是用听觉来感知声音；通过明亮的光线用视觉来看；我们都是用手来劳动、用脚来走路。"①

　　对于现代人来说，人类的普遍性应该从理性结构方面来寻找，甚至是意志和制度方面。在安提丰那里，人类的普遍性是要相对于法律和制度向后退一步，寻找一个根基。普遍性更多地表现在自然机能、需求及情感层面：人类的最大平等就是都要遵循生命的法则及死亡。政治最终根植于自然之中，政体上的区别无非是人类本性（自然）的表形（rhythmoi），人类的本性是普遍的，个体和国家的特性没有本体论意义，最终都会消失在 arrythmiston 的基质之中。

　　《尼各马可伦理学》第 4 卷中，在对一个矛盾的推演过程中，从亚里士多德对超越政治之上、只能诉诸于宇宙论的自然法（physikon dikaion）的回想中，我们似乎可以找到受安提丰启发的痕迹。亚里士多德把这种启发神秘地归功于"一些人"，而且用简练的形式总结了这种启发："这里的火同波斯的火是一样燃烧的"（10,1134 b 26,τὸ πῦρ καὶ ἐνθάδε καὶ ἐν Πέρσαις καίει.）。

―――――――――

　　①　Fgt B 44,A,col.Ⅱ.我们这里使用的是冯济修复的文本，转引自 F. Decleva Caizzi e G.Bastianini, Antipo, *Corpus dei Papiri filosofici greci et latini*, I,pp. 185–186.这段文本与迪埃尔-克兰茨及文特施蒂纳的文本有些许出入。

附录六

"神光闪现之时"①
——品达思想中的 kaïros

《奥林匹亚赞歌》第八篇中提到,那些从火焰中寻找征兆的预言者们,他们向手握闪电的宙斯询问,"可否将某些逻辑(logos)赐与众生"(Ⅷ,4)。这就是阅读品达的处境:尽力使《颂歌》中喷涌的火焰归顺于概念的原则,探究是否可以从其中的杂乱意象中提取出一些哲学内容。诗歌第一段的后续内容告诉我们,只有人们的虔诚(piété)才能换取 Χάρις,即对所求之物的感激之情,我们正是要就虔诚问题来探究品达:我们需要依赖他,需要诗意地理解他。但是品达本人却完全依赖于诸神,如果我们要理解 kaïros 在这位诗人那里的作用的话,就必须用"古体风格"去理解他,正像莫妮卡·特雷德(Monique Trédé)所指出的那样。

莫妮卡·特雷德指出,自智者派之后,从政治到医学等很

---

① Romeyer Dherbey, G., *La parole archaïque*, Paris, PUF, 1999, pp. 1–13.

多领域,kaïros 被"世俗化了"(laïcisé)。同样她还指出,形容词 τέλειος(完满的),在赫西俄德和品达那里乃是专门用来修饰宙斯的(Ζεῦ τέλειε, *Pythiques*, I, 67, *Olympiques*, XIII, 115),后来成为了 kaïros 一词的修饰词,修饰人所利用或者是掌握的 kaïros。我们可以引用莫妮卡·特雷德的话:"这种 kaïros,表现在人身上就是认准和抓住 kaïros,甚至是促成 kaïros 的艺术。"①

我们可以在莎士比亚的《尤里乌斯·凯撒》中马克·安东尼的非凡演说中看到这种促成 kaïros 和创造 kaïros 的艺术的极致,完全符合现代人梦想成为宇宙统治者的理想。

kaïros 一词在品达作品中的这种古体风格,并不是由品达创造的,而是从前人那里接受而来的,它之所以是现在时正是因为它就是现在时,它明显具有某种宗教的维度;因此,在着手分析这个词之前,必须要简略回顾一下对于品达而言什么是诸神的世界、什么是人类的世界。

诸神与人类

《尼米亚赞歌》第六篇这样开篇:"一边是人的家族,另一边是神的家族。诚然我们双方都源自同一个母亲。但是能力(puissance, δύναμις)上的绝对差别将我们分开,分开的方式就是人什么也不是,这样天空就可以永远安稳地安置在其青铜柱上"(v. 1–4)。

虽然同为大地的两个儿子,人和神却因为能力上的大小而区分开来。诸神不仅拥有力量,而且在使用的灵活性上也

① *Kaïros*, *l'à propos et l'occasion*, Klincksieck, 1992, p. 143 et n. 9.

是人所无法比拟的;神想要做什么,都不过是举手之劳:"神的能力轻易就可以达到人不敢期望的地步"(*Ol.*, XIII, 82-83)。诸神"不知道什么叫吃力"(fgt 25, orig. incert.)。人在着手做事的时候不知道自己是否能够完成($\tau\acute{\epsilon}\lambda o\varsigma$)这件事,是否能够实现其完备性,因为他无法掌握未来①。相反,"神可以完全实现自己的期望"(*Pyth.*, II, 49),此外,"结局($\tau\acute{\epsilon}\lambda o\varsigma$)完全在神的掌握之中"(*Ol.*, XIII, 104-105)。

这种能力的效力还表现在其敏捷性上:神所采用的路径乃是直接路径($\epsilon\grave{\upsilon}\theta\epsilon\tilde{\iota}\alpha$ *Hyporchèmes*, fgt 4),神的力量不是盲目的,因为神都像太阳神一样拥有"全知的神明(esprit)"($\pi\acute{\alpha}\nu\tau\alpha\ \iota\sigma\acute{\alpha}\nu\tau\iota\ \nu\acute{o}\tilde{\omega}$ *Pyth.*, III, 28)。

相反,如同我们上文提到的,人什么也不是($o\grave{\upsilon}\delta\acute{\epsilon}\nu$),他们对自己已经被写定的命一无所知($o\grave{\upsilon}\kappa\ \epsilon\iota\delta\acute{o}\tau\epsilon\varsigma$)(*Ném.*, VI, 6)。人的命运($\alpha\tilde{\iota}\sigma\alpha$)特征乃是不确定(la précarité)和脆弱(la faiblesse),人只能"拄着脆弱的棍子行走"(fgt 105, orig. incert.)。人在本质上就是短暂的,人的不确定性使得我们这些有死的人类,"当我们迎着朝阳进入平静的一天时,并不知道我们是否还能够安然地、满怀幸福地看到日落"(*Ol.*, II, 35-36)。

如果说神的计划是可以立即实现的,这是因为神的能力与其欲望一样大②;相反,人的欲望与人的能力不相称,人的能力总是受到外部障碍的阻挠或者受到内在软弱的困扰。正因如此,人的期望总是软弱无力的($\dot{\alpha}\kappa\rho\acute{\alpha}\nu\tau o\iota\varsigma\ \dot{\epsilon}\lambda\pi\acute{\iota}\sigma\iota\nu$),特

① 参阅 *Ol.*, XII, 9:"我们关于未来的思想都是盲目的"。
② *Pyth.*, II, 49:"神通过其愿望达成一切"($\dot{\epsilon}\pi\grave{\iota}\ \dot{\epsilon}\lambda\pi\acute{\iota}\delta\epsilon\sigma\sigma\iota$)。

别是当人的疯狂使其迷失自己的位置的时候（*Pyth.*,Ⅲ,23）。

所有这些都可以归结为神永存的坚实基础同人短暂的软弱表现之间的根本对立：人是ἐπάμεροι，"朝生暮死"（êtres d'un jour）。

神性与人性的遭遇

神的世界和人的世界相互隔绝，只有"穿越冥河、穿越那些低沉的哀鸣"（fgt 25,orig.incert.）才能到达对方，但是这两个世界并非截然不同，因为神和人乃是大地的两个儿子。

简言之，在危机四伏的人世间，人所享用的一切都源自于神。如果我们足够智慧（sophoi）的话，那么"我们就会将所有原因都归诸于神"（παντὶ μὲν θεὸν αἴτιον ὑπερτιθέμεν *Pyth.*,Ⅴ,23）。特别是世界上到处存在的一切善和"无数奇迹"（θαυματ ἀπολλά）。神幻化成美惠女神卡里忒斯（Charis）的形象来恩赐神的礼物。"有死的人类，其所有甜蜜都是由美惠女神所带来的"（Χάρις δ'ἅπερ ἅπαντα τὰ μείλιχα θνατοῖς *Ol.*,Ⅰ,30.Cf.aussi ⅩⅣ,1-12）。

人的生命，对人来讲乃是既定的遭遇、注定的命运，而神的经常介入，中止了作为人类基本状态的苦难，抑制了人的痛苦和不幸，从而改变了生活："在那些崇高乐趣的作用下，苦难消失了，苦难的侵袭也被消除了，因为神为我们设计的角色（ὅταν θεοῦ Μοῖρα πέμπῃ）让我们达到了无上幸福的顶点"（*Ol.*,Ⅱ,21-24）。

人的各种品质，特别是那些好的品质，无法从人自身得到解释："人的所有卓越之处都来自于宙斯"（μεγάλαι ἀρεταὶ *Isth.*,Ⅲ,4-5.Voir aussi *Ol.*,ⅩⅠ,10），在"神所赋予人的能力"

($τὰν\ θεόσδοτον\ δύναμιν\ Pyth.$, V, 13)中，最优的智慧也是被运用得最好的。

人的这些品质，只有在神的介入这些品质并且使其生效的时候才会生效："无论是肢体的强健或是口才的出众，人类所擅长的一切，其效力($μαχαναὶ\ πᾶσαι$)事实上都来自于神"($Pyth.$, I, 41-42)。

正是出于这样的角度，看到所收获的东西，看到操练和劳作的成果时，品达热情赞颂大自然的馈赠；而人所拥有的东西($φυᾳ̂$)都源自于神，而且这种源自于神的东西乃是"最强大的"($Ol.$, IX, 100)；而人所学会的东西乃是人性的，过分人性的。这方面最好的例证无疑就是诗歌上的天赋：阿波罗"按照自己的意愿赏赐诗歌"($Pyth.$, V, 65)，"如果努力没有得到神性的回应，最好就放弃吧"($Ol.$, IX, 103-104)①。

在品达看来，神的恩赐无处不在，这种恩赐叫做 $δόσις$（给予）或 $γέρας$（赏赐），这种神的恩赐，其最美妙的希腊形象之一就是就应该是"时机"。

kaïros 是一种恩赐

1）现在我们可以明白品达在《尼米亚赞歌》第七篇中的断言的意义，其中品达指出，命运女神(la Moire)赋予泰阿里翁(Thérariôn)"幸福的机会"，或者说是"成功的机遇"：

---

① 我只好用注释来回想这段如此著名的文字，其中品达用非常自豪的话语斥责通过闻圣油而获得神启来创造诗词："真正的才华是自然就懂得很多(par nature, $φυᾳ̂$)，而那些因为学习而懂得的人，就像聒噪的乌鸦，根本无法同宙斯的神鸟对抗！"($Ol.$, II, 94-97.同时参阅 $Ném.$, I, 25 sq et III, 41-42)。

καιρὸν ὄλβον(v. 58)①。

因此,神所提供的机会、运气、命运就叫做 καιρός。kaïros 是一种恩赐(don),恩赐就是某个 kaïros;神通过改变时间性(temporalité)而干预人的命运,这样 kaïros 的意思就是指需要做出决定的短暂时刻,时间有利于我们愿望的短暂时刻。

再来看第二个例子:在艾梅·朴艾克(Aimé Puech)的译本中没有出现对于 kaïros 的干预,但是在品达的文本中却是的的确确存在的。诗人希望神能让希伦笔直地站着(同菲罗克忒忒斯(Philoctète)形成对比),并且,对于即将到来的时刻(τὸν προσέρποντα χρόνον),神"赐予他时机以使其完成自己的心愿"(ὧν ἔραται καιρὸν διδονς)(Pyth.,I,57。朴艾克翻译为"希望神性能使其完成自己的心愿",Les Belles-Lettres,p. 31)。

最后再来看一下第三个例子,出自《地峡竞技会赞歌》第二篇(18-19):"在克里萨(Crisa),法力无边的阿波罗看着他(色诺克拉底,Xénocrate),并且在那里再一次②带给他荣耀"。

然后他又回到雅典让那些战车驾驭者适时地收拢(κατὰ καιτὸν,22)手中的缰绳。

在上述的这些语境中,kaïros 都与神的介入和恩赐这样的观念联系在一起。

2)现在让我们研究一下这种神的行动和人的行动的有

---

① 迪克森分析了这段文字:D. K. Dickson, *Kaïros and the anatomy of praxis in Pindar*, dissertation of the State University of New York, 1985, pp. 59-60 du dactylogramme.作者认为,我们这里试图加以解释的 kaïros 是"神之恩赐的明显象征"。

② 色诺克拉底已经在波塞冬的庇佑下获得了一次胜利。

益交汇、这种名为 kaïros 的东西特种特征和后果。

首先这种 kaïros 性质的恩赐是突然的,因为神的介入乃是点状的:神的行动($\pi\rho\tilde{\alpha}\xi\iota\varsigma\ \theta\epsilon\tilde{\omega}\nu$)是突然的($\dot{\omega}\kappa\epsilon\tilde{\iota}\alpha$),"过程也是短促的"(*Pyth.*,IX,68)。正因如此,"$\kappa\alpha\iota\rho\acute{o}\varsigma$ 对人而言其尺度也是短促的"($\beta\rho\alpha\chi\grave{\upsilon}\ \mu\acute{\epsilon}\tau\rho o\nu$)(*Pyth.*,IV,286)。因此人的行动要服从于神的行动,而且要描摹神的行动,就如同"当风力减弱的时候,人们就更换船帆"(*Pyth.*,IV,291 - 293)①。

在品达的作品中,kaïros 的突然降临,亦即神来造访的时间,其标志通常是"灵光"(lumière)的出现。在其著作的序言中(*op.cit.*,p.III),迪克森(D.K.Dickson)指出,kaïros 出现的语境让我们觉得 kaïros 同 $\delta\iota\alpha\varphi\alpha\acute{\iota}\nu\epsilon\sigma\theta\alpha\iota$(方法、途径)一词之间具有联系。

大地完全被笼罩在风暴肆虐的黑暗之中,突然风消雨停,乌云散开——这就是暴风雨中间隙晴好,荒芜之地突现的林中空地泻下的一抹光华。此时人们感受到了神的路过,而这就是 kaïros。我们看到,这段对于暴风雨中的间隙晴好场景的描写正是品达最出色的章节之一,也是最著名的章节之一,我们真应当重读一下我们上面提到的这段文字,尽管其中并不包含 $\kappa\alpha\iota\rho\acute{o}\varsigma$ 一词,但是却至少非常明确地表达了这个词的确切本质。这段文字出现在《皮西安赛会颂歌》第八篇的结尾处(95—97):

---

① 因此,即使当 kaïros 没有明确指明的情况下,当好的转机突然出现的时候人们也可以假定 kaïros 的存在:"有时那些陷于痛苦风暴中的人们也会突然之间($\dot{\epsilon}\nu\ \mu\iota\kappa\rho\tilde{\omega}\ \chi\rho o\nu\tilde{\omega}$)看到他们的痛苦变成极大的幸福"(*Ol.*,XII,11-12)。

Ἐπάμεροι· τί δέ τις; τί δ'οὔ τις; Σκιᾶς ὄναρ

ἄνθρωπος. Ἀλλ ὅταν αἴγλα διόσδοτος ἔλθῃ,

λαμπρὸν φέγγος ἔπεστιν ἀνδρῶν καὶ μείλιχος

αἰών.

朝生暮死的人啊！何所是？何所非？人，

无非影子的梦。光华突现，那是神！

灵光从天而降，甜蜜充满人生。

在这段文字中，我们再次看到由 ἀλλὰ 所标记出来的"有死"和"不死"之间的对立：人，朝生暮死，无法确定自己的存在，只是映像的映像；而神通过突然的介入彰显自己，通过一束灵光改变人，这就是恩赐的效果。神的行动产生了暴风雨中的间隙晴好，在我们看来也是 kaïros 的标志、恩赐时刻的标志，此时神的生命与人的生命交汇，并且赐与人以神的力量。（Dunamis）

我想要指出所引用的这段文字的最后一个词的价值，这个词对于说明 kaïros 的效果或后果特别重要。这个词就是 αἰών，指人的全部一生。这种甜蜜的一生就是人们所期待的 kaïros 的结果；神的介入将人的偶然时间变成稳定的绵延。Kaïros 实现了时间的巩固：

"在神的帮助（σὺν θεῶ）下所产生人的成功（ὄλβος）显然更加持久（παρμονώτερος）"（Ném., VIII, 17）。

Kaïros 被看做是神的恩赐，而人的时间的平稳化，这就是 kaïros 的后果；克洛诺斯的后代［les Cronides, 指宙斯、哈迪斯（Hadès）、波塞冬，等等，他们都是古希腊神话中天神克洛诺斯（Cronos）的子女］就是这样为爱奥拉达斯（Aioladas）安排了"由均匀时间所带来的幸福"(ὁμαλὸν Χρόνον)(*Parthénées*, fgt 1, 13–14)。

时间原本总是让人左右为难,而当其平稳化之后,时间"对于正直的人,就是最伟大的救世主"(ἀνδρῶν δικαίων Χρόνος σωτὴρ ἄριστος)(fgt 255)。

诗学是对 kaïros 性质的恩赐的模仿。同 kaïros 一样,"赞歌的尺度也是短促的"(*Isth.*, I, 62–63);同 kaïros 一样,赞歌也能稳固时间,赞歌的话语比其赞颂的那些行动更持久(*Ném.*, IV, 6)。

诗学也是神的恩赐,但是这不应该理解为要求助于某种会让我们偏离这个世界的超验性。恰恰相反,品达一直劝告我们去关心我们身边的东西(πὰρ'ποδός):"认识我们身边的事物,这才是属于我们的东西"(*Pyth.*, III, 60),这才是我们的 αἶσα(命运)。

但是作为 kaïros 的一抹灵光,诗歌改变和升华了世界的朴实。诗人追求善,而善就是"让美显现出来"(τὰ καλ ἀτπέψαντες ἔξω)(*Pyth.*, III, 83),就像尼采所指出的那样,善就是颂扬和赞美。而品达拒斥的是嫉妒(φθόνος)(cf. fgt 89, orig. incert.),嫉妒让人气馁。同荷马一样,经常进行神圣化(*Ném.*, VII, 23),人类歌唱的力量就类似于 kaïros 的神圣力量。因此,"辽阔的大地和大海的波浪所带给我们的东西,不需要任何改变,不需要任何指责"(fgt 95, orig. incert.)。

Kaïros 乃是"永恒的瞬间":希腊的艺术就是如此,例如,泉水女神就是"那向后仰起的脖颈的突然摆动"(*Dithyrambes*, fgt 2),酒神狄奥尼索斯就是"秋日里一抹纯净的光华"(fgt 35, orig. incert.)。必须要懂得,诗人实际上就像

神一样生活在我们中间,就像诗人所描绘的神那样:

> "你好,我的朋友!我为你送来调了蜂蜜的白牛
> 奶……"(*Ném.*,III,76—78)。

　　这种恩赐照亮可我们日常生活中的所有忧郁,为忧郁的生活制造了间隙的晴好,将阴暗变成了光明①。人们总说,在这个尘世间一切都是黑的。但是,我要引用诗人在《奥林匹亚颂歌》第十篇中的优美诗句来收笔,诗人说:

> "即使在晚上
> 也有那多情的月光
> 来自月亮那甜美的面庞"(v.73—75)。

---

① Fgt 107:"对于神,完全可以从黑夜中涌现出纯粹的光明"(出处不明)。

人名翻译对照表

阿德墨脱	Admète
阿波罗多鲁斯	Apollodore
阿尔基达玛	Alcidamas
阿尔克米翁	Alcméon
阿尔忒弥斯	Artémis
阿尔西比亚德	Alcibiade
阿伽门农	Agamemnon
阿克劳斯	Archélaos
阿里斯多芬	Aristophane
阿里斯提德	Aristide
阿那克萨戈拉	Anaxagore
阿那克西曼德	Anaximandre
阿那克西美尼	Anaximène
阿契塔	Archytas
阿特纳奥斯	Athénée
阿维里	H.C.Avery
埃斯库罗斯	Eschyle
艾庇底米斯	Epitime de Pharsale
爱奥拉达斯	Aioladas
安德隆	Andron
安多希德	Andocide
安提丰	Antiphon

续表

安提戈涅	Antigone
安提斯泰尼	Antisthène
敖颂	Ausone
巴尔拉修	Parrhasios
巴库里德斯	Bacchylide
巴亚纳斯	Bayonas
本沃尼斯特	E.Benveniste
比尔	Auguste Bill
毕格农	Bignone
庇斯特拉特斯	Pisistrate
波菲利	Porphyre
波利克拉特斯	Ploycratès
波利亚克	Polyarque
波吕涅克斯	Pollux
波普尔	Karl Popper
波塞冬	Poséidon
博尔吉埃	Jamine Bertier
布朗蒂-邦汝	Guy Plandy-Bonjour
布朗肖	Maurice Blanchot
道滋	Dodds
德尔图良	Tertullien
德拉特	A.Delatte
德米修斯	Themistius
德密特里	Démétrius de Byzance
德莫斯	Dèmos
德墨忒尔	Demeter
狄奥多罗	Diodore
迪埃尔	H.Diels
迪奥尼索斯	Dionysos
迪狄莫	Didyme
迪克森	D.K.Dickson

地米斯托克利	Thémistocle
第欧根尼	Diogène d'Apollonie
杜蒙	J.-P.Dumont
杜普雷埃尔	Dupréel
俄尔浦斯	Orphée
厄庇米修斯	Epiméthée
恩培多克勒	Empédocle
恩披里柯	Sextus Empiricus
法鲁古斯	Phaleucos
菲利克斯	Minucius Felix
菲罗克忒忒斯	Philoctète
菲洛斯特拉托斯	Philostrate
斐洛德摩	Philodème
费斯蒂吉埃	J.Festugière
芬利	M.I.Finley
冯济	Maria Serena Funghi
弗雷	Fouillée
弗里尼科	Phrynichos
伽森	Barbara Cassin
冈佩兹	Theodor Gomperz
高尔吉亚	Gorgias
戈泊尔	K.Gœbel
格拉尼埃	Jean Granier
格劳特	Grote
格力乌斯	Aulu-Gelle
贡布罗维奇	Gombrowicz
古瑟里	Guthrie
哈迪斯	Hadès
哈里森	E.L.Harrison
海伦	Hélène
赫尔墨斯	Hermès

赫耳弥珀	Hermippe
赫斐斯托斯	Héphaïstos
赫拉克利特	Héraclite
赫劳底格斯	Hérodicos
赫西俄德	Hésiode
吉奥诺	Jean Giono
季洛杜	Giraudoux
居维叶	Georges Cuvier
卡尔弥德	Charmide
卡里克里斯	Calliclès
卡里克利	Chariclès
卡诺	Lazare Carnot
卡斯托尔	Castor
凯兹	P.D.Caizzi
克兰茨	W.Kranz
克劳塞维茨	Carl von Clausewitz
克里底亚	Critias
克利尔库斯	Cléarque
克利翁	Créon
克鲁瓦泽	Alfred Croiset
克吕泰涅斯特	Clytemnestre
克洛诺斯	Cronos
拉尔修	Diogène Laërce
拉努	Clémence Ramnoux
兰希	G.Rensi
勒维	Adolfo Levi
丽达	Léda
列维	Edmond Lévy
龙萨	Ronsard
鲁弗莱	Agnès Rouveret
鲁利亚	Luria

吕科弗隆	Lycophron
吕桑德	Lysandre
罗米莉	Jacqueline de Romilly
罗斯	Ross
迈农	Ménon
梅昂德里奥斯	Méandrios
梅纳尔	L.Ménard
梅欧蒂斯	Méautis
米提亚德	Miltiade
米希莱特	Karl Ludwig Michelet
密松	Myson
缪斯	Musée
莫塞	Claude Mossé
那乌斯克戴斯	Nausikydès
涅俄普托勒摩斯	Néoptolème
涅斯托尔	Nestor
欧邦克	P.Aubenque
欧里庇得斯	Euripide
欧莫普	Eumolpe
欧提勒士	Euathle
欧西德莫斯	Euthydème
帕拉洛斯	Paralos
帕拉默德斯	Palamède
潘德里克	Gerard J.Pendrick
佩里安德	Périandre
披里兰佩	Pyrilampe
皮兰德娄	Pirandello
品达	Pindare
朴艾克	Aimé Puech
普拉达奈	Plathané
普林尼	Pline

续表

普鲁塔克	Plutarque
普罗迪科	Prodicos
普罗米修斯	Prométhée
普罗塞纳	Proxène
普罗泰戈拉	Protagoras
普罗透斯	Prothée
热尔内	Louis Gernet
塞拉门尼斯	Théramène
塞拉西马柯	Thrasymaque
桑希普斯	Xanthippos
色诺芬	Xénophon
色诺克拉底	Xénocrate
施多鲍姆	Stallbaum
斯喀戎	Skirôn
索福克勒斯	Sophocle
索伦	Solon
泰阿里翁	Thérariôn
泰阿泰德	Théétète
泰奥弗拉斯特	Théophraste
泰勒斯	Thalès
泰散德罗斯	Teisandros
忒修斯	Thésée
特奥格尼斯	Théognis
特雷德	Monique Trédé
托尔德西亚斯	Alonso Tordesillas
维拉莫威茨	Wilamowitz
文特施蒂纳	Untersteiner
西蒙	Cimon
西蒙尼特斯	Simonide
西尼斯	Sinis
西塞罗	Cicéron

希庇亚斯	Hippias
希隆	Cyron
希伦	Hiéron
希罗多德	Hérodote
夏尔尼斯	H.Cherniss
小狄奥尼索斯	Denys le Jeune
修昔底德	Thucydide
薛西斯	Xerxès
亚基罗古斯	Archiloque
亚里斯提布	Aristippe
亚纳多留斯	Anatolius
延达柔斯	Tyndare
耶格尔	Jaeger
伊壁鸠鲁	Épicure
伊皮法纽	Epiphanius
伊斯金尼斯	Eschine
伊斯墨涅	Ismène
伊斯纳尔蒂-巴朗特	M.Isnardi-Parente
伊索克拉底	Isocrate
尤埃尔	K.Joël
尤斯达希斯	Eustathios
宇克西斯	Zeuxis
芝诺	Zenon d'Elée
宙斯	Zeus

译后记一

　　这本书终于翻译完了,心头自然产生了一丝丝的喜悦:终于能让这样一部有价值的著作同中文读者见面了。但随即而来的却是惴惴不安。智者大多非常关注语言,重视对于语言细微差别的区分,这就决定了阐述智者哲学和翻译有关智者哲学内容的困难性。原作者吉尔伯特·罗梅耶-德尔贝教授凭借其深厚的哲学功力,以洗练的文字深入浅出地全面阐述了智者哲学的丰富内容及其重要意义,这实在是难能可贵。面对这样一部著作,我的译文想必会难免出现很多不妥甚至是错误,诚心希望读者能够不吝指出。

　　之所以会翻译这样一部著作,这要感谢我的老师高宣扬教授。2009年1月,高老师带领我们参加法国哲学协会的一次会议。会上高老师遇到了罗梅耶-德尔贝教授,双方都很希望能够将这本书翻译成中文出版。会后高老师推荐我来做这项工作。如今顺利完成了翻译,总算没有辜负老师的期望。

　　翻译过程中,高老师给我提供了巨大的帮助,从译文内容,到版权问题,再到出版社,特别是中方出版社,完全由高老师出面替我操办。对于老师如此慷慨而巨大的帮助,只能致以最衷心的感谢,并化为进一步前进的动力。正值老师七十高寿即将来临之际,衷心祝愿老师身体康健,学术长青!

翻译过程中同样得到了作者罗梅耶-德尔贝教授的大力帮助。罗梅耶-德尔贝教授不仅赠送我大量的参考材料,还同我亲自面谈,为我讲解相关内容。在此表示衷心的感谢。

校改过程中,我的同门邓刚博士阅读了我的译稿,并且提出了很多建议。在此表示感谢。

李成季

2009 年 11 月 30 日

于巴黎

译后记二

书稿的正文部分原本已于 2009 年 11 月校译完毕,但是鉴于原书篇幅不大、而且内容也不为中国读者所熟悉,因而在高宣扬老师的建议下,争取了作者本人罗梅耶-德尔贝先生的同意,在中文版的译文中添加了 6 篇附录,所以时至今日全部内容才得以校译完毕。

首先还是要感谢我的老师高宣扬先生。正是在他的帮助下才翻译了这本书,也正是在他的指点下才又添加了后面的所有附录。

其次要感谢作者罗梅耶-德尔贝先生。作者非常慷慨,在得知我希望添加部分内容时,立即为我准备了大量的材料。其实作者为我准备的材料不止 6 篇,而是我从中选取了 6 篇附录于此。希望将来有时间和精力的时候能把其他内容进行介绍。

同时也要感谢家人和朋友对我提供的巨大支持和帮助。特别感谢曾怡博士对文稿中希腊文部分以及其他内容的审阅和校订。

最后还要真诚地向读者们道歉,由于本人的能力有限,译文中肯定会有诸多错误之处，望广大读者原谅并指正。

李成季

2010 年 7 月 31 日

于 Choisy-le-Roi

责任编辑:洪　琼

图书在版编目(CIP)数据

论智者/[法]罗梅耶-德尔贝 著;李成季 译,高宣扬 校.
-北京:人民出版社,2013.9
(当代西方学术经典译丛)
ISBN 978－7－01－012376－9

Ⅰ.①论…　Ⅱ.①罗…②李…③高…　Ⅲ.①古希腊-
罗马哲学-研究　Ⅳ.①B502

中国版本图书馆 CIP 数据核字(2013)第 177210 号

原书名:Les Sophistes
原作者:Gilbert Romeyer-Dherbey
原出版社:Presses Universitaires de France,2002

著作权登记号:01-2010-4597

论智者
LUN ZHIZHE

[法]吉尔伯特·罗梅耶-德尔贝 著　李成季 译　高宣扬 校

人民出版社 出版发行
(100706　北京市东城区隆福寺街 99 号)

北京中科印刷有限公司印刷　新华书店经销

2013 年 9 月第 1 版　2013 年 9 月北京第 1 次印刷
开本:710 毫米×1000 毫米 1/16　印张:17.5
字数:200 千字　印数:0,001-3,000 册

ISBN 978－7－01－012376－9　定价:52.00 元

邮购地址 100706　北京市东城区隆福寺街 99 号
人民东方图书销售中心　电话 (010)65250042　65289539